教育数字化背景下高职院校管理育人创新

楼建列　著

中国原子能出版社

图书在版编目（CIP）数据

教育数字化背景下高职院校管理育人创新 / 楼建列
著. --北京：中国原子能出版社，2024.5

ISBN 978-7-5221-3413-0

Ⅰ. ①教… Ⅱ. ①楼… Ⅲ. ①高等职业教育－学校管
理－研究－中国 Ⅳ. ①G718.5

中国国家版本馆 CIP 数据核字（2024）第 111240 号

教育数字化背景下高职院校管理育人创新

出版发行　中国原子能出版社（北京市海淀区阜成路 43 号　　100048）
责任编辑　张　磊
责任印制　赵　明
印　　刷　河北宝昌佳彩印刷有限公司
经　　销　全国新华书店
开　　本　787 mm×1092 mm　1/16
印　　张　18.25
字　　数　280 千字
版　　次　2024 年 5 月第 1 版　2024 年 5 月第 1 次印刷
书　　号　ISBN 978-7-5221-3413-0　　　　定　价　**78.00** 元

前　言

　　信息技术的飞速进步已深刻影响社会生活的各个方面，教育领域也不例外。在这一背景下，高职院校作为培养高素质技术技能人才的重要阵地，其管理和育人模式亟需与时俱进，以适应数字化时代的新需求和挑战。因此，探讨教育数字化背景下高职院校管理和育人的创新，对于提升教育质量、培养适应时代发展的优秀人才，具有重要的理论意义和实践价值。

　　数字化技术的应用为高职院校管理和育人带来了前所未有的机遇。通过构建数字化管理平台，高职院校可以实现对教学、科研、学生管理等环节的精准把控和有效协同，从而提升管理和育人的效率。同时，数字化技术还为学生提供了个性化教育服务，满足了他们的多样化需求，促进了学生的全面发展。

　　然而，教育数字化也带来了诸多挑战。一方面，数字化技术的快速更新要求高职院校的管理团队具备较高的信息素养和技术能力，能够熟练运用数字化工具进行教育管理和服务。另一方面，数字化环境下的管理理念、方法和手段也需不断创新和完善，以适应新特点和新要求。因此，高职院校不仅要加强数字化技术的应用，还需要提升管理团队的综合素质和创新能力，以推动管理育人的现代化进程。

本书旨在为高职院校管理和育人的创新提供有益的参考和借鉴，助力高职院校在数字化时代实现管理育人的现代化转型。同时，希望本研究能够引起更多学者和实践者的关注，共同推动高职院校管理和育人创新的研究与实践。

著　者

2024 年 1 月

目　　录

第一章 数字化时代高职院校管理育人的理论框架

第一节 现代管理理论与数字化时代的融合

一、现代管理理论概述

现代管理理论涵盖了多种学派和思想流派，这些理论反映了管理领域如何随商业环境的变化而不断演进。理解这些理论对于在数字化时代实施有效的管理至关重要。

科学管理学派是早期管理理论中的一个重要流派，由弗雷德里克·泰勒（Frederick Taylor）等人提出。该学派的核心在于提高劳动生产率和效率。泰勒通过时间与动作研究对工作流程进行科学分析，寻求生产力的优化。科学管理学派提倡将工作分解为小的、可测量的单元，以便更好地控制和提升工作效率。同时，通过设立合理的薪酬和奖励系统来激励员工，从而实现更高的绩效水平。

行为学派则关注员工的社会和心理需求。代表人物如埃尔顿·梅奥（Elton Mayo）通过哈桥实验揭示了员工社会需求对工作满意度和生产力的重大影响。行为学派认为，重视员工的心理动机和提供有挑战性的任务能够有效激发员工的积极性。此外，该学派还强调团队之间的合作，认为团队协作有助于提高整体绩效和推动创新。

管理学派着眼于管理者的角色和决策过程。彼得·德鲁克（Peter Drucker）等学者指出，管理者的主要职能包括规划、组织、领导和控制，这些职能对确保组织有效实现目标至关重要。管理学派还强调信息管理，认为信息是组织的重要资源，及时和有效的信息传递对于决策和执行具有关键作用。同时，创新管理也是管理学派的一部分，鼓励组织通过不断创新来适应环境变化，强调组织的灵活性和适应性。

系统管理学派提供了一种将组织视为复杂系统的视角。彼得·森格（Peter Senge）等学者认为，组织内部各个部分是相互关联的，强调整体效能和协同作用。系统管理学派特别注重组织的学习和适应能力，鼓励员工不断学习和创新，并认识到组织会受到外部环境的影响，因此必须具备适应性和灵活性。

创新管理学派关注如何在不断变化的市场中保持竞争优势。克里斯汀生·亨伯格（Christensen Hemerberg）等代表人物指出，通过不断创新推动组织的发展，包括产品、流程和商业模式的创新，能够帮助组织维持竞争力。敏捷管理是该学派的重要组成部分，它鼓励组织采用敏捷方法，以快速适应市场变化和客户需求，同时也强调有效的风险管理，以应对创新过程中可能出现的风险。

综上所述，现代管理理论的多样性体现了管理领域的复杂性和变化性。在不同的时期和情境下，组织可能会结合不同的理论和方法，以适应不断演变的商业环境。因此，有效的管理需要综合运用这些理论，并根据具体情况制定相应的策略。

二、数字化时代对管理理论的挑战

数字化时代的迅猛发展正在深刻改变企业和组织的运营方式，这对传统的管理理论提出了前所未有的挑战。数字化技术的广泛应用、互联网的普及，以及大数据的崛起不仅带来了新的问题，也为管理实践提供了巨大的机遇。

首先，数字化时代的一个显著特征是大数据的产生和应用。企业通过对海量数据的收集、存储和分析，能够更加精准地洞察市场趋势、消费者需求和业务运营状况。这种数据驱动的管理方式使得企业能够在竞争激烈的市场中保持优势。然而，这也意味着传统管理理论中的一些决策模型和规划方法可能显得过于守旧，无法有效应对快速变化的市场环境。因此，管理者需要借鉴敏捷管理等灵活性较强的管理方法，更加注重快速决策和执行能力，采用迭代和试错的方式进行管理实践，以适应不断变化的市场环境。

另一显著特征是云计算和物联网技术的普及。它们使信息能够在全球范围内实现快速、实时地传递，并推动了生产、物流和销售等方面的数字化升级。云计算和物联网技术的广泛应用，要求企业在面对快速变化的市场环境时具备更高的响应速度和业务灵活性。同时，这也带来了数据隐私和安全风险。大规模的数据收集和存储使得数据隐私和安全问题成为严峻的挑战。管理者需要建立健全的数据管理和隐私保护制度，采用先进的加密技术和安全防护措施，同时通过透明的数据使用政策，提高用户对数据使用的信任感。

人工智能和自动化技术的迅速发展也是数字化时代的一个重要特征。这些技术使得许多重复性、烦琐的工作可以由机器代替，同时催生了新的业务模式和管理方式。人工智能和自动化不仅提高了工作效率，还带来了创新的业务机会。然而，数字化时代的变化也要求组织更加灵活、开放和创新。传统的组织文化可能难以适应这种变化。因此，企业需要鼓励组织成员拥抱变化，推崇开放和协作的工作氛围，建立支持创新的文化，培养团队成员具备适应变化和学习新知识的能力，以促进组织的长期发展。

此外，社交媒体的普及使信息传播更加迅速和广泛。企业需要更好地理解和利用社交媒体的力量，以进行有效的品牌建设、市场推广和顾客关系管理。社交媒体的影响力要求企业能够快速回应公众舆论，并通过精准的营销策略提升品牌形象。

面对这些挑战，数字化时代的管理理论必须进行创新。管理者需要更加注重数据驱动的决策，通过大数据分析和人工智能技术进行决策，帮助企业更准确地了解市场、优化运营和提升服务水平。同时，数字化时代推动了平台经济的兴起，管理理论逐渐注重平台化和生态化思维。企业需要关注产业生态，构建开放、互联的平台，促进不同组织和个体之间的协同合作。

此外，创新管理和敏捷方法在数字化时代显得尤为重要。这包括采用敏捷开发、设计思维等方法，注重快速试错和反馈，以适应市场的快速变化。同时，企业需要加强对客户体验的关注，通过数字化技术深入了解顾客的行为和偏好，从而提供个性化、精准的服务和产品。智能化和自动化的管理也成为一种趋势，企业应探讨如何应用人工智能和机器学习技术来优化管理流程，提高效率，减少人为错误。

为了应对数字化时代的挑战，管理者需要持续学习和更新知识，保持对数字化技术的敏感性。通过建设具备数字化技能的团队，强化网络安全和数据隐私保护，倡导创新文化，并整合数字化技术，企业能够更好地适应数字化时代的变革，实现可持续发展。

数字化时代对管理理论提出了全新的挑战，但同时也提供了前所未有的机遇。管理者需不断学习、创新，并适应快速变化的市场环境，以提升管理效能，实现企业的长期成功。

三、数字化管理与领导力

数字化时代的到来彻底改变了传统组织和管理方式，数字化管理作为一种新型的管理方式逐渐崭露头角。数字化管理不仅仅关注技术的应用，更强调组织结构、流程和文化的变革。在这一变革的过程中，领导力发挥着至关重要的作用。接下来，我们将探讨数字化管理与领导力之间的关系，以及在数字化时代领导者如何应对挑战并发挥领导作用。

数字化管理的基本特征包括以下几点。

首先，体现在数据驱动的决策上。通过对大量数据的收集和分析，领导者能够更全面地了解组织内外的情况，从而做出更科学和准确的决策。这种数据驱动的方法使得决策更加基于事实和数据，而非单纯的经验或直觉。

其次，数字化时代要求组织注重创新和灵活性。数字化管理强调组织需要不断适应变化的市场环境，并不断尝试新的方法和工具以促进创新。信息透明度也是数字化管理的重要特征之一，通过数字化技术，组织内的信息可以更加流畅地传递，领导者需要建立开放的沟通渠道，促进信息共享和团队协作。

此外，数字化时代的管理注重智能化和自动化的应用。领导者需要了解并引导组织合理使用人工智能、机器学习等技术，以提高工作效率和质量。这些技术的应用不仅提升了工作效率，还为组织带来了新的业务模式和管理方式。

然而，数字化管理也对领导力提出了新的挑战。

首先，领导者需要提升技术素养，以更好地理解和引导数字化管理的实施。这包括对大数据、人工智能、云计算等技术的基本了解，以便更好地决策和规划数字化战略。

其次，数字化管理通常伴随着组织结构、文化和业务流程的深刻变革。领导者需要培养变革领导力，引导团队应对变革中的不确定性，并激发员工的积极性和创造力。同时，大量数据的收集涉及隐私和安全问题，领导者需要建立有效的数据治理机制，并确保员工和客户的隐私得到充分保护。

数字化时代还要求组织文化向更加开放、创新的方向转型。领导者需要引领这种文化变革，并确保员工具备适应数字化环境的技能，通过培训提升员工的数字素养。

在应对这些挑战时，领导者可以采取以下策略。

首先，投资于领导者的数字素养培训，提升他们对数字化技术的了解和应用能力。这包括学习新兴技术的应用和数字化管理的最佳实践，以具备判断和引导数字化转型的能力。

其次，领导者应倡导开放沟通和信息透明，建立良好的团队协作氛围。通过数字化手段，领导者可以实现与团队成员的及时、高效沟通，增强信息传递的透明度。

此外，领导者需要引领组织文化的数字化转型。通过设立激励机制、制定相关政策，推动组织文化适应数字化的方向，激发团队的创新和活力。建设高效的数字化团队也是关键，团队成员应具备多样化的技能，共同推动数字化战略的实施。

数字化领导力的核心要素包括对数字化时代趋势的敏感性，促进创新与变革，建立积极的数字化文化，良好的团队合作与沟通能力，以及数据驱动的决策能力。领导者需要具备这些核心要素，以在数字化时代中有效地引领组织，推动其持续发展。

数字化领导力的益处也非常显著。首先，它提高了决策的效率和准确性，通过数据驱动的决策帮助领导者更迅速、准确地做出战略决策。其次，数字化领导者能够增强组织的创新能力，通过鼓励员工提出新想法、尝试新方法，推动组织的不断进化。此外，数字化领导力还提升了组织适应变革的能力，使组织更加灵活、适应性更强，能够更好地应对市场和行业的变化。最后，通过促进开放沟通和信息透明度，数字化领导力加强了员工的参与感和团队协作，提升了工作效能。

总体而言，数字化时代对领导力提出了更高的要求。领导者需要具备更强的数字素养，敏锐地洞察市场趋势，并灵活应对组织变革。数字化领导力不仅关注技术的应用，更注重组织文化、团队协作和创新能力的培养。通过投资于领导者的数字素养培训、倡导数字化文化、引领组织变革等策略，领导者能够更好地应对数字化时代的挑战，发挥领导作用，推动组织持续发展。在数字化领导力的引领下，组织能够更好地适应变革，保持竞争力，实现可持续发展。

第二节　教育信息化与数字化时代的关系

一、教育信息化发展历程

教育信息化是指在教育过程中运用先进的信息技术手段，促进教学、管理、研究等各方面的全面发展。随着信息技术的飞速发展，教育信息化已成为推动教育改革和提升教学质量的重要工具。以下是教育信息化的发展历程及其演变和影响的详细探讨。

（一）初期阶段（1960—1980 年）

教育信息化的初期阶段主要以计算机辅助教学为特色。在 1960 年至 1980 年，计算机技术开始被应用于教育领域，最初的应用主要集中在辅助学习和教学管理方面。这一时期，计算机软件的开发主要关注基础教学功能，如数学和语言等，旨在提升学生的学习体验和效率。

随着 1980 年末至 1990 年初，多媒体技术的逐渐成熟，教育信息化进入了多媒体时代。多媒体技术的引入使教育资源变得更加生动和直观，学生可以通过图像、声音等多种形式获取知识，教学效果也因此得到了显著提升。

（二）网络时代（1990—2000 年）

进入 20 世纪 90 年代，互联网技术的普及成为教育信息化的重要推动力。互联网的出现使得教育资源实现了全球共享，学生和教师能够更便捷地获取各种信息，进行在线学习和教学。这一时期的互联网技术极大地扩展了教育资源的可及性和教育方式的多样性。

与此同时，随着网络技术的发展，远程教育逐渐显现出其独特的优势。学生不再受限于地理位置，通过互联网可以进行远程学习。这一模式为学习者提供了更为灵活的学习方式，使教育更加灵活和便捷。

（三）移动互联网时代（2010 年至今）

进入 2010 年，移动互联网时代的到来标志着教育信息化的新阶段。智能手机、平板电脑等移动设备的普及，使得学生和教师可以随时随地通过移动设备进行学习和教学。教育资源的获取变得更加方便和即时，极大地提升了教育的灵活性和便捷性。

在这一时期，教育信息化越来越注重个性化学习。通过智能化技术，系统能够根据学生的学习特点和水平，定制个性化的学习资源和学习路径。这种技术可以实时分析学生的学习行为和数据，识别他们的优势和不足，提供最适合的学习内容和反馈。个性化学习的推进，不仅提高了学习效率，还为教育公平和普及提供了新的可能性。

（四）教育信息化的影响

教育信息化推动了传统教育模式的转变。传统的面对面教学逐渐融入了在线学习和远程教育等新模式，使学习者能够灵活选择适合自己的学习方式。互联网的发展促进了教育资源的全球化，使得学生和教师可以获取来自全球的优质教育资源，推动了教育的国际化。

教育信息化还为教学手段的创新提供了广阔空间。虚拟实境、人工智能等技术的引入，使教学变得更生动和互动，激发了学生的学习兴趣。同时，电子教材和在线课程等丰富了教学资源，为教学手段的多样化提供了支持。

此外，教育信息化也对教育管理产生了深远的影响。学校管理系统和学生成绩管理系统的应用，提高了管理的效率和精确度，使教育资源得到了更合理的分配。通过教育信息化，教育公平得到了关注，在线教育和远程教育的方式帮助弥补了地域差异，让更多的学生能够获得优质教育资源。

（五）面临的挑战与未来展望

尽管教育信息化带来了诸多积极影响，但也面临一些挑战。数字鸿沟问题日益突出，部分地区和群体因技术条件的差异而难以享受到信息化带来的教育资源。解决这一问题需要政府、企业和社会各界的共同努力。

教育数据安全问题也日益凸显。大数据的广泛应用带来了个人隐私泄露和数据滥用的风险，需要通过法规和技术手段加以解决，以保障学生和教师的权益。教师培训与适应是另一个亟待解决的问题，教师需要具备相应的数字技术和信息化应用能力，以适应数字化教学环境。

在课程质量和评估体系方面，在线教育和远程教育模式下如何确保课程质量成为一个重要问题，需要建立科学的评估体系，以保证学生在新型教育模式下能够获得高质量的教育。

展望未来，随着科技的不断进步，教育信息化将继续深化，可能会涌现出更多创新的教育技术和方法。人工智能、虚拟现实等技术的应用将进一步改变教育模式，实现更加个性化和差异化的教学方法。通过解决现有挑战，教育信息化将为提高全球教育水平、促进教育公平和培养创新人才带来更多机遇和可能性。

教育信息化的发展历程清晰地展示了技术进步对教育领域的深远影响。从计算机辅助教学到网络时代的互联网应用，再到移动互联网时代的发展，教育信息化不断推动教育方式的创新，提升教育质量，促进教育的国际化和现代化。然而，这一过程也伴随着挑战，需要持续关注和解决，以实现更加优质和公平的教育服务，培养具备创新能力的新一代人才。

二、数字化时代对教育信息化的影响

（一）教育信息化的基础：数字技术的普及

数字化时代的一个显著标志是数字技术的普及，尤其是移动设备和云计算技术的广泛应用。智能手机、平板电脑等移动设备的普及使得学生、教师和家长能够随时随地获取教育资源，推动了教育信息化的全面发展。与此同时，云计算技术的应用提供了强大的支持，使学校和教育机构能够通过云端存储、处理和分享教育数据，简化了教育资源的管理和共享过程。

（二）数字化时代对教学的影响

数字化时代的到来为教学模式的创新带来了新的机遇。传统的面对面授课模式逐渐融入了在线学习和远程教育等新形式。虚拟实境、在线互动等技术的应用丰富了教学手段，提高了学习体验。此外，个性化学习在数字化时代变得尤为重要，通过智能技术，系统能够根据学生的学习特点和水平，提供定制化的学习资源和学习路径。这种个性化的学习方式不仅满足了学生的个性化需求，还显著提高了学习效果。同时，在线教育的崛起也使学生能够通过互联网获取来自全球的优质教育资源，打破了地域限制。教育数据分析技术的应用使教育管理者和教师能够深入了解学生的学习情况和需求，从而制定更科学的教学计划和个性化辅导方案。

（三）数字化时代对教育管理的影响

在教育管理方面，数字化时代使得教育资源的管理更加智能化。学校管理系统和在线教材平台等工具的应用提升了资源整合、更新和分发的效率，促进了资源的合理利用。学生信息管理的方式也得到了优化，学生信息系统和电子考勤系统的应用使学校能够更精确地了解学生的学习状态和考勤情况，提高了管理的精细化水平。此外，数字化时代提供的大量教育数据为学校决策提供了更充分的支持，通过数据分析，学校管理者可以更加科学地制定教学计划和招生计划，提高管理效率。在线评估和反馈的普及使得学校能够通过在线考试和作业提交系统及时获取学生的学业水平和反馈信息，从而及时调整教学方案。

（四）数字化时代对教育资源的共享和全球化

数字化时代极大地促进了教育资源的共享和全球化。开放式在线课程（MOOCs）的出现使学生能够通过互联网免费参与全球各地的优质课程，实现了教育资源的全球共享。同时，虚拟学习社区的形成，使学生和教师可以通过在线社交平台和教育论坛共享学习心得和教学经验，推动了教育资源的互动和共享。全球范围内的学校和机构通过在线会议和远程协作工具能够便捷地开展合作项目，促进了跨地域和文化的教育交流与合作。

（五）数字化时代对教育公平的挑战与应对

尽管数字化时代带来了诸多机遇，但也引发了一些挑战，如数字鸿沟问题。由于不同地区和群体在数字技术的接触和使用上存在差异，一些学生可能无法享受到先进的数字化教育资源。为了解决这一问题，需要加大对基础设施建设的投入，推动数字技术的普及，确保每个学生都能平等地获得教育机会。同时，数字化时代也可能导致教育质量的差异，因为使用高科技手段的学校和地区可能拥有更先进的教学资源和设备，这需要通过政策和资源的平衡，确保教育资源的公平分配，降低贫富差距。此外，教师数字素养不均也是一个问题，一些教师可能由于培训不足或教育资源不足而缺乏必要的技能。解决这一问题需要通过全面的师资培训计划，提高教师的数字素养和教育技术应用水平。

（六）数字化时代对教育的未来展望

展望未来，数字化时代的教育将更加注重学生的综合素质培养。智能化技术将使得评估学生的学科知识、创造力、沟通能力等方面变得更加全面，有助于培养具有全面素质的新一代人才。人工智能技术的发展也将推动智能化教学辅助工具的广泛应用，这些工具能够根据学生的学习状态和需求，提供个性化的学习建议，并为教师提供科学的教学决策支持。数字化时代还将拓展全球化合作的空间，学校和机构可以通过在线协作平台和虚拟交流项目，开展更深入、更广泛的全球合作，促进跨文化的教育交流。与此同时，教育信息安全问题将变得尤为重要，需要建立健全的教育信息安全体系，保护学生和教师的隐私。此外，推动教育资源的均衡发展也是未来的重要任务，需要政府、企业和社会各界的共同努力，以确保教育资源的公平分配。

数字化时代对教育信息化的影响深远，它不仅改变了传统的教育模式和手段，也推动了教育的全球化和个性化。然而，数字化时代也带来了新的挑战，如数字鸿沟、教育质量差异和教师数字素养不均等问题，需要采取相应的措施加以应对，以实现数字化教育的全面发展。

三、教育信息化在高职院校管理中的应用

随着信息技术的飞速发展，教育信息化已经成为高职院校管理中不可或

缺的一部分。教育信息化的应用不仅提升了管理效率,还促进了教学改革和学校发展。下面将深入探讨教育信息化在高职院校管理中的应用,分析其在教学管理、学生服务、学科建设等方面的实际效果。

(一)教育信息化在高职院校教学管理中的应用

高职院校通过引入教育信息化,显著提升了教学管理的效率和质量。课程管理系统的建立使得教学资源得以数字化管理,教师可以通过系统上传教学资料、布置作业、录入成绩,学生则能够方便地获取课程相关信息。这一系统的应用不仅提高了教学效率,还减轻了教师的工作负担。在在线考试与评估方面,教育信息化提供了灵活的考试方式,通过智能评估系统,能够更客观、准确地反馈学生的成绩,同时降低了传统纸质考试的组织和管理成本。教育信息化还促进了学科建设和资源共享,通过建立学科数据库、知识库等系统,学校能够更好地管理和分享教学资源,提高资源利用效率。这使得教师和学生能够更方便地获取最新的学科信息,推动了学科建设的深化。

(二)教育信息化在高职院校学生服务中的应用

在学生服务方面,教育信息化同样发挥了重要作用。通过建立学生信息管理系统,高职院校能够实现对学生信息的集中管理,包括学籍管理、成绩查询、学生档案等功能,从而提高了学生信息的整合度和准确性。这一系统帮助学校更好地了解学生情况,为个性化服务提供了数据支持。电子课程平台的建设也极大地便利了学生的学习过程,学生可以通过平台在线选课、查看课程表、提交作业等,同时拓展了学习的机会,丰富了学科领域。此外,在线学科辅导平台的建立,为学生提供了随时随地获取专业课程辅导的资源,解决了学习中的问题,促进了学科学习的互动性,提高了学习效果。

(三)教育信息化在高职院校管理层面的应用

在高职院校的管理层面,教育信息化同样带来了变革。学校管理信息系统的建立，使得整个学校管理得以数字化，包括人事管理、财务管理、设备管理等方面。这一系统的应用提高了管理决策的科学性和效率，学校领导可以实时了解学校运行状况，为决策提供科学依据。数据分析与决策支持方面，教育信息化提供了大量的教育数据，通过数据分析工具，管理层能够深入了解学生的学业状况、教师的教学水平、课程的受欢迎程度等，从而制定更科学的发展战略，提高学校的竞争力。电子化校园服务系统的建立，则为师生提供了更便捷的服务，包括图书馆的电子借阅系统、食堂的在线订餐服务、宿舍的电子门禁系统等，提高了校园服务的智能化水平。

（四）教育信息化在高职院校发展中的挑战与应对

尽管教育信息化在高职院校管理中带来了诸多好处，但在推进过程中仍面临一些挑战。首先，师资培训与数字素养的提升是关键。教育信息化的推广需要教师具备较高的数字素养和信息技术应用能力，因此高职院校需要加强师资培训，提升教师的数字化教学水平，以确保信息化应用的顺利推进。其次，系统整合与数据安全问题也不容忽视。在建设多个信息系统的同时，高职院校需要解决不同系统之间的信息整合问题，同时加强数据安全保护，防范信息泄漏、系统攻击等风险，确保学校信息系统的稳定和安全运行。学生隐私保护也是一个重要问题，高职院校需建立健全的隐私保护机制，确保学生个人信息不被滥用或泄漏，并制定合规的数据管理和隐私政策。资金投入与硬件设施的更新也同样重要，教育信息化的推行需要大量资金，包括系统建设、设备更新、师资培训等，高职院校在引入教育信息化时，需做好详细的预算和规划，确保充足的资金支持，并及时更新硬件设施。此外，学科建设和内容更新也是需要关注的问题，高职院校需要建立有效机制，定期更新教学资源，确保学科内容与时俱进，并加强学科建设，提升教育信息化的深度和广度。

（五）教育信息化在高职院校未来的发展趋势

展望未来，教育信息化在高职院校的发展将趋向智能化、移动化和大数据分析等方向。智能化教育管理将借助人工智能技术，实现更精准的教学管理，提供个性化的学科辅导，并为学校提供更科学的管理决策支持。随着移动设备的普及，未来的教育信息化将更加注重移动化学习服务，学生和教师可以通过手机、平板等移动设备随时随地获取学科资料、参与在线课堂，实现学习的灵活性和便捷性。大数据分析技术的应用将成为未来教育的重要趋势，通过对教育数据的深度挖掘，学校能够更好地预测学生的学业发展，并提前采取措施进行干预。融合式教学模式也将成为未来的主流，将传统教学与在线教育、实践性教学相结合，提供更丰富多元的学习体验，培养更具创新力的应用型人才。高职院校需要在发展中解决现有问题，充分利用信息技术的优势，推动学校管理水平和教育质量的全面提升。

第三节　数字化时代育人创新的理论基础

一、教育创新理论综述

（一）概述

教育创新是指在教育领域引入新思想、新方法和新技术，以推动教育的发展和提高教育质量。现代社会的飞速发展以及科技的进步，使得教育创新成为教育改革的核心内容。各国纷纷探索创新的教育理念和实践，以适应不断变化的社会需求和技术环境。教育创新不仅涵盖了教学方法和技术的更新，还涉及教育管理、课程设计以及评估体系的全面改革。本文将对教育创新的理论进行综述，深入分析其内涵、动因、理论模型以及实际应用，为全面理解教育创新提供基础。

（二）教育创新的内涵

教育创新指的是在教育体系中，通过引入新的理念、方法和手段，对教育过程和教育管理进行深刻的变革，以实现提升教育质量和培养学生综合素质的目标。这种创新不仅体现在教育工具和手段的变化上，还涉及教育理念和管理模式的全面改革。教育创新的主要要素包括理念创新、方法创新、技术创新和体制创新。理念创新涉及对教育目标和价值观的重新审视和更新；方法创新包括教学手段、评价方式以及学科整合等方面；技术创新则运用先进技术如信息技术和人工智能来提高教育效率；体制创新则关注教育管理和组织结构的优化，以适应新的社会需求。

（三）教育创新的动因

教育创新的动因主要包括社会变革、全球化竞争、新兴技术的发展以及学科知识的不断更新。社会变革带来了对人才需求的变化，推动教育系统进行调整和创新，以培养适应未来社会的人才。全球化加剧了教育的国际竞争，各国通过教育创新提升国家在全球的竞争力。新兴技术的发展，如信息技术和人工智能，提供了新的手段和平台，使教育更加个性化和灵活。学科知识的不断更新使得传统教学方式难以满足当前的需求，促使教育系统引入新的教学方法和手段。

（四）教育创新的理论模型

教育创新的理论模型包括社会构建主义理论、学习社群理论、情境教学理论和反思性实践理论。社会构建主义理论认为知识是在社会互动中建构出来的，强调培养学生的社会交往能力和问题解决能力。学习社群理论强调学习的社会性，认为通过参与学习社群可以更好地获得知识。情境教学理论主张知识应在真实情境中进行应用，注重知识的应用和迁移。反思性实践理论则强调教师和学生在教育实践中应进行反思和批判，以不断改进教学方法和提高教学质量。这些理论模型为教育创新提供了理论基础，指导教育实践中的变革。

（五）教育创新的实践应用

教育创新在实践中体现为个性化教育、在线教育、项目化学习、智能化辅助教学和跨学科整合。个性化教育通过了解学生的学习特点和需求，采用不同的教学方法和资源，实现因材施教，提升学习效果。在线教育利用互联网技术，提供了灵活的学习方式，促进了全球教育资源的共享。项目化学习通过实际项目解决问题，培养学生的实际操作能力和创新意识。智能化辅助教学通过人工智能技术，提供个性化教学建议，优化教学决策。跨学科整合则通过将不同学科的知识进行整合，促使学生形成全面的综合素养，提升解决复杂问题的能力。

（六）教育创新的影响与挑战

教育创新对教育质量的提升、学生创新能力的培养以及全球教育交流的促进产生了积极影响。然而，它也面临一些挑战，包括师资培训不足、教育资源不均衡和学科整合困难。教育创新有助于提高教育质量，通过创新的教学方式和内容，满足学生的个性化需求，培养创新能力。它还促进了全球教育资源的共享和交流。然而，许多教师在信息技术和创新教育理念方面的培训不足，导致教育创新的实施受到制约。教育资源的不均衡分配也影响了部分学校享受教育创新带来的好处。此外，学科整合的困难主要来自于传统学科界限和体制约束，需要教育体制的支持和教师的共同努力才能克服。

（七）未来教育创新的趋势

未来的教育创新将更加注重智能化与个性化教学、跨学科整合与综合素养培养、全球化教育以及社会参与与实践经验。智能化技术的应用将使教育服务更加个性化，以满足学生的多样化需求。跨学科整合将促使学生形成全面的综合素养，解决复杂问题的能力也将得到提升。全球化教育通过在线学习平台和国际合作项目，进一步推动全球教育资源的共享和交流。社会参与与实践经验将通过项目化学习等方式，提高学生解决实际问题的能力，使他们更好地融入社会。教育创新将继续推动教育的发展，提高教育质量和效果。

二、数字化时代育人创新的基本理念

（一）概述

数字化时代的到来对教育提出了新的挑战和机遇。在这个充满科技创新的时代，传统的育人理念和教学模式正在受到审视和重构。数字化时代育人创新的基本理念旨在引领教育适应社会发展，培养学生具备数字素养、创新能力和综合素质，使其更好地适应未来社会的需求。

（二）数字化时代的特征

1. 技术融合

数字化时代以技术为核心，不同领域的技术日益融合，形成了多样化的数字化工具和平台。人工智能、大数据、云计算等技术的发展，使得教育可以更加个性化、智能化。例如，人工智能可以通过分析学生的学习数据米推荐个性化的学习资源，大数据可以帮助教育者了解学生的学习趋势，从而调整教学策略。

2. 信息爆炸

数字化时代信息爆炸，学生可以轻松获取海量的信息资源。这要求教育更注重培养学生的信息筛选、分析和应用能力，而非简单的信息传递。在信息过载的背景下，教育不仅要教会学生获取信息，还要帮助他们理解如何判断信息的真实性和价值。

3. 全球性连接

数字化时代实现了全球性连接，学生可以与来自世界各地的同学、教育者进行交流合作。这为跨文化交流和全球合作提供了更广阔的空间。通过全球性的网络平台，学生能够参与到国际合作项目中，拓宽视野，理解不同文化背景下的问题解决方法。

（三）数字化时代育人创新的基本理念

1. 培养创新思维

数字化时代强调培养学生的创新思维，使其具备发现问题、解决问题的能力。通过引入项目化学习、设计思维等方式，激发学生的创造性思考，使其能够更好地适应未知和复杂的挑战。教育应鼓励学生在实践中不断试错，寻找解决问题的新方法。

2. 强化数字素养

数字素养已经成为当代社会的基本素质之一。在数字化时代，教育需要重视培养学生的信息识别能力、网络安全意识、数据分析能力等数字素养，以使学生能够更好地利用科技工具解决问题。学生应学习如何有效使用各种数字工具，并了解其潜在的风险和伦理问题。

3. 注重跨学科整合

数字化时代呼唤学科间的整合，强调解决问题的综合性思维。通过跨学科的课程设计和项目合作，培养学生在多学科知识领域中自如应用的能力。例如，结合计算机科学与生物学的课程可以帮助学生在实际项目中解决复杂的生物信息学问题。

4. 倡导自主学习

数字化时代提供了更多自主学习的机会。教育应该引导学生培养自主学习的能力，包括学习目标的设定、学习资源的获取、学习过程的管理等方面，使其具备终身学习的能力。学生应学会自我管理学习进度，利用网络资源自主探索感兴趣的领域。

5. 全球化视野

数字化时代的全球连接为培养学生的全球化视野提供了条件。教育应该引导学生了解不同文化、历史和社会背景，促进全球性的思维和合作。通过国际交流项目和跨国合作，学生可以更全面地理解全球问题，并参与全球解决方案的制定。

（四）数字化时代育人创新的实践策略

1. 引入在线教育平台

通过引入在线教育平台，拓宽学生获取知识的途径，使学生能够根据个体差异和兴趣自主选择学习内容，实现个性化学习。例如，利用 MOOC 平台，学生可以选修来自全球顶尖高校的课程，拓展知识领域。

2. 推行项目化学习

项目化学习强调学生通过参与实际项目来获取知识和解决问题。通过引入项目化学习，学生在实践中学习，培养团队协作、解决问题的能力。这种模式可以将课堂知识与实际应用相结合，使学生在解决真实问题的过程中掌握和运用知识。

3. 整合数字资源

充分整合数字资源，包括网络资源、在线课程、多媒体教材等，为教学提供更多元化、生动化的内容。数字资源的整合可以丰富教学手段，激发学生的学习兴趣。例如，教师可以利用虚拟实验室和模拟软件，进行实验操作和数据分析的教学。

4. 实践导向的评估体系

建立以实践为导向的评估体系，注重考查学生解决实际问题的能力、创新思维和团队协作能力。这有助于更准确地评估学生在数字化时代的核心素养。评估体系可以包括项目报告、团队合作展示和实际问题解决案例分析等。

5. 跨学科融合课程设计

推动学校开设跨学科融合的课程，打破传统学科的界限，培养学生在不同领域中应用知识的能力。跨学科融合有助于培养学生的系统思维和创新能力。例如，将数学与艺术结合，开展数据可视化的课程，既培养学生的数据分析能力，又激发艺术创作的灵感。

（五）数字化时代育人创新的影响与挑战

1. 数字化时代育人创新的影响

培养全面发展的人才：数字化时代育人创新的理念强调综合素质的培养，有助于培养具备创新能力、跨文化沟通能力的全面发展人才。这种培养方式使学生能够适应不断变化的社会需求。

提高学生学习兴趣：引入数字化手段和多样化的学习方式，使学习更具趣味性，激发学生的学习兴趣和动力，提高学习效率和质量。互动式的教学和游戏化学习可以增强学生的参与感和积极性。

促进教育公平：数字化时代的教育创新可以打破地域和资源的限制，为不同地区、不同背景的学生提供更均等的学习机会，促进教育公平。网络平台的普及使得更多学生能够接触到优质教育资源。

2. 数字化时代育人创新的挑战

技术应用不当：教育工作者需要具备良好的技术运用能力，否则技术可能成为教学的绊脚石，增加教育负担，降低教育质量。教师在使用技术时需要经过专业培训，确保技术的有效应用。

数字鸿沟：在数字化时代，数字鸿沟可能会进一步扩大，一些资源匮乏地区或群体可能无法享受到数字化带来的教育机会，导致不公平现象的加剧。需要政策支持和资源投入，以缩小数字鸿沟。

隐私和安全问题：数字化时代使用大量的个人数据和网络信息，存在着隐私泄露和网络安全的风险，尤其是对于未成年人的保护问题需要引起高度重视。教育机构需采取措施保护学生的数据隐私和安全。

教师培训和素养不足：数字化时代育人创新需要教师具备较高的技术素养和教育创新意识，但目前教师培训和素养存在不足，影响了数字化时代育人创新的实施。需加强教师的专业发展培训，提升其在数字化教育中的能力。

（六）数字化时代育人创新的前景展望

数字化时代育人创新将继续推动教育向更加个性化、智能化、全球化的方向发展。随着技术的不断发展和教育理念的不断更新，数字化时代育人创新将在以下方面取得更多进展：

1. 个性化学习

数字化时代育人创新将更加注重个性化学习，通过大数据分析和人工智能技术，为每个学生量身定制最适合的学习方案，提高学习效果和满意度。个性化学习能够根据学生的学习进度和兴趣，提供定制化的教学内容和反馈。

2. 智能化辅助教学

教育将进一步智能化，引入更多智能化教学工具和平台，辅助教师进行教学管理和个性化辅导，提高教学效率和质量。智能化教学系统能够实时跟踪学生的学习状态，并提供相应的支持和建议。

3. 全球化教育

数字化时代将进一步推动教育的全球化，通过在线教育平台和国际合作项目，实现全球范围内的教育资源共享和交流，促进全球教育合作与发展。全球化教育将使学生能够接触到不同国家和地区的教育资源，拓宽国际视野。

4. 多元化评价体系

数字化时代育人创新将建立更多元化的评价体系，不仅注重学生的学科成绩，还将考查学生的综合素质、创新能力和实践经验，更全面地了解学生的发展情况。多元化的评价体系将帮助教师更准确地评估学生的整体能力和发展潜力。

5. 跨学科融合

数字化时代育人创新将进一步推动学科间的融合与整合，打破传统学科的界限，培养学生更广泛的知识结构和综合能力，适应未来社会的发展需求。跨学科的融合将促进学生在不同领域中应用知识，解决复杂的实际。

三、融合理论与实践的数字化创新策略

（一）概述

在数字化时代的背景下，教育领域正在经历深刻的变革。随着技术的不断进步，教育工作者和政策制定者开始探索如何将数字化创新有效地融入教育实践中，以提升教学效果和学生能力。融合理论与实践的数字化创新策略成为关键，它要求我们将前沿的理论知识与实际的教学操作紧密结合，从而推动教育向更加智能、灵活和创新的方向发展。这个过程不仅涉及对教育理念的重构，还需要在实践中不断调整和完善，以实现教育目标的有效达成。接下来，我们将详细探讨如何通过融合理论与实践来实现数字化创新，并为教育者提供具体的指导和启示。

（二）数字化创新背景

1. 数字化创新的内涵

数字化创新涉及利用现代数字技术对传统教育模式和理念进行深刻变革，以提升教育效果并满足时代发展的需求。这一过程不仅包括教学内容的数字化处理，如电子教材和在线课程的开发，还涵盖了教学方式的智能化，如智能化教学系统和互动式学习平台的应用。此外，数字化创新还强调学习过程的个性化，借助数据分析和人工智能，提供针对每个学生的定制化学习方案。

2. 融合理论与实践的重要性

融合理论与实践在数字化创新中起着至关重要的作用。理论为教育变革提供了指导框架和理念支持，而实践则是验证理论有效性和落实理论建议的关键。理论与实践的结合不仅可以帮助我们理解如何将先进的教育理念应用到实际教学中，还能够通过实践反馈不断调整和完善理论，确保理论与实际操作的一致性，从而推动数字化创新的有效实施。

（三）融合理论与实践的基本原则

1. 相互影响原则

融合理论与实践的过程中，理论和实践应该相互影响、相互促进。理论需要在实践中得到验证，实践则为理论提供了反馈和修正的机会。通过这种互动和反馈机制，理论和实践可以不断调整和完善，形成一个动态发展的过程，从而更好地适应教育实际需求。

2. 全员参与原则

数字化创新需要各方参与，包括教育管理者、教师、学生及家长等。理论与实践的融合要求所有参与者充分理解和认同创新理念，并积极参与到实践中。这种全员参与的模式能够确保创新过程中的各项举措得到有效支持，形成合力，提高实施效果。

3. 循序渐进原则

在推进数字化创新的过程中，理论与实践的融合应当遵循循序渐进的原则。避免急功近利，需通过逐步实施、不断总结经验、及时发现和解决问题，使融合过程更加有序和稳妥。逐步推进可以帮助教育者更好地调整策略和方法，确保创新过程的可控性和有效性。

4. 灵活性原则

数字化创新的理论和实践应具备灵活性，以适应不同学校、不同教育阶段和不同学科的特点。在融合过程中，必须考虑到各种变化因素，及时调整策略，确保创新措施能够在不同的环境中有效实施，保持持续的适应性和灵活性。

（四）数字化创新中融合理论与实践的策略

1. 制定数字化创新战略规划

在实施数字化创新时，首先需要制定清晰的战略规划。这包括明确创新目标、确定创新范围和时间表，并构建相关的理论框架。这一规划将为实践提供明确的方向，确保创新过程有条不紊地进行。

2. 建立跨学科的团队合作

数字化创新通常涉及多学科知识的融合，因此，建立跨学科的团队合作至关重要。通过汇聚教育专家、技术专家、心理学专家等，形成一个有机的合作体系，可以有效促进理论和实践的结合，推动创新策略的实施。

3. 推动教育者的专业发展

数字化创新要求教育者具备先进的教育理念和技术应用能力。因此，必须推动教育者的专业发展，为他们提供相关的培训、研讨会和交流机会。这将帮助教育者更好地理解和运用创新的理论与实践，提高他们在数字化教育中的能力。

4. 搭建数字化平台和资源

有效的数字化创新需要一个良好的平台和资源支持。通过搭建数字化教学平台，整合各种数字资源，为实践提供有力的支持。同时，通过实践反馈不断优化平台和资源，使其更好地服务于教学需求。

5. 借鉴成功案例和经验

借鉴其他地区或学校的成功案例和经验，可以为理论与实践的融合提供宝贵的参考。学习他人的成功经验和失败教训，有助于指导自身的数字化创新实践，避免重复错误，提高实施效果。

（五）数字化创新中可能面临的挑战

1. 文化差异的阻碍

数字化创新可能面临学校文化、师资文化等方面的差异，这些文化差异可能成为理论与实践融合的一大阻碍。不同文化背景下的理念和实践需要经过逐步融合的过程，以减少冲突和阻力，确保创新措施能够在多元文化环境中有效实施。

2. 资源不足

数字化创新通常需要大量的数字技术支持、教育资源和培训投入。资源有限的学校可能难以配备所需的硬件、软件和人力，这将影响数字化创新的实施。需要综合考虑资源分配问题，寻找可持续的资金来源，以支持创新活动的顺利进行。

3. 技术更新速度

在数字化创新中，技术更新速度非常快，这可能导致一些教育者难以跟上最新技术的发展，从而影响实践与理论的同步。因此，建立良好的技术更新机制，进行及时的培训和技术支持，对于保持创新的有效性和先进性至关重要。

4. 信息安全与隐私问题

数字化创新涉及大量的学生和教师信息，信息安全和隐私问题可能成为一个潜在的挑战。必须确保数字化平台的安全性，合理使用数据，并建立隐私保护机制。教育机构需要与技术提供商和法律专业人士紧密合作，制定合理的政策和规定，保障信息安全和隐私保护。

第二章　高职院校数字化管理育人体系建设

第一节　数字化管理育人体系的构建原则

一、体系构建的基本原则

（一）概述

体系构建是在特定领域或行业中建立起一套有机结构和协同机制的过程。在各个领域，体系的构建都至关重要，它有助于提高组织或系统的效率、稳定性和创新力。下面将讨论体系构建的基本原则，明确在构建体系时应当遵循的指导性准则。

（二）体系构建的定义与意义

体系构建是指在一定领域或范畴内，按照一定的规则和逻辑，通过组织、整合、优化各种资源和要素，形成一个有机、协同、高效的系统或结构的过程。体系构建不仅包括组织结构的设计，还包括流程、制度、文化等方面的建设。通过体系构建，可以合理分工、优化流程，从而提高整体效率，确保系统稳定性，并促进创新与质量的提升。

（三）体系构建的基本原则

体系构建首先要具备系统性，即将各个部分有机地组织成一个整体，确保各个组成部分之间的相互关联和相互作用。其次，全面性原则要求体系构建时考虑各个层面，包括组织结构、流程、制度、文化等，以确保各方面的有效运作。同时，体系构建需要具备灵活性和适应性，能够应对外部环境的变化，保持稳健性。最后，效益性原则强调在构建体系时，充分利用资源，实现最大的经济效益。

（四）体系构建的步骤与方法

体系构建的第一步是明确目标和需求，包括对组织或系统的定位、发展目标和业务需求的明确。在此基础上，需要对现状进行全面分析，识别问题和瓶颈。接下来，设计体系的整体架构，包括组织结构、流程优化和制度建设等内容，并逐步实施与调整。同时，建立监测与评估机制，以确保体系的持续优化。

（五）体系构建的挑战与应对策略

体系构建过程中可能会遇到组织文化转变的挑战，需要通过逐步引导、培训和沟通来应对。此外，资源投入的挑战也可能出现，如预算有限、人力不足等，这时需要精细化资源规划，明确重点领域。变革管理则是另一个挑战，尤其是在应对员工对变革的抵触情绪时，领导层需要做好变革沟通和培训工作。最后，技术支持的挑战在数字化时代显得尤为重要，需引入专业团队加强技术支持。

（六）体系构建的实践经验与案例

许多企业通过引入质量管理体系如 ISO9000，构建了科学、高效的质量管理系统，提升了产品或服务的质量。同样，在教育领域，学校通过构建科学的教育体系，实现了教育目标的提升。这样的实践经验为体系构建提供了宝贵的参考。

（七）体系构建的未来趋势与展望

未来，体系构建将更多地依赖数字化和智能化技术，同时更加注重可持续发展，不仅在资源利用上，还在组织文化和员工发展方面。随着全球化的推进，体系构建将需要具有全球视野，并在灵活性和适应性方面不断创新，以应对快速变化的环境。体系构建作为组织管理的关键环节，其质量和科学性将直接影响整体运作的效率与效果。因此，未来的体系构建将面临新的挑战和机遇，要求我们不断优化，以适应日益复杂多变的环境。

二、教育目标与数字化管理体系的匹配

（一）概述

随着数字化时代的到来，教育机构逐渐引入数字化管理体系，以提高管理效率、优化教学流程，并更好地实现教育目标。数字化管理体系通过整合学生信息管理系统、教学资源管理平台、在线学习平台和教育数据分析工具，为教育机构提供了全面的数据支持和管理优化方案。这种系统不仅能够提升教育管理的效率，还能在实现教育目标的过程中提供强大的技术支持。下面将探讨教育目标与数字化管理体系之间的协同发展关系，分析数字化管理体系如何帮助教育机构更全面、高效地实现其设定的目标。

（二）教育目标的本质与层次

教育目标作为教育工作的方向和标杆，描述了学校和教育机构期望实现的理想状态。这些目标包括知识传递、学生全面发展和个性化培养等多个方面，具有综合性和多层次性。在层次结构上，教育目标通常分为宏观目标和微观目标。宏观目标涵盖学校的整体发展方向，强调使命和愿景的实现；而

微观目标则更专注于学科知识、学科能力以及综合素质的培养，是宏观目标的具体体现。

（三）数字化管理体系的构成要素

数字化管理体系的核心组成部分包括学生信息管理系统、教学资源管理平台、在线学习平台和教育数据分析工具。学生信息管理系统负责全面管理学生信息，如成绩、出勤情况和个性化需求，为个性化培养提供数据支持。教学资源管理平台集中管理和共享教材、课件和多媒体资料，从而支持知识传递的教育目标。在线学习平台为学生提供灵活的学习方式，帮助其在不受时间和地点限制的情况下获取知识，促进综合素质的培养。教育数据分析工具则通过对学习数据和教学效果的分析，帮助学校制定更科学的教学决策，提升教学质量。

（四）数字化管理体系与教育目标的匹配关系

数字化管理体系通过其各个组成要素与教育目标之间形成了密切的匹配关系。学生信息管理系统通过收集和整理学生的个性化信息，为学校提供了个性化培养的数据支持，帮助制定针对性的教学计划。教学资源管理平台优化了知识传递方式，确保教师能够利用最新的教学资料，提高效率。在线学习平台则促进了学生的全面发展，使其能够在多个方面进行全面提升。教育数据分析工具为提升教学质量提供了有力支持，通过数据分析帮助学校及时调整教学策略。

（五）数字化管理体系在实际中的应用优势

数字化管理体系的应用带来了许多实际优势。首先，通过收集大量的学生信息和教学数据，数字化管理体系为学校管理层提供了更为准确的数据支持，有助于制定科学的决策。其次，数字化管理体系的应用提高了管理效率，简化了学籍管理和课程安排等工作流程。再次，在线学习平台和教育数据分析工具促进了师生之间的互动，教师能够更有针对性地指导学生。最后，教学资源管理平台的跨学科资源共享拓展了学科边界，有助于实现跨学科综合素质的培养。

（六）数字化管理体系的挑战与解决方案

尽管数字化管理体系带来了许多优势，但也面临挑战。例如，技术水平的不均可能导致一些教师和学生对系统使用不熟悉。为此，学校可以开展培训，设计用户友好的界面。信息安全和隐私问题也是一大挑战，学校需要加强信息安全意识，采用加密技术和权限控制。投入成本较高的问题可以通过逐步推进、寻求资助等方式来解决。

（七）数字化管理体系的未来趋势与展望

展望未来，数字化管理体系有望向智能化、个性化和全球化发展。智能化的发展将通过人工智能技术实现对学习行为的智能分析和预测，个性化发展将更好地满足学生的差异化需求。全球化视野的拓展将通过国际合作推动教育国际化，区块链技术的应用有望提高信息管理的安全性和透明度。同时，虚拟现实和增强现实技术的融合将提供更加丰富的管理体验。数字化管理体系在不断发展中，将为教育事业的提升和创新发挥重要作用。

三、学校文化与数字化管理的融合

（一）概述

学校文化是学校的精神灵魂，是学校的独特标识和价值观的集合体。数字化管理作为当代教育的重要组成部分，致力于提高管理效率和个性化教学，对学校文化的传承和发展具有深远的影响。数字化管理的引入为学校文化的融入和传播提供了新的手段。通过数字化管理，学校能够更好地将其文化精髓融入日常管理和教学中，促进文化的传承与创新。下面将探讨学校文化与数字化管理的融合，分析数字化管理如何有助于学校文化的传承、创新和发展。

（二）学校文化的特征与价值

学校文化是指学校内部形成的一种共同的、特有的思想观念、价值观念、行为规范和组织结构，它包括学校的传统、习惯、信仰等方面的元素，是学校的精神特质。学校文化对于学校的发展具有重要的价值。首先，学校文化能够凝聚师生共同的精神追求，促使他们形成共同体验和价值认同，增强学校成员的凝聚力。其次，学校文化是学校历史的传承，通过对学校文化的继承，学校能够更好地找到发展的方向和目标。最后，学校文化作为学校的象征，通过文化的塑造，学校能够形成独特的形象，吸引更多的学生和教职工。

（三）数字化管理与学校文化的融合

数字化管理与学校文化的融合主要体现在以下几个方面。首先，学校文化的数字化表达是将学校的核心价值观、传统文化等内容通过数字化手段呈现出来。这可以包括学校网站、数字化校园平台、电子文化展览等形式，以便更广泛地传播学校文化。其次，数字化管理不仅是一种技术手段，更是一种管理理念和文化设计的体现。在数字化管理系统的建设中，可以融入学校的文化元素，使系统更符合学校的价值观和管理理念。最后，数字化平台为学校文化的互动提供了新的途径。通过数字化平台，学校成员可以更方便地参与学校文化的建设和传承，发表观点、参与讨论，形成一个共建共享的数字文化空间。

（四）数字化管理在学校文化传承中的作用

数字化管理在学校文化传承中的作用体现在多个方面。首先，数字化管理系统可以通过多媒体、在线展览等形式，将学校的传统文化进行数字化展示。这有助于更生动地向师生传承学校的历史、传统和精神文化。其次，学校文化活动是传承和弘扬文化的有力手段。数字化管理系统可以帮助学校更好地组织文化活动，包括线上线下的文艺演出、文化节庆等，提高活动的组织效率和参与度。最后，数字化管理系统可以作为传递文化价值观的载体。通过线上教育平台、数字化教学资源等，学校可以更有效地传递其核心价值观，引导学生形成正确的人生观和价值观。

（五）数字化管理对学校文化创新的促进

数字化管理促进学校文化创新的方式包括以下几点。首先，数字化管理为学校提供了一个创新的平台，可以通过在线创意工坊、数字化艺术平台等形式，鼓励师生参与文化创新。学校可以通过数字平台收集创意建议，推动文化创新的实践。其次，数字化工具与跨文化交流的推动促进了学校与外部社群的更广泛交流，促进了跨文化的互动。通过在线国际文化交流、数字化合作项目等形式，学校文化得以在更大范围内传播和交流，拓展了文化的内涵。最后，数字化管理为学校文化活动的创意提供了更多可能。例如，通过虚拟现实（VR）技术组织数字化艺术展览、在线文学沙龙等，拓展了文化活动的形式，增强了文化活动的吸引力。

（六）数字化管理体系对学校文化的挑战

尽管数字化管理带来了许多好处，但也面临着一些挑战。首先，数字鸿沟的可能加剧。在数字化管理的过程中，一些教职工和学生可能由于技术水平不同而产生数字鸿沟。这可能导致一部分人无法充分参与数字化管理，从而影响到学校文化的全面传承和发展。其次，信息安全与隐私问题。数字化管理涉及大量敏感信息，包括学生和教职工的个人信息。信息安全和隐私问题可能成为一个挑战，学校需要采取措施确保数字化管理系统的安全性，以防止信息泄露和滥用。最后，文化与技术的平衡难题。在数字化管理中，学校需要平衡技术的运用与文化的传承，防止技术成为文化传承的障碍。数字化管理系统的设计应注重人性化，确保技术服务于文化而非替代文化。

（七）解决方案与发展展望

为应对上述挑战，学校可以采取以下措施。首先，提升数字素养。学校应通过培训、课程设置等方式提升师生的数字素养，缩小数字鸿沟。通过开展数字化文化活动，激发师生参与的热情，使更多人能够充分享受数字文化的红利。其次，加强信息安全管理。学校应建立健全的信息安全管理体系，包括完善的信息安全政策、技术手段和员工培训。保障数字化管理系统中的敏感信息安全，加强对隐私的保护，确保数字化管理与文化传承的和谐共存。最后，文化价值导向的数字化设计。数字化管理系统的设计应注重文化价值导向，融入学校的核心价值观。在数字化平台上体现学校的文化元素，使数字工具更好地服务于学校的文化传承和发展。学校还应不断引入新的数字化技术和管理工具，与时俱进，推动数字化管理与学校文化的持续创新。利用先进的技术手段，拓展文化创新的领域，为学校文化注入新的活力。

学校文化与数字化管理的融合是当代教育管理的重要趋势之一。通过数字化管理系统，学校文化得以数字表达、传承、创新，促使学校更好地实现其价值目标。然而，数字化管理也面临一系列挑战，需要学校在推进数字化管理的同时注重平衡文化与技术、解决数字鸿沟和信息安全等问题。通过不断提升数字素养、加强信息安全管理、注重文化价值导向的数字化设计，学校可以更好地应对这些挑战，实现数字化管理与学校文化的有机融合，推动教育事业的不断发展。

第二节　教务管理的数字化转型

一、数字化时代的教务管理挑战

（一）概述

随着数字化时代的到来，教育领域也面临了前所未有的变革。数字化技术在教务管理中的广泛应用带来了诸多机遇，同时也伴随着一系列挑战。下面将深入探讨数字化时代教务管理所面临的挑战，并提出应对策略，以更好地适应和引领教育管理的发展。

（二）数字化时代的教务管理特点

1. 信息化全面渗透

数字化时代教务管理的鲜明特点是信息化的全面渗透。学校的教学、学生管理、课程安排等方方面面都离不开数字化技术的支持，信息系统成为教务管理的核心。

2. 数据驱动决策

数字化时代注重数据的采集、分析和应用。教务管理通过大数据分析，可以更精准地了解学生学习情况、优化课程设置，实现数据驱动的决策。

3. 在线教育与远程管理

数字化时代推动了在线教育的兴起，同时也带来了远程管理的需要。教育管理需要适应不同地区、不同时区的教育需求，提供远程管理解决方案。

（三）数字化时代教务管理的挑战

1. 技术更新与培训困难

随着技术的不断更新，教育机构可能面临技术更新速度快、老师和管理人员难以跟上技术发展的挑战。缺乏相关技能和培训机会可能导致教务管理人员无法充分发挥数字化系统的优势。

2. 信息安全和隐私问题

教务管理涉及大量学生和教职员工的个人信息，信息安全和隐私问题成为亟待解决的挑战。学校需要采取措施确保信息的安全存储和传输，以及对隐私的合理保护。

3. 教务系统集成与互联互通

在数字化时代，学校通常会使用多个不同的教务系统，这些系统之间需要实现有效的集成与互联互通。教务管理可能面临系统兼容性差、数据不同步等问题，影响管理效率。

4. 学生学习行为多样性

数字化时代，学生学习行为变得更加多样化，包括在线学习、自主学习等形式。这给教务管理带来了挑战，如何统一各种学习形式的管理、评估学生的学业水平成为亟须解决的问题。

（四）应对策略

1. 加强技术培训与人才引进

学校应加强对教务管理人员的技术培训，确保其具备应对数字化时代挑战的能力。同时，引进具有数字化教务管理经验的专业人才，助力学校更好地应对技术更新与培训困难的问题。

2. 建立完善的信息安全体系

学校需要建立起完善的信息安全管理体系，确保数字化教务系统的数据安全。采用先进的加密技术、权限控制手段，加强对信息泄漏和滥用的防范，提高学生、教职员工的信息安全意识。

3. 推动系统集成与数据互通

学校应积极推动教务系统的集成，实现数据的互通。选择具有良好兼容性的系统，采用标准化的数据格式，以确保各个系统之间的顺畅协作，提高管理效率。

4. 借助人工智能优化学业管理

引入人工智能技术，通过对学生学习行为的分析，实现个性化教学和学业规划。通过智能辅导系统，帮助学生更好地规划学业，提升学业成绩。

5. 制定多元化学业评价体系

针对学生多样化的学习行为，制定更为灵活和多元化的学业评价体系。不仅注重传统的考试评估，还应充分考虑课程作业、项目表现、参与度等方面，更全面地了解学生的学业水平。

（五）数字化时代教务管理的未来展望

1. 智能化决策与个性化服务

随着人工智能技术的不断发展，教务管理有望实现智能化决策，为学校提供更精准的数据分析和决策支持。同时，将数字化系统进一步个性化，满足不同学生的个性化需求。

2. 区块链技术在学历认证中的应用

区块链技术有望在学历认证方面发挥更大作用。通过区块链的不可篡改性，可以确保学历认证的真实性和可信度。这种技术的应用有望简化学历认证的流程，减少学历造假的可能性，提高招聘单位对学历认证的信任度。

3. 全球教育资源共享与合作

数字化时代使得教育资源更容易实现全球共享与合作。学校可以通过在线课程、远程教学等方式，与全球范围内的其他教育机构开展合作，共享优质教育资源，拓宽学生的学科视野。

4. 创新性考核方法的出现

随着对学生学业评价的不断探索，数字化时代可能带来更创新的考核方法。例如，基于项目的评价、实际应用能力的考核等，更能全面衡量学生的综合素质，促进学生全面发展。

数字化时代的教务管理既带来了巨大的机遇，也伴随着一系列挑战。面对技术更新与培训困难、信息安全与隐私问题、系统集成与数据互通、学生学习行为多样化等问题，学校需要采取一系列策略，包括技术培训、信息安全体系建设、系统集成、人工智能应用等，以更好地适应数字化时代的教务管理需求。

未来，数字化时代教务管理有望迎来更智能、个性化的发展。通过引入人工智能技术、推动区块链在学历认证中的应用，教务管理将更加智能、高效。同时，全球教育资源的共享与合作，以及创新性考核方法的出现，将推动教育管理不断创新，更好地服务于学生的全面发展。在这个数字化时代，教育机构需要不断提升自身管理水平，灵活运用数字化技术，以更好地适应社会发展的需求，培养更具创新力和竞争力的人才。

二、学籍管理与成绩管理的数字化创新

（一）概述

随着信息技术的迅速发展，教育管理领域也在数字化转型的浪潮中迎来了新的机遇。学籍管理与成绩管理是教育管理中至关重要的两个方面，数字化创新在这两个领域的应用将极大地提高管理效率、优化服务质量。下面将深入探讨学籍管理与成绩管理的数字化创新，分析其带来的益处与挑战，以及未来的发展方向。

（二）学籍管理的数字化创新

1. 学籍管理的重要性

学籍管理是学校对学生基本信息、学业情况进行系统记录和管理的过程。它涵盖了学生招生、注册、转专业、休学、退学等一系列过程，是学校正常运行的基础。

2. 数字化创新的关键功能

数字化创新在学籍管理方面的关键功能包括：

电子档案管理：将学生档案数字化，实现信息的集中存储和高效检索，提高学籍管理的准确性和及时性。

在线注册与信息更新：学生可以通过在线平台完成注册和个人信息的更新，减少纸质手续，提高操作效率。

学籍统计与分析：利用大数据技术，对学生的学籍信息进行统计与分析，为学校决策提供科学依据。

（三）成绩管理的数字化创新

1. 成绩管理的关键环节

成绩管理涉及课程安排、教学评估、考试成绩等多个环节，是学校教学质量和学生学业发展的重要保障。

2. 数字化创新的关键功能

数字化创新在成绩管理方面的关键功能包括：

在线成绩录入：将传统的纸质成绩单数字化，通过在线系统实现教师便捷录入和学生查询。

成绩分析与反馈：利用数据分析工具，对成绩数据进行深度分析，为教学改进和学生个性化学业规划提供支持。

电子成绩单发布：学校可以通过电子平台发布成绩单，提供实时查询服务，方便学生及时了解自己的学业状况。

（四）数字化创新带来的益处

1. 提高管理效率

数字化创新使得学籍和成绩管理过程更加自动化和高效。通过在线系统，学校管理人员能够更便捷地完成学籍注册、信息更新、成绩录入等工作，提高管理效率。

2. 信息准确性与可追溯性

数字化创新有助于提高信息的准确性和可追溯性。电子化的学籍和成绩管理系统可以减少人为错误，同时每一步操作都有记录，方便追溯问题的根源。

3. 个性化服务与学业指导

数字化创新为学校提供了更多可能性，能够实现对学生学业情况的个性化分析和服务。通过成绩分析，学校可以为每个学生提供更有针对性的学业指导，帮助其更好地发展和规划未来。

（五）数字化创新面临的挑战

1. 信息安全风险

数字化创新使得大量敏感信息在线传输和存储，因此面临着信息安全风险。未经保护的系统可能遭受黑客攻击，导致学籍和成绩信息泄露。

2. 技术培训不足

引入数字化创新需要学校教职员工具备相应的技术操作能力。然而，由于技术培训不足，一些教职员工可能无法充分利用数字化系统，降低了创新的效果。

3. 系统集成问题

学校常常使用多个不同的系统，包括学籍管理系统、成绩管理系统等。这些系统之间的集成问题可能导致信息同步不及时、操作不便等挑战。

（六）应对策略

1. 强化信息安全保障

学校应采取一系列措施，包括建立健全的信息安全管理体系、使用加密技术、定期进行安全审查等，保障数字化系统中学籍和成绩信息的安全。

2. 加强技术培训

学校需要加强对教职员工的技术培训，提高其数字化系统的使用能力。通过定期的培训课程，确保教职员工能够熟练使用数字化系统，充分发挥其优势。

3. 推动系统集成与互联互通

学校可以选择具有良好兼容性的数字化系统，或者通过开发 API 接口等手段实现不同系统的集成。确保各个系统之间能够顺畅协同工作，提高信息同步效率，降低操作复杂度。

4. 引入先进技术支持

采用先进的技术支持，如人工智能、大数据分析等，优化学籍和成绩管理系统的功能。通过智能化的数据分析，为学校提供更准确的决策依据，促进教育教学的不断优化。

（七）数字化创新的未来展望

1. 智能化学籍管理系统

未来，随着人工智能技术的不断发展，学籍管理系统有望实现智能化。通过自动化的学籍审核、智能化的学籍建议，提高学籍管理的效率和准确性。

2. 个性化成绩分析与学业规划

数字化创新将进一步实现对学生成绩的个性化分析，帮助学校更好地了解每个学生的学业特点和需求。基于这些分析，学校可以为每个学生提供个性化的学业规划和辅导服务。

3. 移动化服务与便捷体验

未来的数字化创新将更加注重移动化服务，使学籍和成绩管理系统可以在移动设备上便捷使用。学生和教职员工可以通过手机或平板随时随地访问系统，提高服务的便捷性和灵活性。

数字化创新对学籍管理与成绩管理带来了巨大的变革，极大地提高了管理效率和服务质量。通过电子化的档案管理、在线注册、成绩分析等功能，学校能够更好地应对学籍管理和成绩管理的挑战。

然而，数字化创新也面临着一系列挑战，包括信息安全风险、技术培训不足、系统集成问题等。为了充分发挥数字化创新的优势，学校需要采取相应的策略，强化信息安全保障、加强技术培训、推动系统集成与互联互通等。

未来，随着人工智能技术的发展和数字化创新的深入，学籍管理与成绩管理将迎来更为智能、个性化的发展。通过引入先进技术支持，学校能够更好地适应社会发展的需求，为学生提供更为优质的教育服务。

三、课程安排与在线选课系统的应用

（一）概述

随着信息技术的不断发展，教育领域也迎来了数字化时代的变革。课程安排与选课是学校教务管理中的重要环节，而在线选课系统的应用为学校提供了更为高效、灵活的管理方式。在线选课系统不仅能提高选课效率，还能促进课程公平分配，实现信息透明。然而，在线选课系统在实际应用中也面临着系统稳定性与安全性、课程资源分配不均以及学生选课规划困难等挑战。为了更好地适应和引领教育管理的发展，学校需要采取相应的应对策略，包括系统升级与维护、课程资源优化与合理分配、提供选课辅导服务以及引入先进的人工智能技术。

（二）课程安排的重要性

课程安排是学校组织教学活动的基础，直接关系到教学质量。合理的课程安排能够确保学生有序学习，促进知识的系统掌握，从而提升整体教学效果。科学合理的课程安排不仅有助于学生的学习进度，还能有效提高教师的时间利用效率，避免不必要的时间浪费，确保教学活动的高效进行。因此，课程安排的质量直接影响到教学目标的实现和教育效果的提升。

（三）在线选课系统的关键功能

在线选课系统提供了多项关键功能来支持学校教务管理的现代化。首先，系统允许学生和教师方便快捷地浏览和查询课程信息，包括授课教师、上课时间、课程简介等。这种信息的透明化帮助学生做出更明智的选课决策。其次，系统支持学生进行选课和退课操作，使学生能够根据个人兴趣和专业方向自主管理课程选择，提高学习的灵活性。此外，在线选课系统能够自动监测学生所选课程之间的时间冲突，并及时提醒学生调整课程安排，从而避免由于课程时间冲突带来的学习计划混乱。

（四）在线选课系统的优势

在线选课系统的应用带来了显著的优势。首先，通过网络平台实现选课，大大提高了选课的效率，相较于传统的实地选课方式，节省了学生和教师的时间和精力。其次，系统通常采用公平的选课机制，避免了传统选课中可能出现的抢课现象，确保每位学生都有平等的机会选择心仪的课程，从而促进了课程资源的公平分配。最后，在线选课系统将课程信息、选课规则等公开在平台上，实现了信息的透明，使学生可以清晰地了解每门课程的具体情况，从而做出更为明智的选课决策。

（五）挑战与问题

尽管在线选课系统带来了诸多便利，但在实际应用中也面临不少挑战。首先，系统的稳定性和安全性是重要的考虑因素。在选课高峰期，系统可能会遭遇较大的访问压力，若系统不稳定，可能导致学生选课失败，影响正常教学秩序。其次，课程资源的分配可能不均，热门课程可能会吸引大量学生选课，而一些非热门课程则可能面临选课人数不足的情况，进而引发学生在选课过程中的竞争压力。此外，面对众多课程选择，一些学生可能存在选课规划困难的问题，缺乏足够的信息和辅导可能会导致学生难以做出符合个人发展规划的选课决策。

（六）应对策略

为了应对在线选课系统中出现的问题，学校可以采取多种策略。首先，定期对在线选课系统进行升级和维护，采用先进的服务器技术和网络技术，以提高系统的稳定性和安全性，确保系统在高峰期能够正常运行。其次，通过优化和合理分配课程资源，确保学生能够平等地选择心仪的课程，例如，增加热门课程的授课容量，开设多个时间段等。为了帮助学生更好地规划选课，学校还可以设立专门的选课辅导服务，提供课程难度、内容和前置知识等方面的信息，帮助学生做出合理的选课决策。此外，引入人工智能技术，通过对学生的选课历史、学业成绩等数据进行分析，为学生推荐适合的课程，提高选课的智能化水平，满足学生的个性化需求。

第三节　学生信息管理的数字化应用

一、学生档案与信息采集

（一）概述

学生档案与信息采集是现代教育管理中至关重要的组成部分。随着社会信息化的不断推进，学校采用数字化手段管理学生档案和进行信息采集已成为趋势。传统的纸质档案管理方式存在诸如信息存储不便、检索不灵活以及易损失等问题，而手工记录和统计的信息采集效率低下，容易出现错误。为了解决这些问题，现代学校逐渐转向数字化档案管理。数字化档案管理系统的兴起，不仅提高了档案存储的效率，还实现了信息的快速检索。与此同时，先进技术如在线问卷调查、智能感知设备以及学习管理系统等的应用，使得信息采集更加全面、及时，并为学校提供了更为丰富的数据支持。下面将探讨学生档案与信息采集的现状、面临的挑战以及未来的发展方向。

（二）学生档案与信息采集的现状

传统的学生档案管理主要以纸质档案为主，这种方式存在诸多问题，如信息存储不便、检索不灵活以及易于丢失等。手工记录和统计的信息采集方式也效率低下，容易出现记录错误。随着信息技术的飞速发展，数字化档案管理系统逐渐兴起，学校普遍采用电子化手段对学生档案进行管理。这种数字化管理方式使档案的存储变得更加便捷和可靠，同时实现了信息的快速检索。现代学校还广泛应用各种先进技术进行信息采集，例如在线问卷调查、智能感知设备和学习管理系统等，这些技术的应用使信息采集更加全面和及时，为学校提供了丰富的数据支持。

（三）数字化档案管理的技术应用

电子化档案系统是数字化档案管理的核心，通过建立电子档案系统，学校能够实现学生档案的集中管理、快速检索以及信息更新等功能。这一系统通常包括学生的基本信息、成绩记录、奖惩信息等。数字化档案系统还通过数据分析技术，能够对学生档案中的信息进行深度挖掘，智能化数据分析帮助学校更好地理解学生的学习状况，发现潜在问题，并为教学改进提供科学依据。此外，区块链技术因其去中心化、不可篡改的特点，被逐渐应用于学生档案管理中。通过区块链技术，学生档案的信息可以更安全、透明地存储，有效保护学生隐私，防止信息篡改和丢失。

（四）信息采集中的挑战与问题

数字化档案管理在带来诸多便利的同时，也面临一些挑战。隐私与安全问题是一个重要的考量点，数字化档案系统涉及大量学生个人隐私信息，若系统受到攻击或信息泄漏，可能对学生造成严重影响。技术应用的不平衡也是一个问题，一些学校在数字化档案管理方面的技术应用仍不均衡，部分学校可能仍在使用传统的纸质档案管理系统，导致信息共享和管理效率较低。此外，信息采集的合法合规问题也需要重视，学校在信息采集过程中必须遵循相关法规和政策，确保信息采集的合法性，避免引发法律纠纷，损害学校声誉。

（五）应对策略

为了应对这些挑战，学校可以采取多种应对策略。首先，在建设数字化档案系统时，应加强隐私保护措施，采用先进的信息安全技术，确保学生档案信息的安全存储和传输。其次，学校需要积极推动数字化档案管理的全面覆盖，确保所有学生档案都能够得到电子化管理，从而减少信息不平衡的问题。最后，学校在信息采集过程中应定期进行法律合规检查，确保采集的信息符合相关法规和政策，以防范潜在的法律风险。

二、信息化学籍管理系统

（一）概述

随着信息技术的迅猛发展，学校管理系统的数字化和信息化已经成为教育管理的重要趋势之一。信息化学籍管理系统作为学校管理的核心组成部分，不仅大大提高了管理效率，还为学校的决策提供了更为准确的数据支持。这一系统通过全面管理学生的基本信息、学业成绩、奖励与惩罚记录、社会实践及活动情况等多个方面，实现了高效、便捷的信息处理和管理。

（二）信息化学籍管理系统的设计要素

信息化学籍管理系统的设计涵盖多个关键要素，首先是学籍基本信息的管理，系统需要全面管理学生的个人基本信息，如姓名、性别、出生日期、籍贯、家庭地址等。这些信息的准确记录和及时更新是学籍管理的基础。其次，学业成绩的管理是系统的核心功能之一，系统需要记录和管理学生的课程成绩、考试成绩以及综合素质评价等信息，帮助学校全面了解学生的学业表现。系统还应准确记录学生的奖励和惩罚信息，这对学生的个性化发展和行为规范具有重要意义。此外，系统应具备记录学生社会实践经历和活动参与情况的功能，帮助学校全面评估学生的综合素质。同时，系统还应支持学生的课程选课与退选管理，通过系统化的选课流程，提高选课流程的效率，并帮助学校了解学生的学科兴趣和发展方向。

（三）信息化学籍管理系统的优势

信息化学籍管理系统的优势主要体现在管理效率的提高、数据的准确性和实时性、个性化管理与服务的支持以及信息共享的便捷性。数字化特性使学校能够迅速获取和更新学生信息，减少了手工操作的烦琐，提高了管理效率。系统的数字化管理保证了数据的准确性和实时性，确保学校决策的基础数据是可靠的。此外，系统通过数据分析支持个性化的管理和服务，帮助学校为每个学生提供更为个性化的教育服务和指导，促进学生的全面发展。系统还实现了不同部门之间的信息共享，教务处、学工处、辅导员等部门可以在同一平台上获取学生的相关信息，提高了学校管理的整体协同效应。

（四）信息化学籍管理系统的挑战

然而，信息化学籍管理系统也面临一些挑战。首先，学生个人信息涉及隐私问题，信息化系统需要强化隐私保护和信息安全措施，以防止未经授权的访问和信息泄漏。其次，随着技术的不断发展，系统需要定期更新和维护，这可能涉及一定的成本和人力投入，学校需要合理规划资源。此外，系统的有效应用需要全校师生的配合，而不同年级和学科的师生对技术的熟练程度可能存在差异，学校需要进行系统的培训工作，确保系统的广泛使用和有效应用。

（五）未来发展趋势

未来，信息化学籍管理系统将进一步发展，首先是智能化和人工智能的融入，通过引入人工智能算法，系统将能够分析学生的学业表现和兴趣爱好，为学生提供个性化的学习建议和发展路径。其次，区块链技术因其去中心化、不可篡改的特点，将逐渐在学籍管理领域得到应用，通过将学生档案等重要信息存储在区块链上，可以提高数据的安全性和可信度。跨平台融合也是未来的发展趋势，信息化学籍管理系统将更加注重不同学校、不同层次教育机构之间的数据共享，促进教育资源的高效利用。此外，随着隐私意识的提高，未来的学籍管理系统将更加注重隐私保护机制的设计，采用更为先进的加密技术和访问权限控制，确保学生个人信息的安全。

（六）信息化学籍管理系统的实施步骤

为了成功实施信息化学籍管理系统，学校首先需要进行全面的需求分析，明确系统所需功能和服务，确保设计符合实际应用场景。随后，基于需求分析的结果，选择适合学校实际情况的学籍管理系统，并在设计阶段充分考虑学校的组织结构和管理流程，确保系统能够有效融入学校管理体系。在系统引入前，学校需要进行数据迁移和整合，确保历史数据能够无缝衔接到新的信息化系统中。系统引入后，学校应进行相关人员的培训，确保教师、辅导员、学生等各类用户能够熟练使用系统进行信息管理和查询。最后，系统投入使用后需要定期进行评估与优化，通过收集用户反馈，及时改进系统的设计和功能，以适应学校管理的不断变化和发展。

三、学生信息安全与隐私保护

（一）随着信息技术的快速发展，学生信息管理系统的数字化和网络化已经成为学校管理的重要组成部分。然而，这也带来了学生信息安全和隐私保护方面的严峻挑战。本文将深入探讨学生信息安全与隐私保护的重要性、面临的挑战，以及制定相应应对策略的原则。

（二）学生信息安全与隐私保护的重要性不容忽视。首先，学生信息包括个人身份信息、学业成绩、奖惩记录等，具有极高的敏感性。一旦这些信息泄露，可能对学生个人、家庭以及学校的声誉产生重大影响，甚至可能导致网络欺凌、诈骗等行为，对学生的心理健康和社会交往带来不利影响。其次，随着个人信息保护法规的不断完善，学校有义务保障学生信息的安全和隐私，否则将面临严重的法律责任，包括经济赔偿和行政处罚。相关法律规定了明确的个人信息保护标准，学校必须确保信息管理实践符合这些要求。此外，学生、家长以及教育部门对学校信息管理的信任基础在于学生信息的安全可靠。一旦信任关系受损，学校的声誉和学生的教育体验将受到不可逆转的影响。

（三）学生信息安全与隐私保护面临诸多挑战。首先，学校信息系统容易受到来自网络攻击者的威胁，包括黑客攻击、病毒侵袭等，可能导致学生信息泄露，进而对学生个人隐私构成潜在威胁。特别是在信息化程度较高的学校，信息系统的安全漏洞一旦被利用，可能会造成大量敏感数据的泄露。其次，学校工作人员的不当操作也是信息泄露的主要原因之一，滥用权限、泄露密码、不当使用学生信息等行为可能导致严重后果，这要求学校在信息管理中严格规范操作权限。此外，学校如果将学生信息存储在第三方服务提供商的云端，还可能面临信息在传输和存储过程中的潜在风险。如果第三方服务存在漏洞，学生信息可能受到威胁。因此，学校在选择第三方服务时，必须严格评估其安全性，并制定相应的应急预案。

（四）在学生信息安全与隐私保护方面，学校应遵循以下原则。首先是合法合规原则，学校必须严格遵守相关法律法规，包括个人信息保护法、网络安全法等，确保信息处理的合法合规性。学校需定期审查和更新其信息管理政策，以确保持续符合最新法规要求。其次是最小化原则，在收集和使用学生信息时，学校应遵循最小化原则，仅收集和使用为实现特定目的所必需的信息，尽量避免收集过多不必要的信息。这样不仅减少了信息泄露的风险，还提高了信息管理的效率和透明度。再者是透明公开原则，学校应当保持信息处理的透明度，向学生及其监护人说明信息采集的目的、方式和范围，并建立信息公开制度，确保学生和家长对信息管理有清晰的了解。透明度的提高有助于增强家长和学生的信任感，同时也促使学校更为谨慎地处理信息。此外，学校需要采取有效措施确保学生信息的安全性，包括数据加密、访问控制、网络安全等技术手段，以防范信息泄露的风险。这种安全性原则应贯穿信息管理的各个环节，从数据采集到存储、传输和处理，都需要严格的安全保障。最后，学生和家长对自己的信息有权进行控制，学校应提供相关的操作界面，让学生和家长能够自主管理和修改个人信息，保障他们的权益。这种用户控制机制不仅是法律的要求，也是对个人隐私权利的尊重。

（五）为了应对学生信息安全与隐私保护的挑战，学校应采取多种策略。首先，学校需要建立完善的信息管理制度，明确信息采集、存储、使用和共享的规定。这一制度应当包括合法合规原则、最小化原则、透明公开原则等，为学生信息的安全和隐私提供明确的保障。制度的建立需要结合学校的具体情况，并定期进行审查和更新。其次，学校应投入足够的资源，引入先进的信息安全技术，包括数据加密、网络防火墙、身份认证等，以防范来自网络攻击和数据泄露的风险。技术措施的加强可以有效降低信息泄露的风险，同时也提升了学校信息管理的整体水平。再者，学校需要定期进行安全演练，检验信息管理系统的安全性，同时进行定期的安全审核，发现潜在风险并及时修复，确保信息管理系统的健康运行。通过模拟不同类型的安全威胁，学校可以提高其应对突发事件的能力。此外，学校应该开展定期的信息安全教育培训，提高员工对信息安全和隐私保护的意识，确保他们正确操作和使用学生信息。员工的安全意识直接影响到信息管理的整体安全性，教育培训是防范风险的重要手段。最后，学校可以设立专门的隐私保护监管机构或委员会，负责监督和管理学生信息的安全和隐私保护工作。该机构应定期发布隐私保护报告，向学生和家长公开相关信息。监管机制的建立有助于增强信息管理的透明度和责任性，同时也为学校在信息安全和隐私保护方面的决策提供支持。

第四节　教学资源管理的数字化创新

一、数字教材与电子资源管理

（一）概述

随着信息技术的飞速发展，数字教育资源成为教育领域的重要组成部分。数字教材和电子资源的广泛应用对教育方式、学习体验和教学效果都带来了巨大影响。然而，数字教材与电子资源的管理也面临着一系列挑战，下面将深入探讨数字教材与电子资源管理的发展、面临的挑战以及有效应对的策略。

（二）数字教材与电子资源的发展

1. 数字教材的兴起

数字教材是指以数字形式存在的教学资料，包括电子教科书、多媒体教材、在线互动课程等。数字教材以其丰富的表现形式、互动性强的特点逐渐替代了传统纸质教材，成为教学的新趋势。

2. 电子资源的多样性

电子资源包括数字图书馆、在线期刊、教学视频、互动课件等。这些资源通过网络平台进行分发，为学生和教师提供了更加便捷的获取途径，丰富了学习和教学的内容和形式。

3. 教育云平台的崛起

教育云平台将数字教材和电子资源整合在一起，为学校提供了更加全面的教学服务。学生和教师可以通过云平台方便地管理、分享和获取教育资源，促进了教学资源的高效利用。

（三）数字教材与电子资源管理面临的挑战

1. 版权和知识产权问题

数字教材和电子资源的广泛使用引发了版权和知识产权的问题。教育机构在使用和分发这些资源时，需要谨慎处理知识产权问题，防止侵权和法律风险。

2. 技术标准和平台差异

不同的数字教材和电子资源可能采用不同的技术标准和平台，导致互通性差，难以实现资源的共享和整合。这使得学校在数字资源管理时面临复杂的技术挑战。

3. 教师培训和应用水平不均

部分教师可能缺乏使用数字教材和电子资源的培训和实践经验，影响了这些资源在实际教学中的应用水平。管理方面也需要面对推广和培训的挑战。

4. 学生数字素养不足

学生在数字素养方面存在差异，有些学生可能缺乏有效利用数字教材和电子资源的技能。这对于教育机构来说是一个需要关注和解决的问题。

（四）有效应对数字教材与电子资源管理的策略

1. 建立完善的法规和政策体系

教育部门需要建立完善的法规和政策体系，明确数字教材和电子资源的版权保护、知识产权、使用规范等方面的规定，为资源的安全合规使用提供法律支持。

2. 推动技术标准和平台互通

教育机构可以积极参与相关标准的制定和推广，推动数字教材和电子资源采用统一的技术标准和平台，提高资源的互通性，降低管理难度。

3. 加强教师培训和支持

为提高教师的数字教育素养，学校可以制订培训计划，向教师提供相关培训课程，提高他们使用数字教材和电子资源的技能和意愿。

4. 推动学生数字素养培养

学校可以将数字素养培养纳入课程体系，通过专门的课程或课外活动培养学生的数字素养，提高其对数字教材和电子资源的有效应用能力。

5. 建设统一的数字资源管理平台

学校可以投资建设统一的数字资源管理平台，集成各类数字教材和电子资源，提供一站式服务。这有助于方便教师和学生的使用，提高资源的整合和利用效率。

二、在线教学平台的建设

（一）概述

随着信息技术的快速发展，在线教学平台的建设日益成为教育领域的关键任务。尤其在近年来，全球范围内的突发公共卫生事件使得在线教学的需求迅速增长，使在线教学平台的建设变得更为迫切。下面将深入探讨在线教学平台建设的重要性、面临的挑战以及最佳实践。

（二）在线教学平台的重要性

1. 实现教育信息化

在线教学平台是实现教育信息化的关键工具。通过数字化、网络化的方式，教学资源能够更加高效地管理、传播和利用，为教育提供了更广阔的发展空间。

2. 突破时空限制

在线教学平台能够突破传统教学的时空限制。学生和教师可以在任何时间、任何地点进行学习和教学，提高了灵活性和便捷性。

3. 个性化教学支持

在线教学平台通过数据分析和个性化推荐等技术，能够为学生提供更符合其个性化需求的学习资源和教学内容，提高教学的针对性和效果。

（三）在线教学平台建设面临的挑战

1. 技术设施和网络基础设施不足

在一些地区，尤其是一些发展中国家和偏远地区，存在技术设施和网络基础设施不足的问题，制约了在线教学平台的正常运行。

2. 教师数字素养水平参差不齐

一些教师可能缺乏足够的数字技术知识和在线教学经验，使得在线教学平台的应用水平参差不齐。

3. 学生参与度和自律性挑战

在在线教学环境中，学生的参与度和自律性可能受到挑战。相对于传统课堂，学生需要更强的自主学习能力和管理能力。

4. 知识产权和隐私保护问题

在线教学平台涉及大量教学资源和学生个人信息，知识产权和隐私保护问题成为制约平台发展的一大难题。

（四）在线教学平台建设的最佳实践

1. 健全的技术基础设施

建设在线教学平台首先要确保健全的技术基础设施，包括高速稳定的网络、先进的服务器设备以及安全的数据存储系统，以保障平台的正常运行和用户体验。

2. 教师培训与支持体系

建设在线教学平台需要注重教师培训与支持。学校可以组织定期的培训课程，提升教师的数字素养和在线教学技能，同时建立专业的技术支持团队，解决教师在使用平台过程中遇到的问题。

3. 推动在线教育研究和实践

积极推动在线教育的研究和实践，借助数据分析、人工智能等技术手段，不断优化平台的功能和用户体验，提高教学效果。

4. 倡导互动和合作

在线教学平台的成功在很大程度上依赖于互动和合作。平台设计应鼓励学生之间、教师与学生之间的互动，促进合作学习的实践。

5. 严格的知识产权和隐私保护机制

建设在线教学平台时，必须要制定严格的知识产权和隐私保护机制。确保教学资源的合法使用，同时保护学生个人信息的隐私安全。

三、教学资源共享与协同开发

（一）概述

在信息时代，教学资源共享与协同开发成为推动教育创新、提高教学效果的关键因素。通过共享教学资源，教育机构能够充分利用全球范围内的优质教育资源，提高教学质量。协同开发则强调多方合作，使得教育资源更符合实际教学需求。

（二）教学资源共享的重要性

1. 拓宽资源获取渠道

教学资源共享可以拓宽教育机构的资源获取渠道。不再局限于本地资源，通过共享，教育机构能够获取全球范围内的丰富、多样的教学资源，提高教育水平。

2. 降低教学成本

共享教学资源可以降低教学成本。避免了重复开发教学内容的浪费，同时减轻了教育机构的经济压力，使得有限的资源更加合理有效地利用。

3. 促进教学创新

共享的教学资源可以激发教师的创造力和创新意识。教育机构可以通过借鉴和参考其他地区或国家的先进教学资源，推动本地教学的创新与发展。

（三）教学资源共享面临的挑战

1. 知识产权问题

共享教学资源涉及知识产权问题，如何在共享的同时保护原创者的合法权益成为一个重要的挑战。

2. 技术标准和平台差异

不同教育机构使用的技术标准和平台可能存在差异，导致教学资源在不同平台之间难以兼容和共享。

3. 文化和语言差异

不同地区、国家的文化和语言差异使得共享的教学资源在适应性上存在一定的挑战，需要进行本地化和定制化。

4. 共享意愿和安全隐患

一些教育机构可能存在对教学资源共享的抵触心理，担心泄露机构内部信息，同时可能存在共享资源的安全隐患。

（四）教学资源协同开发的重要性

1. 满足实际教学需求

协同开发可以使教学资源更贴近实际教学需求。通过多方合作，教育机构能够根据本地特色和实际需求进行资源的定制和开发。

2. 提高资源的质量

协同开发能够汇聚各方的专业力量，提高教学资源的质量。多方的参与和反馈能够确保资源的多角度审视，更加全面、严谨。

3. 促进教育研究与实践结合

协同开发使得教育研究与实践更加结合紧密。教育研究者与实际教学工作者之间的协同，使得教学资源更具实操性和实用性。

（五）教学资源协同开发面临的挑战

1. 协同合作难度

协同开发需要各方的积极参与和紧密协作，协同合作的难度相对较高，需要建立有效的协同机制。

2. 资源整合和管理问题

来自不同方的教学资源可能存在格式、标准、内容差异，协同开发需要解决资源整合和统一管理的问题。

3. 项目管理和沟通困难

协同开发可能涉及多个团队和机构，项目管理和沟通难度较大，需要建立高效的项目管理体系和沟通机制。

（六）应对策略

1. 建立清晰的知识产权保护机制

教育机构在共享教学资源时，需要建立明确的知识产权保护机制，明确共享资源的使用权限、保护原创者权益，防止侵权行为的发生。

2. 推动技术标准的统一

为解决技术标准和平台差异问题，教育机构可以积极参与制定和推动技术标准的统一，促使不同平台的兼容性。

3. 加强文化和语言适应性

在共享教学资源时，注重文化和语言适应性，进行资源的本地化和定制化，以更好地适应不同地区和国家的教育环境。

4. 建立安全的共享平台

共享平台的安全性至关重要。建立安全的共享平台，包括数据加密、访问权限管理等，以防范安全隐患，同时制定规范和流程，确保共享的教学资源符合法规要求，提高共享平台的可信度。

5. 培养共享意识与文化

培养教育机构和教育从业者的共享意识与文化，加强对教育资源共享的认知和理解。通过宣传教育，让各方认识到共享教学资源的重要性，从而提高积极参与的意愿。

6. 建立协同开发的有效机制

为解决协同合作难度，建立协同开发的有效机制是关键。制定明确的协作流程、建立高效的沟通渠道、明确各方责任，确保协同开发顺利进行。

7. 推动教育机构间的战略合作

在协同开发方面，推动教育机构间的战略合作是重要的策略。通过建立联盟、合作框架等方式，推动多个机构共同参与资源的开发和优化。

第五节　招生与就业服务的数字化优化

一、招生信息化与网络宣传

（一）概述

随着信息时代的来临，教育招生工作正面临着更为复杂和多变的环境。

招生信息化与网络宣传作为一种战略策略，正在成为各级教育机构应对挑战、提高招生效益的关键手段。

（二）招生信息化的重要性

招生信息化能够大大提高招生工作的效率。通过数字化管理招生流程、整合招生信息，学校能够更快速、精准地完成招生任务，提高招生的整体效率。通过信息化系统，学校可以对招生资源进行更科学的分析和调配。根据数据分析，学校可以有针对性地调整招生计划，优化资源配置，确保每个招生渠道的充分利用。招生信息化可以提升用户体验，包括学生和家长在内。在线填报、查询招生进度、获得实时反馈等功能，使得报名流程更加便捷，提高用户满意度。

（三）招生信息化面临的挑战

招生信息化涉及大量学生和家长的个人信息，数据安全和隐私问题是一个首要关注的挑战。确保信息的加密存储、传输和合规处理，保障招生数据的安全。在一些地区，尤其是发展中国家和偏远地区，技术设施和网络基础设施不足的问题严重制约了招生信息化的正常运行。这些地区往往面临网络覆盖不足、设备短缺、技术支持缺乏、成本问题和培训不足等多重挑战。例如，缺乏稳定的互联网连接使得在线招生和远程教育难以实施，而设备和技术人员的匮乏则进一步限制了信息化的应用效果。此外，高昂的基础设施建设和设备维护费用也成为这些地区推进教育信息化的一大障碍。为了解决这些问题，政府和相关机构可以采取一系列措施，包括加大对网络基础设施的投资，确保网络覆盖的广泛性和稳定性；通过公共资金或捐赠项目提供必要的设备支持；建立区域性的技术支持中心，提供及时的设备维护和网络管理服务；制定财政支持政策，减轻学校和家庭的经济负担；以及开展广泛的技术培训，提高教育工作者和学生对信息化工具和平台的使用技能。通过这些综合措施，可以逐步改善发展中国家和偏远地区的技术设施和网络基础设施状况，推动招生信息化的顺利进行。不同的招生信息化系统可能存在标准不一、互通难题。学校需要解决系统集成的问题，确保信息流通畅通、数据一致。招生信息化往往侧重于招生数据的管理，而招生宣传的推广不足。学校需要在信息化的基础上，通过网络宣传提高知名度和吸引力。

（四）解决招生信息化挑战的策略

建立完善的数据安全管理体系，包括加强系统的防护能力、建立数据备份与紧急恢复机制、进行定期的数据安全审计等，确保学生个人信息的安全。加大对技术设施和网络基础设施的投入，尤其是在偏远地区，建设高效的网络环境和先进的硬件设备，以支持招生信息化的顺利推进。促进不同招生信息化系统的标准统一和互通。引入国家或地区级别的招生信息化标准，鼓励各个学校进行系统集成，确保信息的一致性和流通性。在招生信息化的基础上，强化招生宣传。通过建设学校官方网站、社交媒体平台，发布招生宣传资讯，提高学校的知名度和形象。

（五）网络宣传的重要性

网络宣传为学校提供了更广泛、更灵活的宣传渠道。通过学校官方网站、社交媒体等平台，可以将招生信息传递到更多潜在学生和家长。网络宣传能够更直观、更生动地展示学校的特色和优势。通过图文并茂、视频展示等形式，提高宣传的吸引力和传达效果。网络宣传使得学校能够与潜在学生和家长进行实时互动。通过在线留言、咨询服务，提供实时的信息反馈，增强与用户的互动体验。

（六）网络宣传面临的挑战

网络宣传面临信息真实性和可信度的问题。有些不法分子可能通过网络渠道发布虚假招生信息，影响学校的声誉。学校需要建立监测机制，确保宣传信息的真实性。社交媒体是网络宣传的重要渠道，但也存在风险。负面信息在社交媒体上传播迅速，可能对学校形象造成负面影响。因此，学校需要建立危机公关机制，及时应对和处理负面信息。随着互联网的发展，网络宣传渠道多种多样，学校可能面临选择困难。在有限的资源下，如何选择适合自己特点和目标群体的宣传渠道成为一项挑战。尽管网络宣传相比传统宣传方式具有成本较低的优势，但在一些竞争激烈的领域，为了提高曝光度，可能需要投入较大的广告费用，从而增加学校的宣传成本。

（七）解决网络宣传挑战的策略

建立宣传信息真实性和可信度验证机制，确保发布的招生宣传信息真实可信。可以通过认证、公证等方式，提高招生信息的可信度。加强对社交媒体的管理和监控，及时发现和应对负面信息。建立健全的社交媒体管理制度，定期进行信息监控和风险评估，确保学校形象的良好。制定合理的宣传渠道选择策略。在有限的资源下，根据学校的特点、目标群体和预算，选择最适合的网络宣传渠道，强化宣传效果。通过注重内容创新和互动体验，提高网络宣传的吸引力。借助多媒体手段，制作生动、有趣的宣传内容，增强用户对学校的关注和认同。

二、就业信息平台与数字化招聘

（一）概述

随着社会经济的不断发展和就业市场的日益竞争，高校就业工作面临着更加复杂的挑战。就业信息平台与数字化招聘作为创新的途径，正在为学生提供更广阔的职业发展空间。下面将深入探讨就业信息平台与数字化招聘的重要性、面临的挑战以及相应的解决策略。

（二）就业信息平台的重要性

就业信息平台整合了各类招聘信息资源，为学生提供了一个便捷地获取就业信息的途径。通过平台，学生能够轻松查找各行业、各领域的招聘信息，了解市场需求。基于学生个人信息和兴趣爱好，就业信息平台可以提供个性化的求职服务。通过算法分析，为学生推送更符合其特点和需求的职位信息，提高匹配度。就业信息平台拓宽了学生的职业发展渠道。不仅有传统企业的招聘信息，还有创业机会、自由职业等多样化的发展路径，为学生提供更多选择。

（三）就业信息平台面临的挑战

就业信息平台面临信息真实性和可信度的挑战。一些虚假招聘信息可能误导学生，降低平台的可信度。建立审核机制和举报机制，加强对信息的监管，保障学生权益。此外，一些就业信息平台存在用户体验和互动不足的问题。为提高平台吸引力，应加强界面设计、引入互动功能，使平台更具交互性，提升用户体验。部分平台过于侧重招聘信息，而对职业规划与辅导服务不够重视。完善平台的职业规划模块，增设专业的职业辅导服务，帮助学生更好地规划职业发展。由于涉及大量学生的个人信息，就业信息平台存在数据安全和隐私问题。平台需要建立健全的隐私保护机制，确保学生个人信息不被滥用或泄露。

（四）解决就业信息平台挑战的策略

建立健全的信息审核机制，对平台上的招聘信息进行严格审核。设立专业的审核团队，确保信息的真实性和可信度，防范虚假招聘信息。优化平台的用户界面设计，提升用户体验。引入互动功能，例如在线交流、社群建设等，增强用户之间的互动性，使平台更具吸引力。加强对学生的职业规划与辅导服务。通过为学生提供职业测评、职业规划课程、一对一咨询等方式，帮助学生更清晰地认识自己、明确职业方向。建立严格的数据安全管理机制，包括数据加密、权限管理、定期安全审计等。确保学生个人信息的安全，提高平台的信任度。

（五）数字化招聘的重要性

数字化招聘提高了招聘的效率，使得招聘流程更加迅速、精准。通过在线招聘平台，企业能够迅速发布招聘信息，吸引更多的求职者，实现人才的快速匹配和筛选。数字化招聘拓宽了企业的招聘渠道。传统的招聘方式受限于地域和传媒，而数字化招聘通过互联网，将招聘信息传播到更广泛的范围，吸引来自不同地区的优秀人才。相比传统的招聘方式，数字化招聘通常能够降低企业的招聘成本。在线招聘平台提供了更为经济高效的招聘渠道，减少了传统方式中的人力成本和时间成本。数字化招聘通过数据分析，帮助企业更好地了解求职者的背景、技能和经验。这使得招聘过程更为科学，提升了招聘的质量和成功率。

（六）数字化招聘面临的挑战

数字化招聘平台上信息过载，求职者面临大量招聘信息，而企业也需要面对大量简历。如何在信息过载的环境中实现精准匹配，是一个亟待解决的问题。在一些企业和地区，存在技术差距，导致数字化招聘难以推进。企业需要加强数字化技术的培训，提高员工对数字化招聘工具的使用能力。数字化招聘平台涉及大量个人信息，安全性问题成为一个关切点。平台需要采取严格的安全措施，确保求职者和企业的信息不被恶意获取或滥用。在数字化招聘中，人性化服务可能不足。虽然通过算法匹配提高了效率，但在人际交往和情感沟通方面，数字化招聘仍然存在不足，需要更多关注人性化的招聘体验。

（七）解决数字化招聘挑战的策略

通过不断优化招聘平台的匹配算法，提高招聘信息与求职者之间的精准度。引入更智能的算法和人工智能技术，使匹配更符合双方的需求。针对技术差距问题，企业可以加强对员工的技术培训，提高他们使用数字化招聘工具的能力。政府和行业组织也可以推动数字化招聘技术的普及。数字化招聘平台需要建立健全的安全管理机制，包括信息加密、权限控制、定期安全检测等。通过合规的安全措施，确保招聘信息和个人隐私的安全。在数字化招聘中注重人性化服务，通过引入在线客服、面试模拟等方式，提升招聘过程中的人际交往和情感沟通体验。加强对求职者的关怀，使招聘过程更加温暖和贴心。

三、数据分析在招生与就业中的应用

（一）概述

随着信息时代的来临，数据分析逐渐成为高校招生与就业领域的得力工具。通过对海量数据的深度挖掘与分析，学校和企业可以更好地理解市场需求、优化招生计划、提高就业匹配度。下面将探讨数据分析在招生与就业中的应用，从招生规划、生源分析、就业趋势预测等方面阐述其重要性与实际操作。

（二）招生中的数据分析应用

数据分析可以帮助学校更准确地制定招生计划。通过分析历年招生数据、市场需求趋势以及相关政策变化，学校可以科学合理地确定各专业的招生规模，避免因市场变化而导致的招生计划失调。通过对往届学生的生源分布、学科兴趣、社会背景等数据进行深入挖掘，学校可以更好地了解目标生源特点。基于这些信息，学校能够调整招生策略，有针对性地推出招生宣传，吸引更符合学校特色的学生。利用数据分析工具，学校可以对招生宣传效果进行实时监测与评估。通过分析线上线下招生活动的参与情况、社交媒体传播效果等，学校可以及时调整宣传策略，强化宣传效果，吸引更多潜在生源。数据分析还可以帮助学校预测不同学科的热度趋势。通过对市场需求、就业前景等因素的综合考量，学校可以更灵活地调整专业设置，更好地满足社会对各类专业人才的需求。

（三）就业中的数据分析应用

数据分析可以帮助企业更好地预测不同行业的就业趋势。通过分析过去几年的就业数据、行业发展趋势以及宏观经济环境，企业可以做出更为精准的招聘计划，确保人才需求与市场趋势的匹配。通过对学生就业数据的分析，学校和企业可以更好地了解学生的职业发展轨迹。这有助于学校与企业优化校企合作模式，提高合作的针对性，确保学生毕业后更好地适应职场需求。基于学生个人的学科背景、实习经历、兴趣爱好等信息，数据分析可以提供个性化的就业指导。通过比对成功就业案例，为学生提供针对性的职业建议，帮助其更好地规划职业发展路径。企业可以通过分析过去招聘数据，了解自身用人需求的特点。这有助于企业更好地制订用人计划，提前预知人才市场的变化，为招聘提供科学的数据支持。

（四）招生与就业数据分析面临的挑战

招生与就业数据涉及众多因素，数据的质量对分析结果有着直接影响。不同来源、不同格式的数据整合、清洗、验证是一个具有挑战性的任务。学生和员工的个人信息在招生与就业数据中扮演重要角色，隐私和安全问题成为数据分析中的一大挑战。学校和企业需要建立完善的隐私保护措施，确保数据不被滥用或泄露。数据分析需要专业的技术水平和团队支持。不同学校和企业在数据分析团队建设上存在差异，有些可能缺乏相关专业人才，导致数据分析能力不足。即使有了精准的数据分析结果，如何将其转化为实际的决策行动仍然是一个挑战。需要建立有效的沟通机制，确保数据分析能够真正支持招生与就业决策的实施。

（五）解决挑战的策略

学校和企业需要建立完善的数据质量管理体系，包括数据采集、整合、清洗、验证等环节，确保数据的准确性和完整性。在招生与就业数据处理过程中，建立隐私保护机制是关键。加强对个人信息的加密、权限控制、定期隐私审查等措施，确保数据安全与隐私不被泄露。为提升技术水平，学校和企业可以通过开展培训计划，提高内部员工的数据分析技能。同时，引进专业的数据分析人才，建设高效的数据团队，确保拥有足够的数据分析能力。有效的数据分析需要与实际决策相结合。建立起数据分析团队与招生、就业决策团队之间的紧密联系，推动数据分析结果顺利转化为决策行动。强调决策过程中的反馈机制，不断优化分析模型与决策策略。

第六节　专业建设的数字化支持

一、专业课程设计与数字资源整合

（一）概述

随着数字化时代的深入发展，教育领域也面临着巨大的变革。专业课程设计与数字资源整合成为推动教学创新的关键环节。下面将探讨专业课程设计与数字资源整合的重要性，以及如何在教学中实践这一创新模式，并展望未来的发展趋势。

（二）专业课程设计与数字资源整合的重要性

1. 提升教学质量

专业课程设计与数字资源整合有助于提升教学质量。通过整合数字资源，教师能够更灵活地选择和使用丰富的教学材料，使课程内容更具深度和广度，提高学生的学习体验。

2. 满足个性化学习需求

数字资源的整合使得个性化学习更为可行。学生可以根据自己的学习节奏和兴趣，在数字资源的支持下进行学习，教师也能更好地满足学生的个性化学习需求，提高教学的灵活性。

3. 促进跨学科整合

数字资源的多样性和丰富性为跨学科整合提供了可能。专业课程设计与数字资源整合能够帮助教师将不同学科的知识有机结合，促进学科之间的交叉与融合，培养学生更全面的能力。

4. 培养创新思维与实践能力

通过数字资源的整合，教学可以更注重培养学生的创新思维和实践能力。学生可以通过多媒体、虚拟实验等形式，参与实际案例分析和问题解决，提高他们的实际动手能力和创新思考能力。

（三）专业课程设计与数字资源整合的实践

1. 课程目标明确与数字资源匹配

在专业课程设计之初，教师需要明确课程目标，并根据目标特点选择合适的数字资源。这包括教学视频、在线模拟实验、电子教材等多种形式，确保数字资源能够有效支持课程目标的实现。

2. 建设数字化教学平台

搭建数字化教学平台是整合数字资源的基础。通过建设在线学习平台，教师可以方便地上传、分享、管理数字资源，学生也可以随时随地获取学习资料，实现教学内容的数字化传递。

3. 设计互动性强的教学内容

数字资源的整合应强调互动性，使学生更积极地参与学习过程。设计包括在线讨论、实时互动、虚拟实验等互动性强的教学内容，促使学生思考、合作和分享。

4. 引入教学数据分析

利用数字化教学平台的数据分析功能，教师可以更好地了解学生的学习情况。通过分析学生的学习数据，教师能够及时调整教学策略，个性化地指导学生，提高教学效果。

（四）数字资源整合模式的展望

1. 人工智能在教学中的应用

未来，人工智能技术将在数字资源整合中发挥更大的作用。基于学生的学习行为和反馈数据，人工智能可以实现个性化的学习路径推荐，提供更精准的学习支持。

2. 虚拟现实与增强现实的融合

虚拟现实（VR）和增强现实（AR）技术将进一步融入专业课程设计。通过虚拟实验室、实景模拟等方式，学生可以在虚拟环境中进行实践，提高实际操作能力。

3. 开放式在线课程与资源共享

数字资源整合将促进开放式在线课程的发展。教师可以共享自己的数字教学资源，学生可以跨校选修课程，促进教育资源的共享与互通。

4. 全球化合作与跨文化学习

数字资源整合将促进全球范围内的教育合作。学生可以通过网络获取来自不同文化背景的学习资源，参与国际合作项目，拓展跨文化学习的机会。

专业课程设计与数字资源整合是推动教学创新的关键环节。通过数字资源的丰富应用，学校能够更好地满足学生的个性化学习需求，提高教学质量，培养学生创新思维与实践能力。未来，随着技术的不断发展，数字资源整合模式将迎来更多创新与拓展，为教育领域带来更多可能性。

二、产学研合作与实习基地数字化建设

（一）概述

产学研合作与实习基地数字化建设是当前高等教育领域中一项备受关注的创新举措。通过紧密结合产业需求，数字化建设实习基地，学校与企业合

作共赢，为学生提供更贴近实际、实践性更强的教育环境，同时促进产业发展。下面将深入探讨产学研合作与实习基地数字化建设的必要性、实践经验。

（二）产学研合作与实习基地数字化建设的必要性

1. 提高学生实践能力

产学研合作与实习基地数字化建设有助于提高学生的实践能力。数字化工具可以模拟实际工作场景，让学生在虚拟环境中进行实际操作，培养其动手能力和解决问题的能力。

2. 促进产业发展与创新

数字化建设的实习基地能够更好地满足产业发展的需求。企业可以借助数字技术提供先进的实践环境，与学校共同探索行业前沿，促进技术创新和产业升级。

3. 强化产学研深度融合

通过数字化建设，产学研深度融合得以加强。学校、企业和研究机构可以共享数字化平台上的资源，促进知识交流、人才培养和科研合作，形成良性的产学研生态圈。

4. 满足跨地域合作需求

数字化建设的实习基地可以实现跨地域合作。学生可以通过在线实践，参与全球范围内的产业项目，拓宽视野，培养国际化的竞争力。

（三）实践经验与案例分析

1. 建设数字化实训平台

学校与企业可以合作建设数字化实训平台，整合各类实践资源。该平台应包括虚拟实验室、模拟项目、实时在线指导等功能，为学生提供全方位的实践机会。

2. 制订数字化实习计划

通过制订数字化实习计划，学生可以在实习基地中按照一定的学习路径进行实践。这需要学校与企业共同制订合理的实习计划，确保学生能够系统性地学习与实践。

3. 开展远程实习项目

数字化建设使得远程实习成为可能。学校与企业可以通过在线协作工具，让学生参与跨地域的实际项目，提高其实际操作经验和团队协作能力。

4. 建立数字化实习成果展示平台

学生在实习中取得的成果可以通过数字化平台进行展示。这有助于学生建立个人实习档案，提高自身的职业竞争力，同时也方便企业更好地了解学生的实际能力。

三、专业认证与数字化素质评估

（一）概述

随着教育体系的不断发展，专业认证与数字化素质评估成为评价教育质量和学生综合素养的关键手段。专业认证通过对教育质量的全面审查，确保学校的教学水平、师资力量等方面符合一定的标准，从而提高教育质量。同时，获得认证能够提升学校的声誉和知名度，增强学校的信誉，吸引更多学生和优秀教师，形成良性的发展循环。此外，专业认证有助于促进学科建设，通过对学科的全面评估发现问题并提出改进建议，推动学科的发展和提升。对于学生而言，获得专业认证能够提高其在就业市场中的竞争力，企业更倾向于选择受过专业认证的毕业生，因为他们具备更高的专业水平和实际应用能力。

（二）专业认证的重要性

专业认证作为一种对教育质量的保障机制，通过独立机构的审查和评估，确保学校的教学水平和师资力量达到标准，从而提升教育质量。获得专业认证不仅可以提升学校的声誉和知名度，还能增强学校的信誉，吸引更多学生和优秀教师，促进学校的良性发展。此外，认证过程中的全面评估有助于发现学科建设中的问题，并提出改进建议，推动学科的发展。而对于学生而言，拥有专业认证的毕业生通常在就业市场上更具竞争力，企业倾向于选择那些接受过专业认证的学生，因为他们展示了更高的专业水平和实际应用能力。

（三）数字化素质评估的重要性

数字化素质评估提供了一种全面客观的方法来评估学生的综合素质，包括学科知识、实际操作能力、创新能力和沟通能力等多个方面。通过多元化的数据收集和分析，可以更全面地了解学生的发展情况，并为个性化学习提供支持。数字化素质评估还可以实现对学生发展的持续跟踪，教育机构通过建立学生档案和数字化平台，记录学生在不同阶段的发展情况，为学生提供更精准的指导和支持。此外，数字化素质评估有助于促进教育改革与创新，通过对评估结果的分析，教育机构可以及时调整教学方法、更新课程内容，不断优化教育模式，提高教育质量。

（四）专业认证与数字化素质评估的实践经验

在专业认证和数字化素质评估的实践中，建立科学的评估体系至关重要。该体系应涵盖学科建设、师资队伍、教学质量和学生综合素质等多个方面的评估指标，以确保对学校和学生的发展状况进行全面客观的评估。引入先进的评估工具和技术，如在线测验、虚拟实验和学科竞赛，能够更准确地测量学生的知识水平和实际操作能力。同时，为了更好地实现数字化素质评估，学校需要建设相应的数字化平台，集成评估工具、学生成绩和教学资源等信息，支持个性化学习和管理决策。在数字化素质评估中，还需注重数据隐私和安全，建立健全的数据保护制度，确保学生个人信息不被滥用，维护评估过程的公正性和合法性。

第三章 数字化时代高职院校教学改革

第一节 教学改革的重要性

一、数字化时代教学现状与问题

（一）概述

随着科技的飞速发展，数字化时代的到来给教育领域带来了巨大的变革。数字化时代的教学现状包括了数字教育工具的普及、在线教育的兴起、个性化学习的实践和教育大数据的应用。数字教育工具，如在线教学平台、教学软件和教育应用程序的广泛应用，使教师能够更灵活地进行教学，同时学生也可以在数字环境中获取丰富的学习资源。在线教育的兴起则打破了地域限制，使学生能够获得全球范围内的优质教育资源。教育机构在尝试个性化学习方面，通过数字化工具收集学生学习数据，实现因材施教，以满足学生不同的学习需求。此外，教育大数据的应用帮助教育机构更好地了解学生的学习习惯和问题，有针对性地进行教学改进。然而，数字化时代的教学也面临一些问题，包括数字鸿沟的加深、在线教学质量参差不齐、学生学习动力的下降以及教育大数据引发的隐私问题。

（二）数字化时代教学的现状

在数字化时代,各种数字教育工具的普及使得教育形式变得更加多样化。在线教学平台、教学软件和教育应用程序的广泛应用,极大地丰富了教学手段,教师可以更灵活地进行教学,学生也能在数字环境中获得丰富的学习资源。随着互联网的普及,在线教育逐渐崭露头角,学生可以通过网络学习,突破地域限制,获取全球范围内的优质教育资源,这种灵活的学习方式得到了越来越多人的青睐。同时,教育机构开始实践个性化学习,通过数字化工具收集学生的学习数据,提供符合个体差异的教学内容和计划,以满足不同学生的学习需求。教育大数据的应用也逐渐成为教学的一部分,通过分析学生的学习数据,教育机构能够更好地了解学生的学习习惯和问题,进行有针对性的教学改进。

（三）数字化时代教学存在的问题

尽管数字化时代的教学带来了诸多便利,但也面临一些突出问题。首先,数字鸿沟的加深成为一个显著问题,技术设备和网络资源的不平等分布导致一些地区和学生群体无法充分享受到数字化教育的便利,造成教育资源的不均衡。其次,在线教学的质量参差不齐,一些教育机构可能缺乏有效的教学设计和管理,导致学生在在线学习中难以获得良好的学习体验。此外,由于学习变得更加独立和分散,一些学生面临学习动力下降的问题。最后,教育大数据的应用引发了隐私问题,教育机构在收集和使用学生数据时需要更加谨慎,以确保学生隐私的合法权益得到保护。

（四）解决数字化时代教学问题的途径

为了解决这些问题,需要采取一些有效的措施。首先,需加强基础设施建设,提高互联网覆盖率,以解决数字鸿沟问题,使更多地区和学生能够接入数字化教育资源。其次，通过教师培训和教学设计的改进，可以提升在线教学的质量，建议建立评估体系，鼓励和引导教师更好地利用数字工具进行教学。为了激发学生的学习兴趣，教育机构可以借助互动性强的数字教育工具，设计更富有趣味和挑战性的学习内容。此外，在应用教育大数据时，应建立明确的隐私保护机制，确保学生个人信息不被滥用，加强隐私政策的宣传和教育，提高师生对隐私保护的重视。尽管数字化时代的教学存在问题，但随着科技的不断发展，未来有望迎来更多的解决途径，推动教育事业的可持续发展。

二、教学改革对高职院校的意义

（一）概述

高职院校是我国职业教育体系中的重要组成部分，承担着培养高素质技术和应用型人才的重任。近年来，社会对高职毕业生的需求日益增加，但同时也暴露出一些问题，如培养模式陈旧、教学手段滞后等。因此，对高职院校进行教学改革显得尤为迫切。教学改革对高职院校的意义可以从三个方面进行探讨，包括"提高教学质量""适应社会需求"和"培养创新能力"。

（二）提高教学质量

提高教学质量是教学改革的首要任务之一。首先，建设现代化的教育体系是关键，高职院校应引入先进的教学理念和方法，结合信息技术，构建多层次、多元化的课程体系。通过拓展课程内容，提高学科综合性，使学生能够更好地适应未来职业发展的需求。其次，应强化实践教学，这一方面强调高职院校的特点，通过实习、实训等方式，使学生能够更好地将理论知识应用到实际工作中，从而提高学生的综合素质和实际能力。最后，提高师资水平也是至关重要的，教学改革应致力于通过培训和引进优秀教师，提升师资队伍的教学理念和实践经验，以推动高职院校教学质量的整体提升。

（三）适应社会需求

教学改革需要适应社会需求，这包括调整专业设置、强化职业素养培养和加强与企业的合作。随着社会的发展和科技的进步，职业领域在不断变化，高职院校应及时调整专业设置，根据市场需求和产业发展趋势，开设新的专业方向，确保毕业生具备满足社会需求的职业技能。此外，高职院校还应注重培养学生的职业素养，包括沟通能力、团队协作能力和创新能力等，使学生能够适应职业环境中的各种挑战。为了更好地满足社会需求，高职院校应加强与企业的合作，通过建立紧密的合作关系，更好地了解市场需求，调整教学内容，提高毕业生的就业竞争力，并为学生提供丰富的实践机会，促进理论与实际的结合。

（四）培养创新能力

培养创新能力是教学改革的重要目标之一。教学改革应引入创新教育理念，培养学生的创新意识和创新能力。通过设计开放式的学习环境，激发学生的创造力，培养他们解决问题的能力，使高职院校的毕业生更好地适应未来社会的发展。鼓励实践创新也是必要的，高职院校应鼓励学生参与各类实践项目，提供创新创业的机会，通过实际操作，使学生更深入地理解所学知识，并将其应用到实际中，培养解决问题的能力。此外，建设创新平台，如实验室、科研机构等，为学生提供展示和实践的机会，帮助他们更好地锻炼创新思维和实际操作能力。

教学改革对高职院校具有深远的意义。通过提高教学质量、适应社会需求和培养创新能力，高职院校能够更好地满足社会的需求，为学生的职业发展提供更广阔的空间。同时，这也有助于推动整个职业教育体系的升级和发展，促使我国职业教育更好地适应社会的发展变化。

第二节 创新型课程设计与数字资源利用

一、创新型课程设计理念与实践

随着社会的快速发展和科技的不断进步，教育领域也需要不断创新以适应新的时代需求。创新型课程设计作为教育改革的一部分，强调培养学生的创新能力、实践能力和综合素质。下面将围绕创新型课程设计的理念和实践展开探讨，分为"理念框架"和"实践策略"两个部分，旨在深入剖析创新型课程设计对教育的重要性以及如何在实际教学中落地。

（一）理念框架

1. 培养创新思维

创新型课程设计的首要目标是培养学生的创新思维。这不仅是为了应对日新月异的社会挑战，更是为了让学生在未来的职业生涯中具备解决问题、发现机会的能力。课程设计应引导学生从不同角度思考问题，激发他们的好奇心和求知欲，培养跨学科的综合性思维。

2. 注重实践应用

创新型课程设计强调理论与实践的结合。通过将课程内容与实际问题相结合，学生可以更好地理解理论知识，并能够将其应用到实际生活和职业中。实践应用也有助于培养学生解决实际问题的能力，提高他们的职业竞争力。

3. 个性化学习

理念框架中的一个重要元素是个性化学习。每个学生都有自己的兴趣、擅长领域和学习方式，创新型课程设计应当充分考虑学生的个性差异，通过差异化的教学方法和资源，满足每个学生的学习需求，激发他们的学习兴趣。

4. 开放式合作

创新型课程设计强调开放式的合作学习环境。通过团队合作、项目驱动等方式，促使学生在合作中学会沟通、协作，培养团队精神。这也符合现代社会对综合素质和团队协作能力的需求。

（二）实践策略

1. 项目驱动

项目驱动是创新型课程设计的一种重要实践策略。通过将课程内容组织成项目，让学生在解决实际问题的过程中学习知识和技能。这种方式激发了学生的学习兴趣，培养了他们解决实际问题的实践能力。

2. 跨学科整合

在实际教学中，创新型课程设计应当注重跨学科整合。将不同学科的知识融合在一起，使学生能够更全面地理解问题，培养跨领域的综合性思维。这有助于学生更好地适应复杂多变的社会环境。

3. 信息技术的运用

信息技术在创新型课程设计中扮演着重要的角色。通过利用互联网、虚拟实验室、在线资源等工具，可以拓展课程的边界，提供更丰富的学习资源。同时，信息技术也可以促进学生之间的交流与合作，实现开放式的学习环境。

4. 实时反馈机制

为了更好地调整和优化教学过程，实时反馈机制是必不可少的。通过评估学生的学习表现、收集学生的反馈意见，教师可以及时调整教学内容和方法，确保课程设计的有效性和贴合实际需求。

（三）挑战与未来展望

创新型课程设计虽然有着许多优势，但在实践中仍然面临一些挑战。其中包括教师培训、资源支持、评估体系的建立等问题。然而，随着社会对创新能力的重视和教育改革的深入推进，创新型课程设计有望在未来取得更大的成功。

创新型课程设计作为教育改革的一部分，对提升学生创新能力、适应未来社会需求具有重要意义。通过构建创新型课程设计的理念框架和实践策略，我们能够更好地满足学生的学习需求，培养他们在未来职业生涯中所需的综合素质。

在未来，创新型课程设计还需面对一系列挑战，例如不断变化的科技发展、社会需求的多样性以及全球化背景下的国际竞争等。为了应对这些挑战，教育机构需要与企业、社会等各方合作，共同推动创新型教育的发展。

同时，更多的研究也应该致力于创新型课程设计的评估和效果研究。建立科学的评估体系，了解创新型课程设计对学生学习成果、创新能力和职业发展的影响，有助于不断优化和改进课程设计。

综合而言，创新型课程设计是教育改革的重要方向，通过培养学生的创新思维、实践能力和综合素质，有望为他们更好地适应未来社会的变化创造更多机会。在这个过程中，教育机构、教师和学生共同努力，才能实现创新型教育的目标，为社会培养更具创造力和竞争力的人才。

二、数字资源在课程中的整合与应用

数字化时代的来临使得数字资源的整合与应用在教育领域变得愈加重要。数字资源包括电子图书、在线课程、多媒体教材、网络资源等，它们为教学提供了更广泛、更灵活的资源，为学生提供了更丰富、更个性化的学习体验。下面将探讨数字资源在课程中的整合与应用，包括数字资源的特点、整合策略、教学设计原则等方面。

（一）数字资源的特点

1. 丰富多样性

数字资源以其形式的多样性为教学提供了更广泛的选择。电子图书、在线文章、视频课程等形式各异的资源，能够满足不同学科、不同学习风格的需求，使教学更具灵活性。

2．实时性和更新迅速

与传统教材相比，数字资源具有更快的更新速度和实时性。这使得教师能够更及时地获取最新的信息和知识，保持课程内容的时效性，更好地适应社会的发展变化。

3．互动性和个性化

数字资源通常具有更强的互动性，学生可以通过在线平台参与讨论、完成在线测验等，促进学生间的互动与合作。同时，数字资源的个性化特点使得教学更能够满足学生个体差异，为每位学生提供更加定制化的学习路径。

4．全球化和开放性

数字资源能够跨越地域和国界，使得全球范围内的优质教育资源得以分享。开放式的数字资源还能够激发学术合作，促进国际教育交流与合作。

（二）数字资源在课程中的整合策略

1．整合多媒体资源

数字资源的多媒体性质为教学提供了更多元的表达方式。教师可以整合图像、音频、视频等多媒体资源，丰富教学内容，使得学生更容易理解抽象概念，激发学习兴趣。

2．构建在线学习平台

搭建在线学习平台是数字资源整合的关键一环。教师可以利用各类在线平台，如教学管理系统、在线课程平台等，将数字资源有机地整合在一起，方便学生获取和使用。

3．个性化学习路径设计

数字资源的个性化特点为教学提供了机会，教师可以根据学生的兴趣、水平、学科需求等因素，设计个性化的学习路径。这有助于提高学生的学习动机和学习效果。

4．促进互动与合作

数字资源可以通过在线讨论、协作编辑等方式促进学生之间的互动与合作。教师可以设计相关任务，鼓励学生在数字平台上展开合作，提高学生的团队协作能力。

（三）数字资源在课程中的应用实践

1. 在线授课

数字资源的广泛应用使得在线授课成为可能。通过网络直播、在线会议等方式，教师可以在不同的地理位置向学生传递知识，提高课程的灵活性和可访问性。

2. 混合式教学

混合式教学结合了传统面授教学和在线学习的优势。教师可以在面对面授课中整合数字资源，为学生提供更丰富的学习体验，并利用在线学习平台延伸学生的学习。

3. 个性化辅导与反馈

利用数字资源，教师能够更好地进行个性化辅导。通过在线作业、测验的自动评分和反馈，教师可以及时了解学生的学习状况，有针对性地进行指导。

4. 虚拟实验与模拟场景

数字资源为实践性学科提供了虚拟实验和模拟场景的可能性。学生可以通过数字平台参与虚拟实验，进行实际操作的模拟，提高实际问题解决的能力。

（四）教学设计原则

1. 关注学科特性

在整合数字资源时，教师应该深刻理解所教学科的特性，根据学科需求选择合适的数字资源，确保数字资源与课程内容的契合度。

2. 维护教学质量

数字资源的广泛应用不应牺牲教学质量。教师需要对数字资源的来源、质量进行严格的筛选和评估，确保其符合教学目标，能够提供有效的学习支持。

3. 激发学生兴趣

数字资源的优势之一是能够激发学生的学习兴趣。因此，在教学设计中应充分利用数字资源的多样性和互动性，设计吸引人的内容，引导学生主动参与学习。通过引入生动有趣的多媒体元素、实际案例和互动式学习活动，教师能够更好地激发学生的好奇心和求知欲。

4. 注重学生反馈与评估

在数字资源的应用中，建立有效的学生反馈和评估机制至关重要。通过学生的反馈，教师可以了解学生对数字资源的接受程度和使用体验，及时调整教学策略。此外，建立科学的评估体系，能够客观地评价学生在数字学习环境中的学术表现和综合素质。

（五）挑战与未来展望

1. 技术更新与适应问题

随着技术的不断更新，教育者需要不断学习和适应新的数字工具、平台和应用。这也带来了教育技术培训和专业发展的挑战，需要教育机构提供及时有效的支持。

2. 数字鸿沟问题

在数字资源的整合与应用中，可能会面临数字鸿沟的问题。不同地区、不同学生群体之间的数字资源获取和使用水平存在差异，需要采取措施来缩小数字鸿沟，确保所有学生都能平等地享受数字教育带来的便利。

3. 隐私与安全问题

数字资源的广泛应用也带来了学生隐私和数据安全的问题。教育机构需要建立健全的数据保护和隐私政策，确保学生的个人信息得到充分保护，防范潜在的数据泄漏和滥用。

未来，数字资源在课程中的整合与应用将更加深入，教育将更加个性化、灵活和全球化。先进的技术，如人工智能、虚拟现实等，将进一步拓展数字教育的可能性。同时，教育者需要不断探索更创新的教学方法，更好地整合数字资源，以满足学生日益多样化的学习需求。

数字资源在课程中的整合与应用是教育现代化的重要方向，它为教学提供了更多元、更灵活的选择。通过整合多媒体资源、构建在线学习平台、设计个性化学习路径等策略，教育者能够更好地发挥数字资源的优势，提高教学效果，满足学生的个性化需求。然而，面临的挑战也不能忽视，教育者需要不断提升技术水平、关注数字鸿沟、解决隐私与安全问题，以更好地推动数字教育的发展。在不断创新与实践的过程中，数字资源有望更好地助力教育进步，为学生提供更丰富、更高效的学习体验。

三、学生参与与反馈的数字化手段

数字化技术的快速发展为教育领域带来了前所未有的机遇，特别是在学生参与与反馈方面。通过数字化手段，教育者可以更好地激发学生的兴趣，提高他们的参与度，并实现更有效的教学反馈。下面将探讨学生参与与反馈的数字化手段，包括数字化教学平台、在线互动工具、虚拟实验室等方面。

（一）学生参与的数字化手段

1. 数字化教学平台

数字化教学平台是学生参与的关键工具之一。这类平台提供了在线课堂、课程资源分享、讨论区等功能，使得学生可以方便地获取教学材料、参与课堂讨论，并在线提交作业。通过数字化教学平台，学生能够更加灵活地参与学习过程，随时随地获取学习资源。

2. 在线互助工具

在线互动工具如在线投票、实时问答系统等，为学生提供了更积极的参与方式。教师可以通过这些工具在课堂上进行互动性问答，收集学生的实时反馈，促进学生积极参与讨论，增强学习的互动性和趣味性。

3. 虚拟学习社区

建立虚拟学习社区是数字化时代推动学生参与的一种有效方式。通过在线社交平台或学术交流平台，学生可以在更广泛的范围内分享学术观点、交流经验，并建立起更多元化的学术网络。这有助于提高学生对学科的兴趣，促进学科知识的深度学习。

4. 移动学习应用

移动学习应用的普及为学生提供了更加便捷的学习方式。学生可以通过手机或平板电脑随时随地访问学习资源，参与在线课堂，进行学术互动。这样的数字化手段有效地打破了时间和地域的限制，提高了学生的学习灵活性。

（二）学生反馈的数字化手段

1. 在线测验与考试

通过在线测验与考试，教师能够更迅速地获得学生的学业表现。在线测验不仅可以用于课程的形成性评估，还能为学生提供实时的学习反馈。同时，数字化手段可以帮助自动评分，减轻教师的工作负担，提高评估的效率。

2. 学习分析工具

学习分析工具利用大数据和分析技术，帮助教师深入了解学生的学习行为和表现。通过分析学生在在线平台上的学习轨迹、答题情况等数据，教师可以为学生提供更精准的个性化反馈，帮助他们更好地调整学习策略。

3. 电子作业反馈

传统的纸质作业往往需要较长的时间来完成批改和反馈，而电子作业则能够通过自动批改工具提供更为迅速的反馈。教师可以在数字平台上直接标注、评语，使学生更加清晰地了解自己的优势和不足，及时调整学习方法。

4. 在线问卷与反馈调查

在线问卷和反馈调查是获取学生意见和反馈的重要手段。通过数字化的方式，教师可以方便地设计并分发问卷，了解学生对教学内容、教学方法的评价和建议，有针对性地进行教学改进。

（三）数字化手段对学生参与与反馈的影响

1. 提高学生参与度

数字化手段的引入能够提高学生的参与度。在线互动、虚拟学习社区等平台为学生提供了更多交流和分享的机会，激发了学生的学习兴趣，促使他们更积极地参与课堂活动。

2. 个性化学习支持

通过学习分析工具和个性化反馈，教师可以更准确地了解学生的学习需求和困难点。基于这些信息，教师能够为每位学生提供更个性化的学习支持，帮助他们更好地理解和掌握知识。

3. 提高学生学术水平

数字化手段有助于提高学生学术水平。在线测验、实时问答等工具能够帮助学生在实践中巩固知识，及时发现并纠正错误，促进学科理解和运用。

4. 促进教学改进

数字化手段为教学提供了更多数据支持，有助于教师更全面地了解学生学习情况。通过分析学生的反馈和学业表现，教师能够发现教学中存在的问题，及时调整教学策略，促进教学质量的提升。学生的参与和反馈也为课程设计、教学方法的改进提供了宝贵的信息。

5. 强化教师与学生互动

数字化手段强化了教师与学生之间的互动。通过在线平台的实时互动功能，教师和学生可以在课堂之外进行更灵活的交流。这有助于建立更为紧密的教学关系，使教育更贴近学生的需求。

（四）挑战与未来展望

1. 数字鸿沟问题

数字化手段在提升学生参与和反馈方面取得了显著成效，但数字鸿沟问题仍然存在。一些地区的学生可能面临网络不畅、设备不足等问题，导致他们无法充分享受数字化教育带来的便利。未来，需要更多关注数字鸿沟问题，采取措施确保教育资源的均等分配。

2. 隐私与安全问题

随着数字化手段的广泛应用，隐私和安全问题引起了人们的关注。学生的个人信息和学习数据需要得到有效的保护，教育机构和平台应建立健全的隐私政策和安全措施，确保数字化手段的合法、安全使用。

3. 教师技能培训

教师需要具备运用数字化手段的能力，但目前仍有一些教师缺乏相关技能。教育机构应该加强教师的数字化技能培训，提高他们利用数字化手段进行教学和反馈的能力，确保数字化教育的有效实施。

4. 技术更新与整合

随着技术的不断更新，数字化手段也在不断演进。教育者需要不断学习和适应新的数字工具、平台和应用，以保持教学手段的先进性和有效性。同时，数字化手段的整合需要进行更深入的研究和实践，确保各种工具能够协同工作，形成有机的教学体系。

未来，随着科技的进一步发展，数字化手段在学生参与与反馈方面的应用将更加广泛和深入。智能化的教育平台、虚拟现实技术等将为学生提供更丰富、更沉浸式的学习体验。同时，更加智能化和个性化的学习分析工具将帮助教师更好地了解学生的学习需求，提供更贴合个体差异的教学反馈。

数字化手段在学生参与和反馈方面发挥了重要作用，为教育带来了新的可能性。通过数字化教学平台、在线互动工具和虚拟学习社区等手段，学生参与的方式变得更加灵活多样。数字化手段在学习分析工具、在线测验和电子作业反馈等方面，为学生提供了更迅速、更个性化的学术支持和反馈。

然而，数字化教育也面临一系列挑战，包括数字鸿沟、隐私安全、教师技能等问题。未来，我们需要在解决这些挑战的同时，不断推动数字化手段的创新和进步，以更好地服务于学生的学习和发展。通过共同努力，数字化手段将成为教育领域的重要助力，为培养具有创新能力和综合素质的学生提供更为优质的教育体验。

第三节 远程教育与在线学习平台

一、远程教育的定义与特点

随着信息技术的飞速发展，远程教育作为一种创新的教育模式逐渐崭露头角。远程教育通过利用互联网、多媒体技术以及在线平台等手段，使学生无须亲临传统教室，即可完成学业。下面将深入探讨远程教育的定义、特点以及其在当今教育领域中的重要性。

（一）远程教育的定义

远程教育，又称为远程学习、在线教育，是一种通过信息技术手段，利用互联网、多媒体等资源，将教育内容传递给学生，使他们能够在不同地点、不同时间参与学习的教育方式。远程教育弥补了传统面对面教学的时空限制，为学生提供了更灵活的学习机会。

远程教育并非一种新兴的概念，早在 20 世纪初期，邮寄课程和无线电广播就被认为是远程教育的一种形式。随着互联网和多媒体技术的普及，远程教育逐渐发展成为一个全新的教育范畴，涵盖了在线课程、数字图书馆、视频会议等多种形式。

（二）远程教育的特点

1. 时空灵活性

远程教育的最显著特点之一是时空灵活性。学生可以根据自己的时间表选择学习时间，无须受到传统教室教学时间的限制。同时，学生可以在家中、办公室或其他地点学习，充分利用碎片化时间，提高学习效率。

2. 个性化学习

远程教育提供了更多的个性化学习机会。学生可以根据自己的学科需求和兴趣选择感兴趣的课程，自主制订学习计划。教育者也可以通过个性化的辅导和反馈，更好地满足学生的学习需求，促进个体发展。

3. 多媒体教学

远程教育注重多媒体教学手段的应用。通过视频、音频、图像等多媒体资源，教育者可以更生动地呈现知识，提高学生对教学内容的理解和记忆。这种多感官的学习方式有助于激发学生的学习兴趣。

4. 互动性强

远程教育通过在线讨论、实时问答等互动工具，加强了教师与学生以及学生之间的互动。学生可以在虚拟平台上提问、讨论，获得教师和同学的及时反馈。这种互动性不仅促进了学科知识的深入学习，也有助于培养学生的团队协作能力。

5. 成本效益高

相较于传统的面对面教学，远程教育具有成本效益高的优势。教育机构无须投入大量资金用于搭建教室、购买教学设备，学生也可以省去因为校区距离、住宿费用等导致的额外支出。这使得远程教育成为一种更为经济实惠的教育选择。

6. 提供丰富学习资源

远程教育通过数字化于段提供了丰富的学习资源。学生可以通过网络图书馆、在线课程、学术论文等获取丰富的学科资料。这为学生提供了更广泛、更深入的学术资源，促进了知识的全面积累。

7. 适应不同学习群体

远程教育具有更广泛的适应性，能够满足不同学习群体的需求。无论是职业人士、在校生、还是其他特殊群体，都可以通过远程教育获得所需的学习内容。这种广泛适应性有助于构建更加包容和多元化的学习环境。

（三）远程教育的重要性

1. 突破地域限制

传统教育面临地域限制，学生需要亲临学校才能接受教育。而远程教育通过互联网技术的应用，使得学生无论身处何地，只要有网络，就能参与到全球范围内的学习。这种突破地域限制的特点，为学生提供了更广泛的学习机会。

2. 满足灵活学习需求

随着社会的发展，学习者对教育的灵活性要求日益增加。许多人面临工作、家庭等多重责任，难以按照传统学制安排时间。远程教育通过其时空灵活性，满足了这一群体的灵活学习需求。学生可以根据个人时间安排学习，使教育更贴近他们的生活实际，提高学习的灵活性和可及性。

3. 提高学习效果

远程教育在多媒体教学、互动性等方面的特点，使得学生更容易理解和消化知识。同时，个性化学习的特点能够使学生更加专注于自己感兴趣的领域，提高学习的主动性和深度。这有助于提高学习效果，使学生在更短的时间内获取更多的知识。

4. 适应不同学科

远程教育不仅适用于理论性较强的学科，同时也适用于实践性强、需要实地操作的学科。通过虚拟实验室、在线实训等手段，远程教育能够满足工程、医学、艺术等各类实践性强的学科的教学需求。这为不同学科领域提供了更为灵活的教学模式。

5. 降低教育成本

传统面对面教学需要大量的场地、设备和人力资源，而远程教育可以通过互联网技术实现大规模在线教学，大大降低了教育的基础设施成本。学生也能够节省住宿、交通等方面的费用。这种成本效益的优势使得远程教育在全球范围内获得了广泛的认可。

6. 提升教育质量

通过数字化手段，教育者可以更好地监控学生的学习过程，及时了解学生的掌握程度和困难点。这有助于教育者及时调整教学策略，提供更个性化的学术支持，从而提升教育质量。同时，多媒体教学、互动性等特点也为教育提供了更生动、有趣的方式，激发学生的学习兴趣，培养学生的自主学习能力。

（四）远程教育的发展趋势

1. 智能化教学

随着人工智能技术的不断发展，智能化教学将成为远程教育的重要趋势。智能化教学系统可以根据学生的学科需求、学习兴趣和学习风格，为其推荐个性化的学习路径和内容。通过智能化辅助，教育者能够更好地了解学生的学习状态，提供更有针对性的教学支持。

2. 虚拟现实技术应用

虚拟现实技术将为远程教育带来更丰富的学习体验。虚拟实验室、虚拟场景等应用将为学生提供更真实、更直观的学习体验，特别是在实践性强的学科领域。这种技术的应用有助于提高学生对实际操作的理解和能力。

3. 区块链技术保障学历认证

随着远程教育的普及，学历认证成为一个重要的问题。区块链技术的应用能够保障学历信息的安全、透明和可信。学生通过远程教育获得的学历将更容易被用人单位认可，进一步推动远程教育的发展。

4. 在线协作与团队项目

未来远程教育将更加注重学生之间的协作与团队项目。通过在线平台，学生可以参与跨地域的团队项目，提高团队协作和沟通能力。这种形式的学习更贴近实际工作环境，培养学生更好地适应未来职业需求的能力。

5. 混合式教育模式

混合式教育模式，即融合传统面对面教学和远程教育的元素，将成为未来发展的趋势。这种模式能够在保留传统教学的互动性和社交性的同时，利用远程教育的灵活性和个性化优势。学生可以在实体课堂中获得面对面的指导，同时通过远程手段进行更为灵活的学习。

6. 全球化教育

远程教育的全球化将成为未来教育发展的重要方向。借助先进的数字技术，学生可以跨越国界，参与全球顶尖学府的课程，获得前所未有的国际化学术体验。无论是哈佛、剑桥等世界名校的公开课，还是各种专业领域的在线研讨会，都将通过互联网触手可及。这种教育模式不仅打破了地理限制，使得偏远地区的学生也能享受优质的教育资源，还能通过虚拟课堂和在线互动，增进学生之间的跨文化交流，培养他们的全球视野和国际竞争力。

全球化的远程教育还将推动各国和地区之间的教育资源共享和互通，促进全球人才的培养。例如，发达国家的先进教育理念和教学方法可以通过在线平台传播到发展中国家，帮助提升当地的教育水平。同时，不同国家和地区的教育机构也可以合作开发跨国课程和项目，共享教育资源和研究成果。这样的合作不仅能提升教育质量，还能促进国际的理解与合作，为全球的经济和社会发展注入新的活力。总之，远程教育的全球化不仅是技术进步的体现，更是教育公平和质量提升的重要途径，将对未来的教育模式产生深远的影响。

（五）远程教育的挑战与应对策略

1. 技术和设备问题

一些学生可能面临技术和设备方面的困扰，包括网络不畅、设备性能低、缺乏数字学习工具等。为了解决这一问题，需要提供相关的技术培训、购置或提供适当的学习设备，以确保学生能够顺利参与远程教育。

2. 互动和沟通困难

由于远程教育的特殊性，学生和教师之间的互动和沟通可能受到一定限制。为了解决这个问题，需要提供多种在线互动工具，如视频会议、实时聊天等，促进学生和教师之间的有效交流。

3. 学术诚信和作弊问题

远程教育中存在学术诚信和作弊的问题。为了应对这一挑战，可以采用技术手段，如在线监考系统、反作弊软件等，来保障考试和作业的公正性和合法性。同时，加强学术诚信教育，引导学生形成正确的学术道德观。

4. 教师培训与支持

教师在远程教育环境中需要具备新的技能和教学理念。因此，教育机构应该加强对教师的培训与支持，使其能够充分发挥远程教育的优势，更好地应对学生的需求。

5. 学生自主学习能力培养

远程教育要求学生具备更强的自主学习能力。为了提高学生的自主学习能力，可以通过在线辅导、学术指导、学习技巧培训等方式来帮助学生更好地适应远程教育的学习模式。

远程教育作为一种创新的教育模式，具有时空灵活性、个性化学习、多媒体教学、互动性强等特点，为学生提供了更灵活、更自主的学习机会。在全球化、数字化的时代，远程教育将更加普及和深入，成为未来教育领域的主要发展方向。

二、在线学习平台的构建与管理

（一）在线学习平台的构建

在线学习平台的构建首先需要进行全面的需求分析和规划。明确教育机构或组织的教学目标、受众群体、课程内容和学习需求等方面的要求是关键。通过调研和访谈，了解学生和教师的期望，确定平台的主要功能和特色。选择合适的技术架构是在线学习平台构建的重要一步。常见的技术架构包括LMS（学习管理系统）、CMS（内容管理系统）、VLE（虚拟学习环境）等。根据需求和规模选择合适的技术架构，确保平台具备良好的扩展性和性能。

平台的界面设计和用户体验对于吸引学生和教师的使用至关重要。设计直观、简洁、易用的用户界面，保证用户能够轻松地进行注册、登录、课程选择等操作。同时，考虑到不同用户的设备和网络环境，确保平台在各种情况下都能提供良好的用户体验。内容是在线学习平台的核心，建设内容管理系统是平台构建的关键步骤。内容管理系统应该支持多种格式的教学资源，包括文档、视频、音频、图像等，同时具备版本管理和权限控制功能，确保教学内容的安全和更新。在线学习平台应当整合多媒体教学工具，以提升教学的多样性和趣味性。这包括在线视频播放、实时互动、虚拟实验室等工具，为教师提供更灵活的教学手段，激发学生的学习兴趣。

（二）在线学习平台的管理

用户管理是在线学习平台管理的基础。平台应提供完善的用户管理系统，包括学生、教师和管理员的注册、登录、身份验证、权限控制等功能。用户信息的安全和隐私保护也是用户管理中需要重点考虑的问题。课程管理涉及课程的创建、编辑、发布和删除等一系列操作。教师应该能够方便地上传课程资料，设置课程大纲、作业和考试，同时能够监控学生的学习进度。平台应支持多种类型的课程，包括同步课程和异步课程。学生成绩管理是在线学习平台的关键功能之一。平台应该提供成绩录入、统计、分析等功能，使教师能够及时了解学生的学业表现。同时，学生也应该能够方便地查看自己的成绩和学习进度。在线互动和反馈是促进学生参与和提高学习效果的关键环节。平台应提供实时的在线讨论和互动工具，使学生能够在虚拟环境中进行讨论、提问，并及时得到教师和同学的反馈。这种互动机制有助于促进学生之间的合作学习和知识分享。在线学习平台的稳定运行需要有强大的技术支持和维护团队。这包括定期的系统更新、安全性检查、故障排除等工作。同时，提供及时的技术支持渠道，以解决用户在使用过程中可能遇到的问题，确保用户能够顺利地使用平台。通过对学习平台上的数据进行分析和挖掘，可以获取有关学生学习行为、教学效果等方面的宝贵信息。教育机构可以利用这些数据来评估教学质量、优化教学设计，甚至预测学生的学习需求。因此，平台应提供强大的数据分析工具，支持对学习数据的深入挖掘。由于在线学习平台涉及学生和教师的个人信息、学习数据等敏感信息，安全与隐私保护至关重要。平台应采取严格的安全措施，包括数据加密、访问控制、安全审计等，确保用户信息的安全性。同时，制定隐私政策，明确用户数据的使用范围和目的，保护用户的隐私权益。

（三）在线学习平台的优势与挑战

在线学习平台为学生提供了灵活、便捷的学习方式。学生可以根据自己的时间安排学习计划，无须受到地理位置和时间的限制。这种灵活性使得学习更贴近学生的生活和工作，提高了学习的灵活性和可及性。在线学习平台可以整合多种学习资源，包括文字、图片、视频、音频等形式的教育资料。这使得学生能够通过多种感官途径获取知识，提高学习效果。同时，教师也能够更灵活地选择和提供丰富的教学资源。在线学习平台通过提供实时的互动工具，促进了学生之间和教师与学生之间的互动与合作。学生可以在虚拟环境中进行讨论、交流意见，共同解决问题。这种合作学习的模式有助于培养学生的团队协作和沟通能力。在线学习平台可以根据学生的学科需求和学习风格，提供个性化的学习路径和内容。通过学习分析工具，教育者能够更好地了解学生的学习状况，为其提供有针对性的学术支持。这有助于提高学生的学习积极性和效果。

在线学习平台的构建和管理涉及复杂的技术架构和系统设计。维护和升级平台需要专业的技术支持，而这方面的人才可能相对稀缺。技术难题的存在可能导致系统运行不稳定、功能缺陷等问题。在线学习平台存在学术诚信的难题。远程学习的环境使得考试和作业的监控难以实现，学生可能面临作弊的风险。如何保障学术诚信，是在线学习平台亟待解决的问题之一。虽然在线学习平台提供了一定程度的互动与合作机会，但与传统面对面教学相比，社交和沟通方面仍存在一定的不足。学生可能感到缺乏面对面交流的机会，导致沟通效果降低。解决这一问题需要在平台设计中增加更多社交元素，以及提供在线社交和沟通工具。在线学习平台的学习效果评估比传统教学更为复杂。如何客观、科学地评估学生在在线环境中的学习成果，是一个亟须研究的难题。有效的评估方法需要结合多种因素，包括学生参与度、学术表现、学科能力等。

（四）未来展望

未来在线学习平台将更加注重智能化教学。通过引入人工智能技术，平台可以根据学生的学习情况和学科特点，智能地推荐个性化的学习内容和任务。智能化教学系统还能够提供即时的反馈和建议，帮助学生更好地理解和掌握知识。虚拟现实技术将为在线学习平台带来更为真实和沉浸的学习体验。通过虚拟实验室、虚拟场景等应用，学生可以进行更具实践性的学习，尤其是在需要实地操作的学科领域。这种技术的应用有助于提高学生的学科理解和实际操作能力。随着区块链技术的不断发展，未来在线学习平台可能采用区块链技术来保障学历和学习成绩的安全和可信。区块链技术的去中心化、不可篡改的特点可以有效地防止学术造假和成绩篡改，提高学生学习成果的可信度。未来，混合式教育模式将更加普遍。这种模式将传统面对面教学与在线学习相结合，使学生在实体课堂和虚拟学习环境中都能够获得全面的学习体验。这有助于充分发挥两种教学模式的优势，提供更灵活和个性化的学习选择。未来在线学习平台的发展将更加全球化。通过在线平台，学生可以跨越国界参与全球顶尖学府的课程，获得国际化的学术体验。这种全球化的教育将促进不同国家和地区之间的教育资源共享，推动全球范围内的人才培养。为了解决社交和沟通方面的不足，未来的在线学习平台将加强社交元素的设计。引入更多的在线社交工具、学术社群和合作项目，以促进学生之间的交流与合作。这有助于提高学生的社交技能和团队协作能力。

在线学习平台的构建与管理是一个综合性的任务，涉及技术、教学设计、用户体验、安全性等多个方面。构建一个成功的在线学习平台需要充分考虑用户需求，选择适合的技术架构，设计直观的用户界面，提供全面的教学和管理功能。在平台管理方面，用户管理、课程管理、学生成绩管理等都是关键的环节。技术支持与维护、数据分析与挖掘、安全与隐私保护也是平台稳定运行和提高学习效果的关键因素。未来，随着智能化教学、虚拟现实技术、全球化教育等趋势的发展，在线学习平台将迎来更大的发展空间。通过不断创新和优化，在线学习平台将更好地满足学生和教育机构的需求，为教育领域带来更多的可能性。

三、远程实验与实践活动的数字支持

实验与实践活动在教育中占据着重要的地位，通过实际操作，学生能够更好地理解理论知识、培养实际动手能力和解决问题的能力。然而，传统的实验和实践活动通常受到时间、地点和设备等方面的限制，尤其在远程教育环境下更加复杂。为了解决这一问题，数字技术的不断发展为远程实验和实践活动提供了丰富的数字支持，促进了远程教育的实际效果。下面将探讨远程实验与实践活动的数字支持，包括技术工具、实践模式、优势挑战等方面。

（一）远程试验的技术支持

1. 虚拟实验室技术

虚拟实验室技术是远程实验的关键支持手段之一。通过虚拟实验室，学生可以在计算机上进行仿真实验，模拟真实实验中的各种情况。这种技术可以解决实验设备和场地受限的问题，使得学生能够随时随地进行实验操作。

虚拟实验室技术通常包括虚拟仪器、实验模拟软件和实验数据采集与分析工具。学生可以通过计算机界面操控虚拟仪器，观察实验现象，收集数据，并进行数据分析。这种方式既能够确保实验的真实性，又能够大大提高实验的灵活性和可操作性。

2. 远程实验设备

除了虚拟实验室技术，远程实验设备也是远程实验的重要支持。通过远程控制实验设备，学生可以在远程地点进行实验操作。这种方式通常涉及物理实验设备的远程操控，学生可以通过网络远程操控实验仪器，观察实验现象，并获取实验数据。

远程实验设备技术可以弥补虚拟实验在一些特定领域的不足，例如需要真实物理环境的实验。同时，它也为学生提供了更为真实的实验体验，能够更好地培养实际操作和问题解决的能力。

（二）远程实践活动的数字支持

1. 模拟实践软件

模拟实践软件是远程实践活动的数字支持工具之一。这类软件通常提供虚拟场景、虚拟操作界面以及与实际操作相似的模拟环境。通过这些软件，学生可以进行各种实践活动的模拟，如商业谈判、领导力培养、工程项目管理等。

模拟实践软件通过场景还原和角色扮演等方式，使学生能够在虚拟环境中面对实际情境，进行实际操作，提高实际问题解决的能力。这种数字支持方式可以解决实际实践活动受到时间、地点和资源等限制的问题，为学生提供更广泛的实践机会。

2. 远程协作平台

远程协作平台是支持远程实践活动的关键工具。通过这类平台，学生可以在线协作完成实际项目、任务等实践活动。平台通常包括文档共享、在线会议、任务分配等功能，使得学生能够在不同地点之间进行实时的协作和沟通。

远程协作平台弥补了传统实践活动中地域限制的问题，使得学生能够组成跨地域的团队，共同完成实际项目。这种方式培养了学生的协作与沟通技能，提高了团队协作的效率。

（三）远程实验与实践活动的优势

1. 地域和时间的灵活性

远程实验和实践活动的数字支持使得学生能够摆脱地域和时间的限制。

无论学生身处何地，只要有网络连接，就能够进行虚拟实验、模拟实践等实际操作，极大地提高了学习的灵活性。

2. 资源的共享与利用

数字支持技术使得实验设备和实践场景能够被更广泛地共享和利用。通过远程控制实验设备和模拟实践软件，学生可以共享各种资源，提高了设备和场地的利用效率。这有助于节约资源成本，降低实践活动的经济压力。

3. 试验数据的准确性与保存

在远程实验和实践活动中，数字支持技术可以更准确地采集和保存实验数据。虚拟实验室和模拟实践软件可以自动记录实验过程和结果，避免了人工记录的误差。这有助于提高实验数据的准确性和可靠性，为学生提供更为精确的实验结果和分析。

4. 安全性与风险降低

远程实验和实践活动的数字支持有助于提高实验和实践活动的安全性。在虚拟实验室和模拟实践软件中，学生能够在无实际风险的环境中进行实验，避免了可能存在的安全隐患。同时，远程协作平台也降低了实践活动中的风险，因为团队成员可以通过在线平台进行协作，减少实际集体活动中的潜在危险。

（四）远程实验与实践活动的挑战

1. 设备和技术要求

远程实验和实践活动需要学生具备一定的设备和技术水平。学生需要有可靠的网络连接、适当的计算机设备，并熟悉使用虚拟实验室、模拟实践软件等工具。这对一些资源有限或技术水平较低的学生可能构成一定的挑战。

2. 实践体验的缺失

尽管数字支持技术提供了虚拟实验和模拟实践的机会，但仍然难以完全替代传统实际操作带来的实践体验。某些实验和实践活动可能需要学生亲身感受实际操作中的物理环境，这在远程环境下难以实现。因此，如何在数字支持的同时保留实践体验，是需要深入研究和解决的问题。

3. 交互与反馈的不足

远程实验和实践活动中，学生可能面临与教师和同学之间交互和反馈不足的问题。在传统实验中，学生能够直接向教师提问，与同学共同讨论。而在远程环境下，这种交互可能受到限制，需要通过在线工具进行。如何在远程环境中提供更丰富的交互和即时的反馈，是远程实验和实践活动需要解决的难题。

4. 学术诚信和作弊风险

远程实验和实践活动中，学术诚信和作弊问题可能变得更加突出。虽然技术手段可以用来监控实验和实践活动的过程，但在远程环境下，防范作弊依然是一个挑战。学术机构需要采取一系列措施，包括技术手段和强调学术诚信教育，来降低作弊风险。

（五）未来展望

1. 增强虚拟实验的真实感

未来，随着虚拟现实技术和增强现实技术的发展，虚拟实验将更加真实感。通过虚拟现实设备，学生可以身临其境地进行实验，感受更为真实的物理环境和实验场景。这将提高虚拟实验的效果，使之更好地替代传统实验。

2. 个性化实践体验

未来数字支持技术将更注重个性化实践体验。通过分析学生的学科特点、学习风格和实践需求，系统可以提供个性化的实践活动。不同学科、不同层次的学生将有机会获得适合自己水平和兴趣的实践体验，提高学习的有效性。

3. 全球化实践团队

远程协作平台将促进全球范围内的实践团队合作。学生可以与来自不同国家和地区的同学一同完成实际项目，共同面对实际问题。这有助于培养学生的国际化视野和跨文化合作能力。

4. 智能化交互和反馈

未来数字支持技术将更注重智能化交互和即时反馈。通过引入人工智能和机器学习技术，系统可以根据学生的实际操作情况提供智能化的引导和反馈。这将增加学生与教师、同学之间的互动，提高学习效果。

5. 强化学术诚信管理

未来需要更加强化学术诚信管理，在远程实验和实践活动中采用技术手段来预防和监控作弊。采用先进的身份验证技术、监控摄像头等设备，结合人工智能算法进行作弊检测，能够更有效地确保学术诚信。

6. 整合综合评估体系

未来，数字支持技术将更加注重整合综合评估体系。除了传统的考试成绩，学生在远程实验和实践活动中的表现也将作为评估的重要依据。学校和教育机构可以通过综合考核学生的实际操作能力、团队协作能力以及问题解决能力，形成更全面的评估结果。

7. 不断创新的教育模式

未来，远程实验与实践活动的数字支持将推动教育模式的不断创新。借助先进的技术手段，学校和教育机构可以设计更灵活、更具互动性的教育模式，以满足学生不同层次和兴趣的需求。这种创新将有助于提高远程教育的质量和吸引力。

远程实验与实践活动的数字支持为教育领域带来了巨大的变革。通过虚拟实验室、模拟实践软件、远程协作平台等技术工具的应用，学生可以在远程环境中进行更灵活、更实际的实验和实践活动。这不仅解决了传统实验和实践活动中的时间、地点和资源限制，也提高了学生的实际操作能力和问题解决能力。

然而，远程实验与实践活动的数字支持也面临着一系列挑战，包括设备和技术要求、实践体验的缺失、交互与反馈的不足以及学术诚信和作弊风险等。未来，需要不断探索和创新，采用先进技术手段来解决这些挑战，提高远程实验与实践活动的效果和质量。

在数字时代，远程实验与实践活动的数字支持将继续发展壮大，推动教育领域朝着更灵活、更智能、更全球化的方向发展。这需要学校、教育机构、科研机构等多方合作，共同努力，不断优化和创新教育模式，为学生提供更为丰富和多样化的学习体验。

第四节　实践教学的数字化支持

一、实践教学的重要性与形式

实践教学是教育过程中不可或缺的一部分，它通过将理论知识应用于实际情境，培养学生实际动手能力和解决问题的能力。实践教学不仅能够巩固学生的理论基础，更能够使他们在实际操作中理解和运用所学知识。下面将探讨实践教学的重要性以及不同形式的实践教学，以期更好地认识实践教学对学生的影响和教育的价值。

（一）实践教学的重要性

1. 理论与实践的结合

实践教学通过将理论知识与实际操作相结合，帮助学生将抽象的概念具体化。在实践中，学生能够亲身体验、感知和理解所学的知识，从而更深刻地理解学科内涵。理论与实践的结合有助于构建学生的综合认知，使他们具备更全面的学科素养。

2. 培养实际动手能力

实践教学注重学生在实际操作中培养实际动手能力。通过实际动手操作，学生能够掌握实际操作的技能，培养解决实际问题的能力。这种实际动手能力的培养对于学生未来职业发展至关重要，使他们能够更好地适应社会需求。

3. 激发学生学习兴趣

实践教学可以激发学生的学习兴趣，使他们更加主动参与学科学习。通过亲身体验和实际操作，学生能够感受到学科的魅力，增强对知识的好奇心和兴趣。这有助于提高学生学习的积极性和主动性。

4. 促进团队协作与沟通能力

在实践教学中，学生往往需要与同学共同完成实际任务，这有助于促进团队协作与沟通能力的培养。学生需要相互合作、分工合作，共同解决实际问题。这种团队协作的经验将对学生未来的职业和社交生活产生积极影响。

5. 培养问题解决能力

实践教学能够培养学生的问题解决能力。在实际操作中，学生可能面临各种挑战和问题，需要动脑思考并采取行动解决。这种培养问题解决能力的方式有助于学生形成独立思考和创新能力，提高他们应对各种复杂情境的能力。

（二）实践教学的形式

1. 实验教学

实验教学是实践教学中的一种常见形式，主要应用于自然科学、工程技术等领域。通过实验，学生能够亲自操作仪器、观察实验现象，从而理解和巩固理论知识。实验教学既可以在实验室中进行，也可以通过虚拟实验室等技术手段在计算机上进行。

2. 实习教学

实习教学是将学生送入实际工作场所，通过实际工作经验来学习和提升自己。实习教学主要应用于职业教育和专业技术领域。学生在实习中能够接触真实的工作环境，学习专业技能，了解职业要求，促使他们更好地融入职业生涯。

3. 实训教学

实训教学是通过专门设计的实际操作训练来培养学生的实际技能。与实验教学不同，实训更注重学生的实际动手能力和技能培养。实训通常在模拟的实际工作环境中进行，例如模拟工厂、模拟医院等。这种形式的实践教学更加贴近实际职业要求，能够更好地满足学生的实际需求。

4. 社会实践

社会实践是通过参与社会活动来获取实际经验和知识。这种形式的实践教学强调学生在社会中的角色和责任，包括社会服务、社会调查、社会实践活动等。社会实践使学生能够更好地理解社会现象，增强社会责任感和社会参与意识。

5. 项目实践

项目实践是通过实际的项目来进行实践教学。学生需要在项目中解决实际问题，完成项目目标。这种形式注重学生在项目管理、团队协作、问题解决等方面的能力培养。项目实践可以在学科课程中进行，也可以是跨学科的项目，更加贴近实际应用场景。

6. 创新创业实践

创新创业实践是一种注重培养学生创新能力和创业思维的实践形式。通过参与创新项目或创业活动，学生能够在实际操作中锻炼创新意识、团队协作能力和商业思维。这种形式的实践教学有助于培养学生未来创业和创新发展的潜力。

（三）实践教学的有效实施

1. 明确实践目标与任务

在进行实践教学时，首先需要明确实践的教学目标和任务。明确目标有助于教师有针对性地设计实践活动，使学生能够达到预期的实践效果。教学任务应当具体明确，使学生清楚实践活动中需要完成的任务和目标。

2. 结合课程理论知识

实践教学不是简单的动手操作，而是要结合相关的课程理论知识。在实践教学中，理论知识和实际操作相辅相成，相互贯通。教师应当引导学生将所学的理论知识应用于实际操作中，通过实践加深对理论的理解。

3. 提供适当的指导与支持

在实践教学中，教师的指导与支持起着关键作用。教师需要为学生提供必要的指导，包括实践操作技能的培训、解决实际问题的方法与思路等。及时的指导与支持有助于学生更好地完成实践任务，确保实践教学的顺利进行。

4. 鼓励学生独立思考与创新

实践教学应该注重培养学生的独立思考和创新能力。在实践活动中，教师可以引导学生提出问题、寻找解决方案，激发他们的创新意识。通过鼓励学生自主思考和实践，培养他们的问题解决和创新思维。

5. 建立有效的评价体系

为了确保实践教学的有效性，需要建立科学合理的评价体系。评价体系应该包括实践操作的技能水平、问题解决能力、团队协作能力等多个方面。通过多角度的评价，能够更全面地了解学生在实践教学中的表现，为他们提供个性化的反馈和指导。

6. 利用先进技术手段

现代技术手段的应用有助于提升实践教学的效果。虚拟实验室、模拟软件、在线实训系统等先进技术可以为学生提供更丰富的实践体验。同时，利用在线平台和互联网资源，可以拓宽实践教学的场景，使学生能够获得更广泛的实践机会。

（四）实践教学面临的挑战与对策

1. 资源不足

实践教学所需的设备、场地、材料等资源可能受到限制，特别是在一些学校或地区。为解决这一挑战，学校可以通过合理规划实践教学资源，利用现代技术手段进行虚拟实践教学，寻求与企业合作，共享实践资源。

2. 时间安排难题

学校的教学时间通常有限，如何更好地安排实践教学成为一个难题。学校可以将实践教学融入到相关课程中，通过紧凑而有效的安排，使学生能够在有限的时间内完成实践任务。

3. 学科特点不同

不同学科的实践教学可能面临不同的挑战，因为各学科有其特殊的实践需求。解决这一问题需要学校根据学科特点，制订差异化的实践教学方案，量身定制适合各学科的实践教学模式。

4. 学生兴趣参与度不一

由于学生个体差异，对实践教学的兴趣和参与度有差异。教师可以通过设计富有趣味性的实践活动、提供多样化的实践机会、引导学生探索兴趣点等方式，提高学生对实践教学的积极性。

5. 评价标准难以确定

实践教学的评价标准可能相对灵活，难以确定一个统一的标准。学校可以制定明确的实践教学评价标准，包括实际技能水平、问题解决能力、创新能力等多个方面。同时，注重多元化的评价方式，综合考查学生在实践教学中的表现。

实践教学作为教育的重要组成部分，对学生的综合素质和职业能力的培养具有重要作用。通过实际操作、实践体验，学生能够更全面地理解和掌握所学知识，并培养解决实际问题的能力。不同形式的实践教学，如实验教学、实习教学、实训教学等，能够满足学生在不同领域和专业的实践需求，促使其更好地适应未来的职业发展。

在实践教学的过程中，学校和教育机构需要克服一系列的挑战，包括资源不足、时间安排难题、学科特点不同等。通过合理规划和利用先进技术手段，可以有效应对这些挑战，提高实践教学的效果。同时，建立科学合理的评价体系，注重学生独立思考和创新能力的培养，也是实践教学成功实施的关键。

在未来，实践教学将继续发挥重要作用，随着科技的发展和教育模式的不断创新，实践教学的形式和内容也将不断拓展和完善。学校、教育机构和教师需要不断调整和改进实践教学方案，以更好地满足学生的实际需求，培养更具实际操作能力和创新能力的人才。

总体而言，实践教学不仅是理论知识的延伸，更是学生综合素质和职业能力的锤炼之地。通过实践，学生能够在实际操作中不断成长，为未来的职业生涯打下坚实基础。因此，学校和教育机构应当高度重视实践教学，不断改进和创新，使其成为教育体系中不可或缺的重要组成部分。

二、虚拟实验室与数字化实践工具

随着科技的不断进步，虚拟实验室和数字化实践工具逐渐成为教育领域的热点话题。这些工具的发展与应用为教学提供了新的可能性，为学生提供了更为灵活、便捷的实践体验。下面将探讨虚拟实验室和数字化实践工具的发展历程、应用领域，以及它们在教育中的意义和挑战。

（一）虚拟实验室的发展与特点

虚拟实验室是指通过计算机技术模拟真实实验过程，使学生能够在虚拟环境中进行实验操作。虚拟实验室的概念最早在 20 世纪 80 年代出现，随着计算机技术的不断发展，虚拟实验室逐渐成为实验教学的一种重要形式。虚拟实验室具有实时性和互动性，学生可以在虚拟实验室中实时进行实验操作，并与虚拟环境互动。这种实时性和互动性使学生能够更灵活地探索实验过程，提高实验的效果。同时，虚拟实验室消除了传统实验中可能存在的安全隐患，学生可以在虚拟环境中进行实验操作而无需担心事故风险。此外，虚拟实验室具有可控性，教师可以根据学生的学科水平和实验目的进行调整和定制。虚拟实验室可以突破时间和空间的限制，学生可以随时随地进行实验操作，无须受到实验室开放时间和地点的限制。这为学生提供了更为便捷的学习体验。虚拟实验室可以模拟各种实验场景，涵盖多个学科领域，包括物理、化学、生物等。学生可以通过虚拟实验室体验到传统实验中难以获得的实验场景，丰富了实验内容。

（二）数字化实践工具的发展与特点

数字化实践工具是指利用数字技术，将实际实践过程数字化，通过计算机软硬件设备进行模拟和呈现的工具。随着信息技术的迅速发展，数字化实践工具在教育中得到广泛应用。其发展历程与虚拟实验室有相似之处，但数字化实践工具更广泛地包括模拟软件、在线实训系统、互动模拟等。数字化实践工具具有互动性和个性化，通常具有互动性，学生可以根据自己的学习进度和兴趣进行实践操作。同时，一些工具还支持个性化定制，根据学生的水平和需求进行差异化的教学。数字化实践工具可以通过多种媒体形式呈现实践过程，包括文字、图像、声音、视频等。这种多模态的呈现方式有助于学生全面理解实践内容，满足不同学习风格的需求。许多数字化实践工具具有实时反馈和评估功能，能够及时提供学生实践操作的结果和评价。这种实时反馈有助于学生及时调整学习策略，提高学习效果。数字化实践工具通常具有跨平台的特点，可以在不同设备上使用，包括计算机、平板、手机等。同时，许多工具支持在线使用，学生可以通过互联网随时随地进行实践操作。

（三）虚拟实验室与数字化实践工具的应用领域

虚拟实验室和数字化实践工具在教育领域中得到广泛应用。教师可以通过这些工具设计更富有趣味性和灵活性的实践教学，提高学生对知识的理解和应用能力。特别是在远程教育和在线教学模式下，这些工具可以弥补传统实验教学的不足，使学生在家也能够进行实践操作。在科研领域，虚拟实验室和数字化实践工具为科研人员提供了模拟和实验的平台。研究人员可以通过这些工具在计算机上模拟实验，测试假设，分析数据，而无需实际物理实验室的设备和资源。这样，科研人员能够更迅速、灵活地进行实验设计，提高研究的效率。在工业领域，虚拟实验室和数字化实践工具也发挥着重要作用。例如，工程师可以使用虚拟仿真工具来测试产品的性能，优化设计，预测在真实环境中的行为。这种虚拟实践可以降低实验成本，提高产品研发的效率和质量。在医学和生物科学领域，虚拟实验室和数字化实践工具为医学生和生物学研究人员提供了模拟解剖、生物实验等方面的学习和实践机会。这对于学生学习人体结构、医学手术等具有重要意义，同时在研究方面，可以进行生物信息学分析、分子模拟等数字化实验。

（四）虚拟实验室与数字化实践工具在教育中的意义

虚拟实验室和数字化实践工具的应用可以有效提高实践操作的安全性。在一些实验中存在一定的风险和危险性，使用虚拟环境进行实验可以避免潜在的伤害和事故。尤其对于初学者或缺乏实践经验的学生来说，这种安全性的提升尤为重要。一些学校或地区可能受到实验室设备、场地、材料等方面资源的限制，难以为学生提供充足的实践机会。虚拟实验室和数字化实践工具能够弥补这些资源不足的问题，让学生在计算机上进行实验操作，获得更为丰富的实践体验。通过虚拟实验室和数字化实践工具，学生可以更深入、更全面地理解和掌握相关学科知识。这种实践操作的深度学习有助于提升学生的学科素养，使其在实际应用中更加熟练地运用所学知识。虚拟实验室和数字化实践工具通常具有互动性和个性化的特点，能够促进学生的自主学习。学生可以根据自己的学习需求和进度，选择适合自己的实验内容，自主探索和学习。这有助于培养学生的学习主动性和独立思考能力。随着远程教育和在线学习的兴起，虚拟实验室和数字化实践工具成为适应这一趋势的重要工具。学生可以在家中通过计算机进行实验操作，不再受到地理位置和时间的限制。这为教育的全球化提供了可能性，使学生能够更广泛地获取实践经验。

（五）虚拟实验室与数字化实践工具面临的挑战

虚拟实验室和数字化实践工具的应用通常需要一定的技术水平和相应的设备。一些学校或地区可能存在技术条件和设备水平的不足，难以顺利实施这些工具。解决这一挑战需要提高师资队伍的技术水平，加大对教育技术设备的投入。虽然虚拟实验室和数字化实践工具能够模拟实际实验过程，但其真实性仍然受到一定的限制。一些实验中可能存在难以完全模拟的情境，学生在虚拟环境中获得的实践经验有时难以与真实实验媲美。这需要工具提供商和教育机构不断改进和优化虚拟环境的真实性。虚拟实验室和数字化实践工具的应用，需要建立相应的评价体系来评估学生的实践操作水平。然而，由于实践内容的多样性和灵活性，建立科学合理的评价标准可能面临一定的挑战。教育机构需要通过研究和实践，建立起适应虚拟实验室和数字化实践工具的评价标准。不同学科领域的实践需求和操作方式存在差异，虚拟实验室和数字化实践工具难以完全满足所有学科的要求。一些学科可能更适合实际实验室的实践，而一些学科则更容易通过虚拟环境进行模拟实验。因此，教育机构需要因材施教，根据不同学科的特点和需求选择合适的实践工具。在虚拟实验室和数字化实践工具中，学生的主动参与度对于实践效果至关重要。然而，一些学生可能面临缺乏自律性、对虚拟环境不感兴趣等问题，导致参与度不高。为了解决这一挑战，教育者可以设计更具吸引力的实践任务，提供实时反馈和奖励机制，激发学生的学习兴趣和动力。

虚拟实验室和数字化实践工具的发展与应用在教育领域带来了许多积极的变革。它们提高了实践操作的安全性，弥补了实验资源不足的问题，促进了学生学科素养的提升，适应了远程教育和在线学习的趋势。然而，面临的挑战也需要我们认真对待，不断改进和创新。未来，虚拟实验室和数字化实践工具有望在更多领域得到应用，为学生提供更为灵活、便捷、安全的实践体验。同时，随着技术的进步和教育理念的不断演进，这些工具将不断演化和完善，更好地满足教育的需求，为学生的全面发展和职业素养的培养做出更大的贡献。

三、实习实训管理的数字化创新

实习实训是高等教育中不可或缺的一环，它为学生提供了融合理论知识与实际操作的机会，培养了学生的实际能力和解决问题的技能。然而，传统的实习实训管理面临诸多挑战，包括信息传递不畅、管理效率低下等问题。随着数字化技术的迅速发展，数字化创新逐渐成为提升实习实训管理效能的重要手段。下面将探讨实习实训管理数字化创新的发展历程、应用领域以及其在教育中的意义。

（一）实习实训管理数字化创新的发展历程

1. 信息化时代的背景

随着信息技术的不断进步，信息化时代为各行各业提供了数字化转型的机遇。在教育领域，高校实习实训管理也面临新的机遇与挑战。数字化技术的崛起，尤其是云计算、大数据、人工智能等技术的应用，为实习实训管理带来了新的思路和方法。

2. 数字化创新的发展趋势

数字化创新在实习实训管理中的应用呈现多个发展趋势。

（1）云端服务与平台化

通过建立云端服务和平台化的实习实训管理系统，学校可以更方便地管理实习实训资源、发布信息、与企业进行合作。这种方式不仅提高了信息的共享和传递效率，也方便学生和企业的互动。

（2）大数据分析与挖掘

借助大数据技术，学校可以对实习实训的数据进行深度分析和挖掘。通过分析学生在实习实训中的表现、企业的需求等数据，学校可以更好地调整实训计划，提高实训效果。

（3）虚拟实境与远程实训

虚拟实境技术可以模拟真实实训场景，使学生在虚拟环境中获得更真实的实践经验。同时，远程实训技术可以让学生通过互联网参与实训，克服地理距离的限制，扩大实训的范围。

（4）人工智能辅助管理

人工智能技术在实习实训管理中的应用，可以通过智能化的系统协助教师进行实训计划的制定、学生表现的评估等。这有助于提高管理效率，减轻教师的工作负担。

（二）实习实训管理数字化创新的应用领域

1. 实习计划与资源管理

数字化创新可以帮助学校更好地进行实习计划和资源的管理。通过建立数字化的实习计划平台，教育机构可以清晰地制定实习计划、管理实习资源，确保每个学生都能参与到有针对性的实习中。

2. 学生信息管理与跟踪

数字化创新使得学校可以更方便地进行学生信息的管理与跟踪。通过建立学生信息数据库，学校可以随时获取学生的实习情况、成绩、反馈等信息，为学生提供个性化的辅导与支持。

3. 企业合作与沟通

数字化创新为学校与企业之间的合作提供了便捷的方式。建立数字化的合作平台，学校可以更轻松地与企业沟通，发布实习需求，了解企业对实习生的要求，建立起更加紧密的校企合作关系。

4. 实训内容与评价体系

数字化创新可以帮助学校更灵活地设计实训内容和建立评价体系。通过数字化平台，可以提供多样化的实训内容，满足不同专业、不同层次学生的需求。同时，建立科学合理的评价体系，更全面地评估学生在实习实训中的表现。

5. 实时反馈与改进机制

数字化创新可以实现对实习实训过程的实时监控与反馈。学校可以通过数字化平台收集学生和企业的反馈信息，及时发现问题并进行改进。这种实时反馈机制有助于提高实习实训的质量。

（三）实习实训管理数字化创新在教育中的意义

1. 提高管理效率

传统的实习实训管理通常依赖于纸质文件和手工操作，效率较低。而数字化创新可以大大提高管理效率，实现信息的快速传递、学生信息的实时管理、实训计划的智能调整等功能，减轻了教育机构和教师的管理负担，使其更专注于实际教学和学生指导。

2. 提升学生体验和参与度

数字化创新在实习实训管理中为学生提供了更好的体验和参与度。学生可以通过数字平台更方便地获取实习信息、提交实习报告、参与实训评价等，使整个实习实训过程更加流畅和便捷。这有助于激发学生的学习兴趣和积极性，提升其对实习实训的参与度。

3. 个性化辅导与支持

数字化创新可以为实习实训提供个性化的辅导与支持。通过对学生实习表现的数据分析，教师可以更准确地了解学生的实际水平和需求，为其提供个性化的指导。同时，学生也可以通过数字平台及时获取反馈，主动调整学习策略，提高实际操作能力。

4. 拓展实训资源和机会

数字化创新使得实习实训管理能够更灵活地拓展实训资源和机会。通过数字平台，学校可以与更多的企业建立合作关系，拓展实训的领域和深度。同时，利用虚拟实境和远程实训技术，学生可以参与更多种类的实训，不再受限于地理位置和实际设备。

5. 促进校企合作的深化

数字化创新加强了学校与企业之间的沟通与合作。通过数字平台，学校能够更迅速地了解企业的实习需求，企业也可以方便地获取学校学生的实习情况。这有助于深化校企合作，使教育培养更符合企业实际需求的人才。

（四）实习实训管理数字化创新面临的挑战

1. 技术设备水平的不平衡

数字化创新在不同地区、不同学校之间存在技术设备水平的不平衡。一些学校可能因为设备老化或资金不足，无法及时跟进数字化创新的步伐。解决这一问题需要政府、学校和企业共同合作，加大对数字化设备的投入，提升整体水平。

2. 信息安全和隐私保护

随着数字化创新的推进，信息安全和隐私保护成为一个不可忽视的问题。学校和企业在数字平台上存储了大量学生和企业的信息，一旦泄露将带来严重的后果。因此，建立健全的信息安全和隐私保护机制成为数字化创新亟须解决的问题。

3. 教师培训和技能提升

数字化创新需要教师具备相应的技术水平和管理能力。然而，一些教师可能缺乏相关培训，不了解如何有效地利用数字化工具进行实习实训管理。学校需要加强对教师的培训，提高其数字化创新的意识和能力。

4. 平台标准的制定和整合

随着数字化创新的发展，涌现了许多不同的实习实训管理平台，但它们之间缺乏统一的标准和整合。这导致了不同平台之间的信息孤岛和资源浪费。建立统一的平台标准，推动各方面资源的整合，是数字化创新需要解决的难题。

（五）未来展望与发展方向

1. 深化实习实训虚拟化与智能化

未来，随着虚拟现实技术和人工智能的发展，可以预见实习实训将更加虚拟化和智能化。通过虚拟现实技术，学生可以在虚拟环境中进行更真实的实习操作；而人工智能将为实训管理提供更智能、个性化的解决方案。

2. 推动校企合作的深度融合

数字化创新将继续推动校企合作的深度融合。学校与企业将更紧密地合作，通过数字平台实现更高效的信息共享、更精准的实习需求匹配，使实习实训更加贴合企业实际需求。

3. 强化学生综合素质的培养

数字化创新有望促使实习实训更加注重学生综合素质的培养。通过数字平台，可以更全面地评估学生在实际操作能力、沟通协作能力、创新能力等方面的表现，从而培养更具备综合素质的人才。

4. 加强国际化实习实训交流

数字化创新为实习实训的国际化提供了更多可能。学校可以通过数字平台与国际企业、高校建立更紧密的联系，促进国际实习实训资源的共享与交流。这有助于学生更全面地了解国际实践经验，提升其国际竞争力。

5. 推进实习实训管理的数字生态建设

未来的发展方向还包括推进实习实训管理的数字生态建设。这意味着构建一个全方位、多层次、多元化的数字化体系，整合各类资源，形成数字化创新在实习实训中的全面应用。数字生态建设不仅包括技术层面的创新，还涉及教育理念、管理模式等多方面的协同发展。

实习实训管理的数字化创新是教育领域面临的一项重要变革。数字化技术的应用不仅提高了实习实训管理的效率，也拓展了实训的范围和方式，为学生提供了更为灵活、个性化的学习体验。然而，数字化创新仍然面临一系列挑战，需要各方共同努力解决。未来，随着技术的不断进步和教育理念的不断演进，实习实训管理的数字化创新将迎来更广阔的发展空间，为培养更具实际能力的人才做出更大的贡献。

第五节　个性化教育与智能化学习系统

一、个性化教育的理念与原则

个性化教育是一种关注学生个体差异，根据其兴趣、能力、学习风格和需求量身定制的教育模式。在传统教育模式中，学生往往被视为一个整体，接受相同的教学内容和教学方式。然而，随着教育理念的不断发展和技术的进步，个性化教育逐渐引起了广泛的关注。下面将深入探讨个性化教育的理念，分析其核心原则，以及在实践中的具体应用。

（一）个性化教育的理念

个性化教育的核心理念之一是关注学生个体差异。每个学生都是独特的个体，拥有不同的兴趣、学习风格、认知水平和学科优势。个性化教育致力于认识并充分利用这些差异，以更好地满足学生的学习需求。个性化教育强调学生的参与和自主学习。学生在学习过程中不仅是知识的接收者，更是学习的主体。通过提供个性化的学习资源和任务，鼓励学生发挥主动性，培养其自主学习的能力。个性化教育的理念之一是创造灵活的学习环境。传统的课堂教学可能无法满足所有学生的需求，而个性化教育通过创造不同形式的学习环境，如小组学习、项目学习、实践性任务等，让学生有更多的选择和自由度。个性化教育提倡因材施教，即根据学生的个体特点和学科特性，采用不同的教学策略和方法。这包括了对学生的认知水平、学科兴趣、学科优势等方面的综合考量，为每个学生量身定制最适合的学习路径。

（二）个性化教育的核心原则

个性化教育的核心原则之一是个体差异性原则。这意味着教育者需要充分认识到学生在认知、兴趣、学科水平等方面存在差异，不同的学生需要不同的教学方式和支持。因材施教原则是个性化教育的基石。根据学生的特点，提供个性化的学习资源和任务，使每个学生都能在适合自己水平的情境中学习。这需要教育者有深入地了解学生的个体差异，并制定相应的教学计划。个性化教育倡导自主学习，即学生能够主动参与到学习过程中，根据自己的兴趣和需求选择学习内容、学习方式和学习时间。这需要在教育中培养学生的学习动机和自主学习的能力。实践性学习原则强调学生通过实际操作和实践活动来获取知识和技能。通过实践性的学习，学生能够更深入地理解和应用所学知识，提高学习的实效性。个性化教育强调持续反馈，即对学生的学习过程进行及时、个性化的评价和反馈。这有助于学生了解自己的学习状态，及时调整学习策略，促进学习的有效进行。

（三）个性化教育的实践应用

制定个性化学习计划是个性化教育的具体实践。教育者可以通过了解学生的学科水平、学科兴趣、学习风格等方面的信息，为每个学生制定一份符合其需求的学习计划。这包括选择适当的学习资源、设计合适的学习任务和评价方式。个性化教育通常采用项目化学习的方式。通过将知识融入到具体的项目中，学生能够在实际问题中应用所学知识，培养解决问题的能力。项目化学习能够根据学生的兴趣和特长进行设计，激发学生的学习兴趣。分层教学是个性化教育的一种常见实践方式。在同一堂课上，教育者可以根据学生的学科水平，将学生分为不同层次，为每个层次设计相应难度的任务。这样可以确保每个学生在适合自己水平的情境中学习，避免了学生因学科差异过大而感到无法跟上教学进度的困扰。利用个性化教学资源是实施个性化教育的有效途径。这包括在线学习平台、数字化教材、学科资源库等。教育者可以根据学生的需求选择合适的教学资源，为其提供更加个性化的学习体验。借助技术工具，实现个性化教学变得更为可行。通过学习管理系统、人工智能辅助教学等技术手段，教育者可以更好地了解学生的学习情况，根据学生的反馈和表现调整教学策略，提供更符合学生需求的教学服务。

（四）个性化教育的优势与挑战

个性化教育能够根据学生的兴趣和需求定制学习计划，激发学生的学习积极性。学生在学习过程中感到兴奋和投入，更容易保持学习动力。因材施教的原则使得学生能够更加集中精力发展自己擅长的学科。个性化教育提供了更多的学科选择和深入研究的机会，有利于学生更好地发展自己的学科优势。个性化教育强调学生的参与和自主学习，通过实践性学习和灵活的学习环境，能够更好地促进知识的消化和应用，提高学习效果。个性化教育注重培养学生的自主学习能力，使其具备终身学习的意识和能力。学生在个性化教育中培养了解决问题的能力，更容易适应未来不断变化的社会和工作环境。

实施个性化教育需要充足的教育资源，包括教育技术、师资力量、教材等。然而，一些地区和学校由于资源不足，可能难以提供足够的支持，导致个性化教育的实施面临困难。实施个性化教育需要教育者具备更丰富的知识和技能，包括对个性化教学理念的理解、技术工具的应用等。教育者的培训需求成为个性化教育推广的一个挑战。个性化教育要求教育者更好地管理学生的差异性，需要更加细致的教学设计和管理策略。对学生个体差异的了解和应对，是个性化教育实践中的一个重要挑战。传统的评价体系往往难以适应个性化教育的需求。如何建立符合个性化教育理念的评价体系，既能全面评价学生的发展，又能反映个体差异，是一个需要面对的挑战。

二、智能化学习系统的架构与功能

随着信息技术的飞速发展，智能化学习系统在教育领域得到了广泛应用。这种系统通过整合先进的技术，如人工智能、大数据分析和机器学习，旨在提供更个性化、智能化的学习体验。下面将深入探讨智能化学习系统的架构和功能，探讨其在教育中的作用和潜在的发展方向。

（一）智能化学习系统的架构

智能化学习系统的架构包括五个主要层次：用户界面层、应用服务层、业务逻辑层、数据管理层和基础设施层。用户界面层是智能化学习系统的外部表现，直接与学生、教师和管理员等用户交互，设计符合人机工程学原理，确保用户友好的交互体验。应用服务层是系统的核心，负责实现如学习内容管理、个性化推荐、学习分析、在线测评和作业管理等功能，通过对学生行为和学习数据的分析，为其提供个性化的学习建议和资源。业务逻辑层则连接用户界面层和应用服务层，处理用户请求、转发数据并控制系统的运行流程，需具备灵活性和可扩展性以适应系统功能的不断升级。数据管理层用于存储和管理包括学生个人信息、学习历史、学科知识库和教材资源等数据，确保数据安全性和可靠性。而基础设施层则提供系统运行所需的支持，如服务器、网络设备和存储设备，保障系统的稳定性、高可用性和安全性。

（二）智能化学习系统的功能

智能化学习系统具有多项功能，其中包括学习内容管理、个性化推荐、学习分析与评估、在线测评和作业管理、社交学习和协作功能、教师管理和辅助教学以及移动学习支持。学习内容管理是系统的基础功能，系统通过学科知识库和教材资源管理多种形式的学习材料，如文字、图片和视频，以满足不同学生的学习需求。个性化推荐系统则利用大数据和机器学习技术，根据学生的学科水平、兴趣和学习历史，为其推荐适合的学习内容和路径，提升学习效果。学习分析模块通过实时分析学生的学习行为，生成学习分析报告，以帮助教师和学生调整学习计划和教学策略，系统还能自动评估学生的学业成绩，提供个性化建议。在线测评和作业管理功能允许教师设计并自动批改在线测验和作业，系统则根据学生的答题情况分析其薄弱环节，为个性化教学提供支持。社交学习和协作功能使学生能够在系统中建立学习群组，共享资源、讨论问题，培养团队协作精神和交际能力。系统还为教师提供了学生信息管理、课程计划设计和学习进度监控的功能，同时提供智能辅助教学工具，支持个性化教学。随着移动互联网的普及，系统通常还提供移动学习支持，学生和教师可以通过移动设备随时随地访问学习内容、进行在线测评和参与协作学习。

（三）智能化学习系统的应用场景

智能化学习系统广泛应用于学校教育、企业培训、在线教育平台和自主学习辅助等场景。在学校教育中，学生通过系统完成课堂作业和在线测验，教师可以灵活地进行学科教学和评估，个性化推荐系统帮助学生选择适合其水平和兴趣的内容，提升学习效果。企业培训中，系统根据员工的职业需求和培训计划，提供个性化的培训课程和教材，通过在线测评和作业管理功能评估员工的学习成果，社交学习和协作功能则促进员工间的合作和知识分享。

在线教育平台集成大量学科资源，提供多样化的课程选择，学生可以自主学习，系统根据其学习行为和表现提供个性化推荐，打造定制化学习路径。对于自主学习者，智能化学习系统是有力的辅助工具，学生可根据自身学习计划和兴趣随时学习和巩固学科知识，系统帮助发现更多有益的学习资源并提供针对性建议。

（四）智能化学习系统的发展趋势

智能化学习系统未来的发展趋势包括个性化推荐的进一步优化、深度学习技术的应用、虚拟现实（VR）和增强现实（AR）的融合、学习分析的精细化以及自适应性学习路径设计。未来，随着人工智能和机器学习技术的发展，系统将更智能和精准地理解学生的学科偏好、学习习惯和认知水平，提供更符合个体需求的学习内容。深度学习技术的应用将使系统更好地模拟人类学习过程，实现复杂知识和技能的深层理解和推断，增强系统的智能化水平。虚拟现实和增强现实技术的融合将创造更沉浸式的互动学习体验，学生可以通过虚拟现实体验实际场景，增强对学科知识的理解，增强现实则提供实时辅助信息和互动体验。学习分析技术将更加精细化，系统能够更准确地识别学生的学习偏好、难点和潜在问题，为教师和学生提供更有针对性的反馈和支持。最后，自适应性学习路径设计将动态调整学习路径，确保学生在适合自己水平的情境中学习，从而提高学习效果。

智能化学习系统作为教育领域中的重要技术创新，通过整合人工智能、大数据分析和机器学习等先进技术，为学生提供个性化、智能化的学习体验。系统的架构涵盖了多个层次，共同构建了一个完整的系统，其功能多样，应用广泛，且随着技术的发展，未来的智能化学习系统将进一步提升其智能水平和教学效果，为学生提供更为优质的学习体验。

三、数据驱动的个性化教学实践

随着信息技术的迅速发展，教育领域不断探索如何利用数据科学和技术来提升教学效果，数据驱动的个性化教学成为教育创新的重要方向之一。个性化教学强调根据每个学生的独特需求和学习风格，提供定制化的学习体验。这一理念认为学生在知识掌握、学科兴趣、学习速度等方面存在差异，因此教学应该根据个体差异进行调整，以满足每个学生的学习需求。数据驱动的个性化教学是在此理念的基础上，通过收集、分析学生学习过程和表现的数据，借助先进的技术手段，如大数据分析、机器学习等，为教学决策提供科学依据，实现更精准、有效的个性化教育。

数据驱动个性化教学的实施涉及多个步骤，首先是学生数据的收集。个性化教学的第一步是通过学习管理系统、在线测评、学生问卷调查等途径，收集学生的学科水平、学习风格、学科兴趣、学习历史、作业表现等相关数据。这些数据为后续的分析和个性化教学计划的制定提供了基础。其次是收集到的学生数据需要进行深度分析和挖掘。这包括对学生学习行为、学科知识点掌握情况、学科兴趣偏好等方面的数据进行统计分析和模式挖掘，并进一步借助数据科学工具和技术，如统计分析软件、机器学习算法等，提取有价值的信息。在此基础上，教师可以制定个性化的教学计划，调整教学内容的难易程度，选择适合学生兴趣的学科资源，设计个性化的学习路径。通过数据驱动，教师能够更好地理解学生的学习需求，为其提供更有针对性的教学服务。个性化教学计划的实施是数据驱动个性化教学的关键环节，教师可以通过分层教学、个别辅导、项目化学习等不同的教学策略，根据学生的差异性进行有针对性的教学，确保在同一班级内，不同水平和兴趣的学生都能获得不同的学习体验。

数据驱动的个性化教学具有诸多优势。首先，教师可以通过学生的学习历史、作业表现等数据，更准确地评估学生的学科水平和知识掌握情况，为个性化教学提供科学的依据。其次，通过分析学生的学科兴趣偏好，教师能够选择更符合学生兴趣的学科资源和教学内容，进而提高学生对学科的兴趣和参与度。此外，数据驱动的个性化教学更好地解决了学生个体差异的问题，使每个学生都能在适合自己水平和兴趣的情境中学习，有效提升学习动力和教学效果。

然而，数据驱动的个性化教学也面临一些挑战。首先，在收集和使用学生个人数据的过程中，数据隐私和安全问题是一个值得关注的挑战。教育机构和教师需要确保学生数据的合法性、安全性和隐私性，避免数据泄露和滥用。其次，实施数据驱动的个性化教学需要教师具备一定的数据分析和技术应用能力，然而许多教师可能缺乏相关的培训和技术支持，面临应用新技术的难题。因此，教育机构需要加强对教师的培训，提升其数据科学和技术运用水平，以更好地应对个性化教学的挑战。此外，数据驱动的个性化教学离不开先进的技术基础设施，包括学校网络、数据存储和处理系统等。一些教育机构可能面临技术设施不足、老旧设备的更新等问题，需要加大投入来提升技术基础设施，确保数据驱动个性化教学的平稳运行。最后，尽管数据驱动的个性化教学有助于提升学生学习效果，但学生和家长对于个人数据的收集和使用可能存在疑虑。教育机构需要通过信息透明、合法合规的数据收集方式，提高学生和家长对于个性化教学的接受度，建立信任关系。

第六节　专业交叉与综合实践的数字化促进

一、专业交叉的意义与实施

在当前知识爆炸和科技飞速发展的背景下，传统的学科划分逐渐显得不够灵活和适应变化。作为一种跨越学科界限的学术和实践方式，专业交叉（Interdisciplinarity）正变得愈发重要。它不仅促进了知识的交融，还推动了创新与发现，帮助解决日益复杂的问题，并培养了适应未来社会需求的综合型人才。

（一）专业交叉的意义

专业交叉拓展了知识的边界。通过打破学科之间的界限，专业交叉促使不同领域的知识交流和整合，带来知识互补的效果。例如，环境科学与社会学的结合，能够提供更全面的视角来应对气候变化等全球性问题。此外，专业交叉还能激发创新与发现。将不同学科的专业知识和技能融合在一起，往往能够产生新的思维方式和方法，从而推动科技、文化和社会的发展。一个典型的例子是计算机科学与心理学的结合，在人工智能和人机交互领域取得了重要的突破。除此之外，专业交叉在解决复杂问题方面展现出巨大的潜力。单一学科往往难以应对涉及多个方面的复杂问题，而专业交叉能够促使不同领域的专业人才能够协同工作，共同应对挑战，提供更为综合和可行的解决方案。例如，在医学与工程的结合中，医疗器械的开发就受益于两者的融合。更为重要的是，专业交叉培养了跨领域的综合人才。现代社会对综合型人才的需求日益增长，专业交叉的教育和培养模式让学生具备跨学科的综合能力，更好地适应未来社会和职业发展的需要。此外，专业交叉还促进了学科的交融，形成了更加紧密和有机的学科网络，从而推动学科发展的整体提升。

（二）专业交叉的实施方式

专业交叉的实施方式多种多样。首先，机构可以设立专门的跨学科研究中心，聚集来自不同学科领域的研究人员，开展合作研究项目。这样的中心可以成为知识和经验的交流平台，推动专业交叉的实践。其次，在教育领域，推动跨学科课程的设计和开设，让学生在学习过程中接触和理解不同学科的思维方式和方法，培养跨学科思维也是有效的方式之一。此外，在科研项目中组建跨学科的研究团队，邀请不同学科领域的专家共同参与，通过跨学科团队的协作，可以更全面地解决问题，推动创新和发展。同时，学术界还可以鼓励学者跨学科领域的交流与合作，如参与不同学科领域的国际学术会议、出版跨学科研究成果等，促进学科之间的融合与交流。最后，学校和企业可以共同推动跨学科创新实践项目，通过将工程、科技、艺术等不同学科领域的专业人才汇聚在一起，解决实际问题，推动产学研结合。

（三）专业交叉的挑战

尽管专业交叉有诸多优势，但在实践中也面临着诸多挑战。首先，学科壁垒与传统观念是专业交叉面临的主要挑战之一。在学术界和教育系统中，依然存在对于学科边界的固有观念，这使得一些学者和教育者对专业交叉产生抵触情绪。其次，学术界的评价和奖励体系往往更偏向于单一学科的研究成果，在这样的体系下，跨学科研究和合作可能受到冷遇，学者可能更倾向于专注于传统学科的研究以获取更高的评价和奖励。此外，资源分配不均也是专业交叉的一个挑战，跨学科研究往往需要更多的人力、物力和财力，但在一些学术机构和项目中，专业交叉可能因为资源有限而受到限制。再者，不同学科领域的专业术语和研究方法的差异可能导致沟通和合作的难度。在跨学科团队中，有效的沟通和协作对于取得成功至关重要，但在实际操作中可能会面临语言障碍和理解差异的问题。最后，学科交叉的持续性需要长期的投入和持续的努力，而这在一些项目或机构中可能难以实现，持续性的学科交叉合作需要对跨学科团队的支持和鼓励，以及长期的组织承诺。

总的来说，专业交叉作为一种能够拓展知识边界、促进创新与发现、解决复杂问题的学术和实践方式，具有重要的意义。实施专业交叉需要采取一系列有效的方式，包括设立跨学科研究中心、推动跨学科课程设计、组建跨学科研究团队等。然而，专业交叉也面临着学科壁垒、学科评价与奖励体系、资源分配不均等一系列挑战。通过成功案例的分析，可以看到专业交叉在医学与工程、计算机科学与心理学、环境科学与社会学等领域取得了显著成果。未来，专业交叉将在跨学科教育的推广、跨学科研究的深入、跨学科团队的协作模式、技术和信息的支持等方面迎来新的发展趋势。通过不断探索和实践，专业交叉将更好地满足社会对于综合性人才和解决复杂问题的需求。

二、跨学科合作与数字技术整合

在当今社会，随着科技的飞速发展，数字技术已经深刻影响了各个领域，包括教育、科研、产业等。跨学科合作作为一种促使不同学科领域之间互动的方式，与数字技术的整合相辅相成。

（一）跨学科合作的意义

1. 拓宽知识视野

跨学科合作能够打破传统学科的界限，使得不同学科领域的专业人才能够共同参与问题的解决。这有助于拓展个体的知识视野，使其能够更全面地理解和处理复杂的问题。

2. 促进创新与发展

跨学科合作为不同领域的专业人才提供了共同的平台，有助于促进创新和发现。通过结合不同领域的专业知识，跨学科团队更容易产生新的思维方式和解决问题的创新方法。

3. 解决复杂问题

许多现实生活中的问题往往涉及多个领域，单一学科难以提供全面的解决方案。跨学科合作使得能够从不同角度、不同专业的视角共同解决复杂问题，提高问题解决的效率和准确性。

4. 综合运用多学科知识

跨学科合作要求团队成员综合运用各自学科的知识和技能，使得每个团队成员都能够在跨学科环境中发挥自己的专长。这有助于形成协同效应，使团队整体的综合能力得到提升。

（二）数字技术在跨学科合作中的作用

1. 数字化协同平台

数字技术提供了数字化协同平台，使得跨学科团队成员能够远程协作、实时共享信息和文件。这种平台包括在线会议工具、共享文档系统等，有助于提高团队成员之间的沟通效率和信息传递速度。

2. 大数据分析

在跨学科合作中，涉及大量的数据需要分析和处理。数字技术通过大数据分析工具，使得团队能够更全面、深入地理解问题，为合作提供科学依据。

3. 虚拟实验与模拟

数字技术还提供了虚拟实验和模拟技术，使得研究人员可以在数字环境中进行实验和测试。这对于那些不同领域需要进行实验验证的研究项目，能够在减少成本的同时提供更多实验数据。

4. 人工智能与机器学习

数字技术中的人工智能和机器学习技术能够通过对大量数据的学习和分析，发现数据中的模式和规律。在跨学科合作中，这些技术可以用于预测、优化和决策，提高研究和解决问题的效率。

5. 在线教育和培训

对于跨学科合作团队，成员可能来自不同地区，数字技术使得在线教育和培训成为可能。团队成员可以通过在线平台学习和分享最新的知识，提高团队整体的水平。

（三）跨学科合作与数字技术整合的实施方式

1. 建立数字化协同平台

为了促进跨学科合作，团队可以建立数字化协同平台，包括使用项目管理工具、在线文档共享系统、实时通信工具等。这样的平台有助于提高团队成员之间的协作效率。

2. 培训团队成员数字技术技能

在跨学科团队中，可能涉及不同领域的专业人才，他们的数字技术水平可能不同。因此，团队需要进行数字技术培训，提高团队成员的技术能力，使其能够更好地应用数字技术于合作中。

3. 制定数字化工作流程

为了更好地整合数字技术于合作中，团队可以制定数字化工作流程，明确数字技术在合作中的角色和应用方式。这有助于提高整个团队对数字技术的认知和应用水平。

4. 推动数字技术在研究项目中的应用

在研究项目中，团队可以推动数字技术的应用，包括大数据分析、虚拟实验等。通过引入数字技术，可以提高研究效率、优化实验设计，为项目的顺利推进提供支持。

5. 建立数字技术专业团队

对于某些大型跨学科项目，团队可以考虑建立专门的数字技术团队，该团队的任务是负责项目中数字技术的选择、实施和维护。这样的专业团队可以在数字技术方面提供专业的支持，确保数字技术能够充分发挥在跨学科合作中的作用。

6. 开展数字技术与跨学科研讨会

为了促进团队成员对数字技术的学习和交流，可以定期开展数字技术与跨学科研讨会。通过分享数字技术在不同学科中的应用案例、经验和最新研究成果，团队成员可以更好地理解数字技术的潜力和应用方法。

（四）跨学科合作与数字技术整合的挑战

1. 数字鸿沟

不同学科领域的专业人才可能在数字技术应用方面存在差异，造成数字鸿沟。一些团队成员可能对数字技术不够熟悉，导致在合作中产生理解和协作的困难。

2. 数据隐私和安全

在跨学科合作中，涉及大量的数据共享和使用。数据隐私和安全问题成为一个重要挑战，团队需要制定严格的数据安全政策，并采取相应的技术手段保障数据的安全性。

3. 数字技术更新换代快

数字技术的更新换代速度很快，团队需要不断学习和适应新的技术。这对于一些团队成员可能需要额外的培训成本，以保持其在数字技术领域的竞争力。

4. 沟通和协作困难

尽管数字技术提供了高效的协作平台，但在实际操作中，不同学科的团队成员之间仍然可能存在沟通和协作的困难。这需要团队建立良好的沟通机制和协作文化。

5. 项目管理复杂性增加

引入数字技术可能使得项目管理变得更加复杂。需要有效地管理数字技术的应用，确保它对项目的推进起到积极的作用，而不是增加了管理的负担。

三、综合实践项目管理与评估

综合实践项目是高等教育中的一项关键环节，旨在通过实际操作、问题解决和团队协作，培养学生的综合能力和实际应用能力。项目管理和评估在综合实践项目中扮演着关键的角色，它们有助于确保项目的顺利进行、达到预期目标，并为学生提供全面的学习体验。

（一）综合实践项目管理的意义

1. 确保项目目标的实现

综合实践项目的成功与否直接关系到学生是否能够达到项目设定的学习目标。项目管理通过规范、计划和监控项目进程，确保项目目标得以实现，为学生提供更为系统和有序的学习体验。

2. 提升团队协作能力

综合实践项目通常需要学生组成团队，共同完成任务。项目管理有助于规范团队协作流程，明确任务分工，确保团队成员之间的有效沟通和协作。这有助于提升学生的团队协作能力。

3. 培养问题解决能力

在实践项目中，学生通常需要面对各种实际问题，并寻找解决方案。项目管理通过引导学生系统地分析问题、提出解决方案，并实施计划，培养了学生的问题解决能力。

4. 加强项目实施过程的监控与反馈

项目管理强调对项目实施过程的监控与反馈，及时发现和解决问题，确保项目按照计划进行。这有助于学生及时调整学习策略，更好地适应项目的实际情况。

（二）综合实践项目管理的实施方式

1. 项目规划与设计

在综合实践项目管理中，项目的规划与设计是一个关键的阶段。这包括明确项目的目标和任务、确定项目的时间表、资源分配等。通过细致的规划，确保项目有清晰的方向和明确的执行计划。

2. 任务分工与团队建设

在项目管理中，合理的任务分工是必不可少的。学生需要根据各自的专业背景和兴趣领域，合理划分任务，形成高效的团队。团队建设活动也是培养团队协作能力的有效手段。

3. 进度监控与风险管理

项目的进度监控有助于及时发现问题并采取措施进行调整。风险管理则涉及识别潜在的风险，并采取措施降低风险的发生概率。这两者结合起来，能够确保项目在固定的时间内高效完成。

4. 沟通与协作平台的建立

为了加强团队成员之间的沟通和协作，可以借助在线平台建立项目管理的沟通与协作平台。这样的平台可以用于实时交流、文件共享、进度更新等，提高团队协作的效率。

5. 评估与反馈机制

项目管理中的评估与反馈机制对于学生的成长至关重要。通过及时的评估，学生可以了解自己的表现，反思自己的不足之处，并在后续的学习中不断进步。反馈机制也有助于团队及时调整方向，确保项目朝着正确的方向前进。

（三）综合实践项目评估的意义

1. 评估学生综合能力

综合实践项目评估有助于全面评估学生的综合能力，包括专业知识应用、团队协作、问题解决等方面。通过项目评估，学生的能力得以在实践中得到充分锻炼和展现。

2. 提供学生实际经验

项目评估能够为学生提供实际经验，让他们在实践中学到的知识和技能得以运用和检验。这有助于弥补理论学习与实际应用之间的鸿沟，使学生更好地理解和掌握所学知识。

3. 为学校提供改进方向

通过对综合实践项目的评估，学校可以了解项目的实施情况、学生的表现以及存在的问题。这为学校提供了改进项目设计、调整教学策略和提升学生综合素质的方向，有助于不断优化综合实践项目的质量和效果。

4. 促进学术和产业合作

综合实践项目评估可以为学术和产业合作提供反馈。学校与企业、研究机构等合作进行综合实践项目，通过评估结果了解项目效果，为未来的合作提供参考，增进学术与产业的互动与合作。

5. 激发学生学习兴趣和动力

项目评估不仅关注学生的成绩，更应关注对学生兴趣和动力的激发。通过对学生在实践中表现的认可和鼓励，可以激发他们更积极地参与学习，形成自主学习的态度。

（四）综合实践项目评估的实施方式

1. 制定明确的评估标准

在综合实践项目中，需要制定明确的评估标准，明确每个项目的学习目标、评估要点和评分标准。这有助于评估者更加客观地评估学生在项目中的表现。

2. 采用多元化的评估方法

为了全面评估学生的能力，可以采用多元化的评估方法，包括项目报告、演示、实际操作、团队协作评估等。多元化的评估方法能够更全面地展现学生的综合素质。

3. 实施自评和互评机制

自评和互评是综合实践项目评估的重要环节。通过让学生对自己的表现进行评价，并接受团队成员的互评，可以培养学生的自我认知和团队协作能力。

4. 建立反馈机制

在评估中，及时的反馈对于学生的成长至关重要。评估者应该及时提供详细的评估意见，指导学生改进不足之处，同时也应该注重正面的反馈，鼓励学生继续努力。

5. 考虑学科特点和实际情况

不同学科的综合实践项目可能存在差异，评估方式需要结合学科特点和实际情况进行调整。灵活运用各种评估方法，使评估更具针对性和适应性。

（五）综合实践项目管理与评估的挑战

1. 评估标准的主观性

由于综合实践项目的复杂性，评估标准可能存在主观性的问题。不同的评估者可能有不同的理解和侧重点，导致评估结果的不一致性。

2. 项目变动和不确定性

实践项目的不确定性较高，可能受到外部环境、团队合作等因素的影响。项目管理面临的挑战之一是如何应对项目变动，保持项目的稳定和高效。

3. 团队协作的复杂性

团队协作在综合实践项目中是必不可少的，但团队协作的复杂性也增加了项目管理和评估的难度。团队中可能存在沟通问题、冲突等，需要有效地管理和解决。

4. 资源分配和支持

综合实践项目需要充足的资源支持，包括人力、物力、财力等。学校和项目管理者需要面对如何合理分配资源、提供支持的问题，确保项目的顺利进行。

第四章 数字化时代高职院校教育评估与质量保障

第一节 教育评估的概念与原则

一、教育评估的定义与分类

教育评估是教育领域中一个至关重要的概念，它旨在通过系统性地收集、分析和解释教育活动的信息，为决策提供有力支持。教育评估不仅关注学生的学业成绩，还涉及教学质量、学校管理、教育政策等多个层面。下面将深入探讨教育评估的定义、目的、方法和不同的分类。

（一）教育评估的定义

1. 传统定义

教育评估最简单的定义是对教育活动的系统性评价。传统上，教育评估主要关注学生的学业表现，包括课堂成绩、考试分数等。这种定义强调对学生学习成果的衡量，是评估的一个重要方面。

2. 综合定义

随着教育理念的不断发展，对教育评估的定义逐渐从狭义转向广义。综合定义包括对学校、教师、课程、学生以及整个教育系统的评估。综合定义强调评估的全面性和多层次性，不仅关注学习成果，还包括过程、结构和环境等方面。

3. 评估与评价的区别

在教育领域，评估（Assessment）和评价（Evaluation）两个术语经常被交替使用，但它们有着不同的含义。评估更侧重于测量和判断，强调对学生学业表现的度量；而评价更强调对教育质量的综合判断，涵盖更广泛的范围，包括教学方法、课程设计、学校管理等。

（二）教育评估的目的

1. 改进教学质量

教育评估的主要目的之一是为了改进教学质量。通过对学生学习成果、教学过程和教育环境的评估，可以发现存在的问题，为教师提供改进教学策略和方法的建议。

2. 提升学生学业水平

教育评估有助于识别学生的学习需求和问题，为个性化教育提供支持。通过及时发现学生的学科差距、学科兴趣等方面的问题，教育系统可以更好地调整教学内容和方法，提升学生的学业水平。

3. 评估教育政策效果

教育评估还被用于评估和监测教育政策的实施效果。政府和决策者可以通过对教育体系的评估，了解政策是否达到了预期的效果，是否需要调整和改进。

4. 保障教育公平

通过对教育评估结果的分析，可以发现不同学生群体之间的差距，有助于及时发现和解决教育不平等的问题。这有助于建立更加公平的教育体系，确保每个学生都有平等的学习机会。

（三）教育评估的方法

1. 定量评估方法

定量评估方法主要通过数值和统计数据来衡量教育活动的各个方面。这包括考试成绩、学生满意度调查、学科竞赛成绩等。定量评估方法具有客观性和可比性，能够提供清晰的数据支持。

2. 定性评估方法

定性评估方法强调对质性信息的收集和分析。这包括教学观察、访谈、焦点小组讨论等。定性评估方法能够深入了解教学过程中的细节和学生的实际体验，提供更为丰富的信息。

3. 自我评估与同行评估

自我评估是指个体或组织对自身进行评估，目的是了解自身的优势和不足，进行自我改进。同行评估则是通过教师、学生或专业人士相互之间的评价，以促进共同提高。

4. 外部评估与内部评估

外部评估是由外部机构或专业评估团队进行的评估，通常包括学科评估、学校评估等。内部评估则是由学校内部进行的自我评估，旨在提升学校整体质量。

（四）教育评估的分类

1. 根据评估时机的分类

前期评估（前期评估）：在教育项目或政策实施前，对计划和准备工作进行评估，以确保项目或政策的合理性和可行性。

过程评估：在教育活动进行过程中，对教学、学习和管理等方面进行评估，以及时发现和解决问题，确保教育活动的顺利进行。

后期评估：在教育项目或政策实施结束后，对整体效果进行评估，了解项目或政策的实际影响和成果。

2. 根据评估内容的分类

学生学业评估：主要关注学生的学业表现，包括考试成绩、学科能力、学科兴趣等方面。

教学评估：评估教学过程，包括教学方法、教材使用、教学资源等方面，以确保教学质量。

学校评估：评估整个学校的综合素质，包括学校管理、师资力量、学校文化等方面。

教育政策评估：对教育政策的实施效果进行评估，了解政策是否达到了预期的目标。

3. 根据评估对象的分类

个体评估：针对个体学生或教师的学业和教学表现进行评估，以提供个性化的支持和反馈。

集体评估：针对整个班级、学校或学科群体进行评估，以全面了解集体的整体情况。

4. 根据评估层次的分类

微观评估：主要关注教学活动中的具体环节，如单节课程、教学资源利用等。

中观评估：侧重于学科、学年或学段等中等层次的评估，关注教学计划、课程设置等。

宏观评估：以整体性视角对学校、教育体系或政策进行评估，关注整体发展方向和目标。

二、数字化时代教育评估的新要求

随着数字化时代的快速发展，教育领域也在经历深刻的变革。数字化技术的广泛应用对教育评估提出了新的要求和挑战。下面将深入探讨数字化时代对教育评估的新要求，包括技术工具的应用、数据管理与隐私保护、个性化评估等方面，以期更好地适应当今教育环境的需要。

（一）技术工具的应用

1. 智能化评估工具

数字化时代，智能化评估工具的应用成为教育评估的新趋势。这些工具包括基于人工智能的智能评分系统、智能化题库生成系统等。通过人工智能技术，可以更精准地分析学生的学习状态和表现，提供更个性化的评价。

2. 在线测评平台

数字化时代推动了在线测评平台的发展，学生可以通过电子设备参与在线测验和考试。这种方式不仅提高了评估的效率，还能够即时获取学生的成绩和反馈信息。同时，教育机构也可以更便捷地管理和分析测评数据。

3. 学习管理系统（LMS）

学习管理系统是数字化时代教育评估的关键工具之一，它整合了课程管理、学习资源管理、学生数据管理等功能。通过LMS，教育机构可以更好地跟踪学生的学习进度，提供个性化的学习支持，同时进行系统性的评估和分析。

4. 虚拟实验室与模拟评估

数字化时代的虚拟实验室和模拟评估工具使得实验和实践性评估更加便捷。学生可以在虚拟环境中进行实验操作，而教育者可以通过模拟评估工具全面了解学生的实际操作水平，提高评估的真实性和准确性。

（二）数据管理与隐私保护

1. 大数据分析

数字化时代产生了大量的教育数据，包括学生学习行为、在线测试结果、教学资源使用情况等。利用大数据分析技术，教育机构可以深入挖掘这些数据，提供更精准的评估和个性化的学习支持。

2. 数据隐私保护

随着数字化时代的来临，数据隐私保护变得尤为重要。教育机构需要建立完善的数据管理和隐私保护政策,确保学生和教育者的个人信息不被滥用。加密技术、权限管理等手段都是保障数据安全的关键措施。

3. 透明度与公正性

数字化时代的教育评估需要更强调透明度和公正性。学生、教育者以及决策者都应该清晰地了解评估的标准和流程,确保评估结果的公正性。同时,应该避免数据的不合理使用,防止产生不公平的评价。

(三)个性化评估与反馈

1. 个性化学习路径

数字化时代的教育评估需要更加注重个性化学习路径的设计。通过分析学生的学习历史和能力,教育机构可以为每个学生量身定制学习计划,使教学更贴近学生的个体差异。

2. 实时反馈与调整

数字化时代的教育评估强调实时反馈的重要性。教育机构可以通过在线测评、学习管理系统等工具及时获取学生的学习表现,并在需要时进行及时调整教学策略,提供更为及时的帮助和支持。

3. 自主学习与自评估

数字化时代推动了自主学习的理念,教育评估也应该更多地关注学生的自主学习能力。通过自主学习平台、自评估工具,学生可以更加主动地参与学习过程,形成自我驱动的学习态度。

(四)跨学科与综合性评估

1. 跨学科合作

数字化时代的教育评估需要更强调跨学科的合作。不同学科的知识和技能在综合实践中相互交融,教育评估也应该倡导综合性的跨学科评估,以培养学生更全面的能力。

2. 项目化和实践性评估

数字化时代的教育评估应更注重项目化和实践性的评估。通过实际项目的参与，学生能够将理论知识应用到实际中，形成更为丰富的能力。评估应该更注重学生在实际项目中的实际表现。

（五）挑战与应对策略

1. 技术差距和数字鸿沟

在数字化时代，一些地区或学校可能面临技术差距和数字鸿沟的挑战。一方面，有些地区的教育资源有限，无法提供高水平的数字化教育工具；另一方面，学生家庭的经济状况可能影响其获取数字设备和网络资源的能力。为了解决这一问题，政府、学校和社会应加大对数字化设备和网络资源的投入，确保尽可能多的学生能够平等享受数字化教育。

2. 数据隐私和安全问题

随着数字化时代的到来，学生的个人数据和隐私面临潜在的风险。学校和教育机构在使用数字工具进行评估时，必须建立健全的数据隐私保护机制，采用加密技术、权限管理等手段，确保学生和教育者的个人信息不受到未授权的访问和滥用。

3. 评估结果的客观性和公正性

数字化时代的教育评估需要解决评估结果的客观性和公正性问题。在利用大数据和人工智能进行评估时，需要确保算法的公正性，避免因为某些特定因素导致结果的偏见。同时，透明度和可解释性也是确保评估公正性的关键，决策者和被评估者都应该理解评估过程和标准。

4. 教育者和学生的数字素养

数字化时代的教育评估对教育者和学生的数字素养提出了更高的要求。教育者需要具备使用数字工具进行评估和数据分析的能力，以更好地引导学生。学生也需要培养良好的数字素养，包括熟练使用数字工具、理解和分析数据等方面的能力。教育机构应该提供相应的培训和支持，以提高教育者和学生在数字化时代的适应能力。

三、教育评估的目标与方法

教育评估是对教育过程、教学质量以及学生学习成果进行系统性、全面性地收集、分析和评价的过程。它旨在为教育决策提供科学的依据，以不断改进教育体系，提升学校、教师和学生的整体水平。下面将深入探讨教育评估的目标与方法，以期更好地理解和实践教育评估的重要性。

（一）教育评估的目标

1. 改进教学质量

教育评估的首要目标是改进教学质量。通过对教育过程和教学效果的评估，可以发现存在的问题，及时调整和改进教学方法、教材设计、课程设置等方面，以提升整体教学质量。

2. 优化学生学习环境

教育评估旨在优化学生的学习环境，包括学校设施、教学资源、教学技术等方面。通过评估学校的整体发展状况，可以提出改进建议，确保学生在良好的学习环境中进行学习。

3. 促进教育公平

教育评估有助于发现和解决教育不平等的问题，确保每个学生都有平等的学习机会。通过对学生学业表现、师资力量、教学资源分配等方面的评估，可以推动建立更加公平的教育体系。

4. 提升教育管理水平

教育评估的目标之一是提升教育管理水平。通过对学校管理、课程管理、教师管理等方面的评估，可以发现管理中存在的问题，并提供改进建议，以建设高效的教育管理体系。

5. 持续推动教育改革

教育评估是推动教育改革的有力手段。通过对新教育政策、教学方法的评估，可以了解其实施效果，为未来的改革提供经验教训，推动教育体制和政策的不断创新。

（二）教育评估的方法

1. 定量评估方法

考试和测验：是最常见的定量评估方法之一，通过标准化的考试和测验，量化学生的学科知识和能力水平。

学业成绩：包括平时成绩和期末成绩，是对学生学业表现进行定量评估的重要手段。

统计分析：利用统计方法对大量的数据进行分析，如学科平均分、及格率等，以得出客观的评估结果。

2. 定性评估方法

教学观察：通过直接观察教学过程，了解教师的教学方法、学生的学习情况，以及课堂氛围等方面的信息。

访谈：通过面对面或电话访谈，获取教师、学生、家长等多方面的意见和反馈，了解他们对教育的看法和建议。

焦点小组讨论：集中一小组人的意见和观点，深入探讨特定问题，为决策提供多角度的信息。

3. 自我评估与同行评估

自我评估：学校、教师或学生对自身进行评估，了解自身的优势和不足，为改进提供内在动力。

同行评估：由同事或同行教师进行评估，通过专业的交流和反馈，促进共同提高。

4. 外部评估与内部评估

外部评估：由外部机构、专业评估团队进行评估，独立、客观地评价学校或教育机构的整体质量。

内部评估：学校或机构内部进行的自我评估，通过建立内部评估体系，定期对教学、管理等方面进行自查和改进。

5. 综合评估体系

学科评估：针对特定学科的评估，以了解学科教学和学科知识掌握情况。

学校评估：对整个学校进行综合评估，包括师资力量、学校管理、学校文化等方面，以全面了解学校的整体状况。

6. 实证研究与案例分析

实证研究：通过科学研究方法，收集、分析教育实践中的数据，以科学的手段解决实际问题，为教育评估提供实证依据。

案例分析：通过深入研究特定学校、教育项目或特定情景，分析其成功经验和问题，为其他类似情况提供借鉴和启示。

（三）综合评估方法的应用

为了更全面、深入地了解教育状况，通常采用综合多种评估方法的方式：

1. 学科成绩和测验与定性方法结合

将学科成绩和测验等定量数据与教学观察、访谈等定性数据结合，以获得更全面的学生学业表现和学习过程的信息。这样的综合评估方法既能量化学生的学术水平，又能深入了解学习过程中的问题和挑战。

2. 内部评估与外部评估相结合

通过建立内部评估体系，使学校能够定期进行自我检查和改进。同时，引入外部评估机构进行独立的评估，确保评估的客观性和公正性。内外结合的方式有助于形成闭环的评估机制，促进教育的可持续发展。

3. 定量数据分析与实证研究相结合

将定量数据分析与实证研究相结合，通过统计手段分析学生的学科成绩、考试情况等数据，同时开展实证研究，深入了解学科教育的实际问题和解决途径。这种方法有助于形成既有量化依据又有深度洞察的评估结果。

4. 综合评估与个性化评估相结合

在综合评估的基础上，注重个性化评估，关注每个学生的特点和需求。

通过个性化的评估方法，了解学生的学科兴趣、学习风格等方面的信息，为提供个性化的教育服务提供依据。

（四）教育评估的挑战与应对策略

1. 主观性和客观性的平衡

教育评估中常面临主观性和客观性的平衡问题。应对策略包括建立明确的评估标准和体系，利用先进技术手段提高评估的客观性，同时注重教育者和参与者的主观反馈，形成全面、多角度的评估结果。

2. 数据隐私和安全问题

随着教育评估中数据的大规模应用，数据隐私和安全问题备受关注。为了保障学生和教育者的个人信息安全，应制定严格的数据管理和隐私保护政策，采用加密技术、权限管理等手段，确保数据不被滥用。

3. 评估工具和方法的更新

教育领域不断发展，新的教育理念和技术不断涌现，评估工具和方法需要及时更新。应对策略包括建立灵活、可调整的评估体系，引入新技术手段，鼓励创新评估方法，以适应教育领域的不断变化。

4. 多元化需求

教育参与者的需求多样化，不同层次、不同背景的参与者对评估的期望也各异。应对策略包括建立多元化的评估体系，考虑不同层次、不同领域的评估需求，充分尊重多元化的教育观念。

第二节　数字化时代的教育评估工具

一、在线问卷与调查工具

随着信息技术的迅猛发展，在线问卷与调查工具成为了研究、企业、教育等领域中常用的数据收集方法。这些工具为用户提供了便捷、高效的方式，使得数据的收集、整理和分析变得更加灵活和迅速。

（一）在线问卷与调查工具的应用领域

1. 学术研究

在学术研究领域，在线问卷与调查工具被广泛应用于社会科学、心理学、医学等各个学科。研究者可以通过在线问卷收集大量的实证数据，用于实施实证研究、统计分析和建立模型，为学术研究提供了便捷的数据来源。

2. 市场研究与商业

在市场研究和商业领域，企业可以通过在线调查工具了解消费者的需求、喜好、购买行为等信息。这种方式可以帮助企业更好地制定营销策略、产品定位，提高市场竞争力。

3. 教育评估与反馈

教育领域可以通过在线问卷与调查工具进行学生、教师和家长的满意度调查、课程评估等。这有助于教育机构了解教育服务的质量，及时作出调整和改进，提高教学质量。

4. 员工满意度调查与人力资源管理

在企业中，可以通过在线调查工具进行员工满意度调查，了解员工对工作环境、领导管理、培训机会等方面的看法。这有助于企业改进管理策略，提升员工满意度，增强员工的归属感和忠诚度。

5. 社会调查与政府决策

政府机构可以利用在线问卷与调查工具了解民众对公共政策的看法、对服务满意度等方面的反馈。这有助于政府更科学地制定政策，提高治理效能，增强政府与民众之间的互动和信任。

（二）在线问卷与调查工具的特点

1. 便捷性

在线问卷与调查工具的最大特点之一是其便捷性。受访者可以通过电子设备随时随地进行问卷填写，无须受限于时间和地点，大大提高了问卷的回收率。

2. 高效性

相比传统的纸质问卷，在线问卷与调查工具在数据的收集、整理和分析上更为高效。数据可以实时生成，研究者或决策者可以更快速地获取有关信息，迅速做出决策。

3. 成本效益

在线问卷与调查工具的使用通常比传统方式更为经济。无须印刷、邮寄、手工输入等过程，减少了人力和物力成本。这使得小规模研究或调查也能够得到有效实施。

4. 匿名性与隐私保护

在线问卷与调查工具提供了匿名性的选项，受访者可以更加放心地分享意见和经验。同时，工具本身也应当具备严格的隐私保护机制，确保受访者的个人信息安全。

5. 多媒体支持

在线问卷与调查工具通常支持多媒体元素的添加，如图片、视频等，使得问卷更具吸引力和表现力。这有助于提高受访者的参与度和填写质量。

（三）在线问卷与调查工具的优势

1. 全球化覆盖

在线问卷与调查工具通过互联网平台，可以迅速、全面地覆盖全球范围内的受访者。这使得研究者或企业可以获取来自不同地区、不同文化背景的丰富信息。

2. 实时数据分析

在线问卷与调查工具支持实时数据分析，研究者可以及时获取问卷结果，更迅速地作出决策或调整研究方向。这种实时性有助于快速应对变化和问题。

3. 交互性与个性化设计

工具提供了更灵活的设计选项，研究者可以根据研究目的灵活设计问卷结构，设置逻辑跳转、分支问题等。这增加了问卷的交互性，提高了问卷填写的体验。

4. 数据质量控制

在线问卷与调查工具提供了多种数据质量控制手段，如逻辑校验、必答项设置等。这有助于提高问卷数据的准确性和完整性。

（四）在线问卷与调查工具的挑战

1. 样本偏差

由于在线问卷与调查工具主要依赖于互联网，可能存在样本偏差的问题。一些特定人群，如年龄较大、教育水平较低、不擅长使用互联网的群体，可能在样本中被低估。

2. 虚假回答与回避

在线问卷很容易受到虚假回答和回避问题的影响。受访者可能因为想要快速完成问卷、回避敏感问题或者简单地提供虚假信息，导致数据的真实性受到威胁。

3. 问卷涉及问题

不合理的问卷设计可能导致回答者的混淆、误导或失去兴趣，从而影响问卷结果的准确性。缺乏有效的问卷设计经验或专业知识可能导致这一问题。

4. 隐私与伦理问题

在线问卷涉及大量的个人信息，隐私保护和伦理问题变得尤为重要。在收集和处理数据时，需要确保符合相关法规和伦理规范，以保护受访者的隐私权利。

5. 技术依赖性

在线问卷与调查工具依赖于互联网和相关技术，当技术出现故障或者受到网络攻击时，可能导致数据丢失、泄漏或者不可靠。对技术稳定性的依赖性是一个需要考虑的挑战。

二、数据分析在教育评估中的应用

教育评估是对学校、教育机构、教育项目等进行系统评估和监测的过程，旨在改进教学质量、提高学生学习成果。随着信息技术的快速发展，数据分析在教育评估中的应用日益广泛。

（一）数据分析在教育评估中的来源

1. 学生学业成绩

学生成绩是最基本、最直观的教育评估数据。通过对学生的考试成绩、课堂表现等数据进行分析，可以了解到不同学科、不同层次学生的学业水平，为教学改进提供依据。

2. 学生行为数据

学生的行为数据包括上课出勤率、参与讨论的频率、课后作业完成情况等。通过分析学生的行为数据，可以了解到学生的学习态度、参与度以及学科兴趣，从而更好地指导学生学习。

3. 教学资源使用情况

教学资源使用情况包括教材使用情况、在线教育平台的使用情况等。通过分析教学资源的使用情况，可以评估教材的质量、教学平台的效果，并为优化教学资源提供数据支持。

4. 教师教学评价

教师教学评价是对教师教学质量的重要指标。通过学生的评价、同行评价等数据，可以全面了解教师的教学水平、教学风格，为教师提供专业的发展建议。

5. 校园氛围和文化

校园氛围和文化对学生成长有着重要影响。通过分析校园文化建设、学生活动参与情况等数据，可以了解学校的文化氛围，为提高学校整体教育质量提供参考。

（二）数据分析方法在教育评估中的应用

1. 统计分析

统计分析是最基础、最常用的数据分析方法之一。通过描述性统计、推论统计等手段，对教育评估数据进行总体描述和推断。例如，平均分、标准差等统计指标可以帮助了解学生的整体学业水平。

2. 趋势分析

趋势分析通过比较不同时间点的数据，揭示出一定的趋势和规律。在教育评估中，可以通过比较不同学年、不同学期的数据，了解学校、教育机构的发展趋势，为未来制定合理的发展策略提供参考。

3. 关联分析

关联分析用于发现不同变量之间的关系。在教育评估中，可以通过关联分析找出学生学业成绩与其他因素（如行为数据、教学资源使用情况等）之间的关系，为学科教学提供精准的干预点。

4. 因子分析

因子分析用于找出多个变量中的共同因素。在教育评估中，可以通过因子分析发现影响学生学业成绩的潜在因素，为有针对性地进行干预和改进提供方向。

5. 机器学习

机器学习技术在教育评估中得到越来越广泛的应用。通过建立预测模型，利用学生的历史数据来预测未来的学业表现，从而提前发现潜在问题并进行干预。

（三）数据分析在教育评估中的优势

1. 客观性与科学性

数据分析能够提供客观、科学的评估结果，避免了主观因素对评估的影响。通过数据的量化分析，可以更准确地了解学校、教育机构的真实状况。

2. 个性化教育

通过分析学生的学业成绩、行为数据等，可以为每个学生提供个性化的学习计划和教学建议。这有助于满足不同学生的学习需求，提高教育的针对性和有效性。

3. 实时反馈与及时干预

数据分析可以实现对数据的实时监测和分析，及时发现问题和趋势。通过及时的反馈，学校、教育机构可以迅速进行干预，提高问题解决的效率。

4. 决策支持

数据分析为决策提供了科学依据。学校、教育机构可以根据数据的分析结果，制定更科学、更有效的决策和发展战略，提高教育管理水平。

5. 资源优化

通过数据分析，可以了解到教学资源的使用情况，包括教材、教学设备、师资等方面。通过优化资源配置，学校能够更有效地利用有限资源，提高教学效果，为学生提供更好的学习环境。

（四）数据分析在教育评估中的挑战

1. 数据质量

数据分析的结果严重依赖于数据的质量，包括数据的准确性、完整性和一致性。如果输入的数据存在错误、缺失或不一致，将会影响到分析的可靠性和准确性。

2. 隐私和伦理问题

在教育领域，涉及学生和教师的个人信息，存在隐私和伦理的考虑。如何在数据分析中确保信息的安全性和合法性，是一个需要认真对待的挑战。

3. 模型的选择和建立

在机器学习等高级数据分析中，模型的选择和建立需要具备专业知识。不同的问题可能需要不同的模型，而错误的选择或建立可能导致分析结果的不准确性。

4. 解释性问题

一些高级数据分析方法，特别是机器学习模型，可能由于其复杂性而难以解释。在教育评估中，对于决策者和相关人员来说，能够理解和解释分析结果的重要性不可忽视。

5. 跨学科数据整合

教育评估往往需要跨学科的数据整合，包括学科知识、心理学、社会学等多个领域。不同领域数据的整合和分析需要具备跨学科的专业知识，这是一个综合性的挑战。

三、智能化评估系统的建设与应用

随着信息技术的迅速发展，智能化评估系统在各个领域得到了广泛应用，尤其是在教育、企业管理、医疗等领域。

（一）智能化评估系统的架构设计

1. 数据采集与整合模块

智能化评估系统首要任务是采集各类数据，包括学生学业成绩、行为数据、教学资源使用情况等。这些数据可能来源于学校管理系统、在线学习平台、教学资源库等。整合这些数据，形成一个全面、多维度的数据库，为后续的评估提供充分的数据支持。

2. 智能分析与算法模块

该模块使用机器学习算法、数据挖掘技术等智能分析手段，对采集到的数据进行深度分析。例如，可以利用算法发现学生学业表现的潜在规律，识别影响学业的关键因素，实现对学生个性化学习路径的推荐等。

3. 用户界面与反馈模块

系统需要提供用户友好的界面，以便学生、教师、家长等相关人员能够方便地访问系统并获取有关评估结果的反馈。这可能包括个人学业报告、学科评估结果、学习建议等，以促进用户的参与和反馈。

4. 决策支持模块

在智能化评估系统中，决策支持模块通过对分析结果的综合评估，为学校管理者、教育决策者提供科学的建议。这有助于制定更加精准、有针对性的教育政策和教学改革方案。

5. 安全性与隐私保护模块

由于涉及大量个人教育数据，系统必须具备强大的安全性和隐私保护机制。确保教育数据的安全性，防范数据泄露和滥用，是系统设计中至关重要的一环。

（二）智能化评估系统的功能设计

1. 个性化学习建议

通过分析学生的学业成绩、行为数据等，系统能够生成个性化的学习建议。这包括课程推荐、学科强弱分析、学习计划制订等，以提高学生的学习效果。

2. 教学资源优化

系统能够根据教学资源的使用情况和学生反馈，对教材、课程设计等方面进行优化。这有助于提高教学效果，使教学更贴近学生需求。

3. 实时监测与干预

系统可以实时监测学生学习状态和行为，一旦发现异常情况，如学习进展缓慢、学科难度较大等，可以通过智能化手段进行及时干预，提供相应的帮助和支持。

4. 学科评估与素质评价

系统能够对学生在不同学科的表现进行评估，并通过算法分析学生的综合素质。这有助于更全面地了解学生的潜力和发展方向。

5. 家校互动平台

通过系统，家长可以实时查看学生的学业状况和评估结果。系统还可以提供家庭教育建议，促进学校和家庭之间的积极互动。

（三）智能化评估系统的优势

1. 个性化关怀

智能化评估系统可以深入挖掘学生的个性化需求，提供个性化的学习路径和建议，实现更贴近学生个体差异的关怀。

2. 数据驱动决策

系统通过对大量教育数据的分析，为学校管理者提供科学的、数据驱动的决策支持。这有助于制定更符合实际情况和学生需求的教学策略。

3. 及时反馈与干预

智能化评估系统实时监测学生的学习状态，及时发现问题并进行干预。这能够在问题出现之初就采取措施，避免问题进一步恶化。

4. 教学资源优化

系统可以通过分析教学资源的使用情况，优化课程设计和教学材料，提高教学效果，促进学科知识的更好传递。

5. 家校互动强化

智能化评估系统强化了学校与家庭之间的沟通与合作。通过系统，家长能够更全面地了解学生的学业状况，及时参与到学生的学习过程中，形成学校、学生和家长之间密切的合作关系，促进学生成长。

（四）智能化评估系统的挑战

1. 算法不透明性

一些复杂的机器学习算法在决策过程中可能缺乏透明性，难以解释其决策依据。这使得系统的用户，尤其是教师和学生，可能难以理解系统提供的建议和评估结果。

2. 数据隐私问题

由于系统涉及大量的个人学生数据，如何保护学生的隐私成为一个重要的挑战。系统在设计中需要采取有效的隐私保护措施，确保数据安全、合法和受控。

3. 技术基础和成本

建设智能化评估系统需要具备先进的技术基础，包括机器学习、大数据分析等。此外，系统的建设和维护成本也可能较高，尤其对于一些资源有限的学校或机构而言，可能面临一定的经济压力。

4. 用户培训与接受度

用户，特别是教育从业者，对于智能化评估系统的使用需要一定的培训。此外，用户对于新技术的接受度也是一个挑战，需要逐步推动用户接受并习惯使用这一类系统。

5. 数据标准化与一致性

不同学科、不同学校采用的数据格式和标准可能存在差异，导致数据难以进行有效地整合和比较。建设智能化评估系统需要解决数据标准化与一致性的问题，以确保系统的可用性和有效性。

第三节　质量保障的数字化管理体系

一、教育质量保障体系建设原则

教育质量保障体系是一个为了确保教育质量而建立的组织结构和管理体系。它旨在通过全面的管理、评估和改进机制，提高教育质量，确保学生获得有效、全面的教育。下面将探讨教育质量保障体系建设的原则，包括体系的设计、实施和监控等方面。

（一）体系设计原则

1. 目标导向原则

教育质量保障体系的设计应以明确的质量目标为基础。这包括确保学生的学术水平、素质能力的全面发展，同时关注学生的心理健康、社会适应能力等方面。体系的设计应与学校或机构的愿景、使命和教育目标相一致，确保全体师生能够共同追求共同的目标。

2. 全员参与原则

教育质量保障体系的建设需要全员参与，包括管理者、教师、学生以及家长等各方。全员参与可以确保体系的有效性和可持续性，促使所有相关人员都对教育质量负有责任，共同努力实现提升教育质量的目标。

3. 综合性原则

体系的设计应具有综合性，考虑到教育全过程的方方面面。这包括招生、课程设计、教学实施、评价、师资培训、学生管理等多个环节。通过全面的质量保障，能够确保教育的各个方面都能够得到有效的监控和改进。

4. 持续改进原则

教育质量保障体系应当具有持续改进的机制。通过不断收集、分析质量数据，识别问题和潜在风险，并采取有效措施进行改进。这种循环的过程有助于体系的不断优化和提升。

5. 法律合规原则

体系设计应符合法律法规，确保在质量保障的过程中合法、公正、公平。同时，应与教育政策和法规相适应，确保体系的建设与国家和地区的法律框架一致，提高质量保障的合法性和合规性。

（二）体系实施原则

1. 资源优化原则

体系实施时要优化资源配置，确保教育资源的充分利用。这包括师资、教材、教学设备等方面的合理配置，以提高教学效果和学生满意度。

2. 透明度原则

体系的实施应当具有透明度，确保相关信息对所有利益相关方可见。透明的实施有助于建立信任，提高体系的公信力，同时也能够促使学校或机构更加注重质量保障工作。

3. 灵活性原则

体系的实施应具有一定的灵活性，以适应不同学科、学段和学校特点的差异。不同的环境和需求可能需要采取不同的质量保障措施，体系设计应具备一定的可调整性。

4. 科技应用原则

充分利用现代科技手段，如信息技术、大数据分析等，提高质量保障的效率和精确性。科技的应用可以为数据的收集、分析和反馈提供更强大的支持，帮助体系更好地实施和监控。

5. 教学研究原则

体系实施应与教学研究相结合，促使教师参与到教学改革和创新中。通过将教学研究纳入质量保障体系，有助于形成教学创新的氛围，提高教育质量。

（三）体系监控原则

1. 内外部评估结合原则

体系监控不仅包括内部的自我评估，还应结合外部的评估机制。内外部评估相结合有助于提高评估的客观性和全面性，从不同维度获取质量信息。

2. 多维度评估原则

监控体系的设计应该采用多维度的评估指标，包括学生学业成绩、教师教学水平、学科竞赛成绩等多个方面。这有助于形成全面、客观的评估结果，更好地指导改进措施。

3. 定期评估原则

监控体系需要定期进行评估，以确保体系的实施和效果能够持续符合质量标准。定期评估有助于及时发现问题、调整策略，并随着时间的推移进行体系的优化和改进。

4. 利益相关方参与原则

体系的监控不仅需要学校或机构内部的参与，还需要外部的利益相关方，如教育部门、家长、社会组织等的积极参与。他们的参与可以提供更多的视角和反馈，增强监控的全面性和公正性。

5. 风险管理原则

体系监控应该重视风险管理。通过对潜在风险的识别、评估和应对，可以避免或降低因外部环境变化或内部问题而对教育质量产生的不利影响。

（四）体系改进原则

1. 反馈循环原则

体系的改进应建立在反馈循环的基础上。通过及时收集来自学生、教师、家长等多方面的反馈信息，形成反馈循环，为体系改进提供实际依据。

2. 问题根本原则

改进体系时应注重问题的根本原因，而非仅仅解决表面问题。通过深入分析，找到问题的本质，制定有针对性的改进计划，以确保改进措施的长期有效性。

3. 共享学习原则

体系改进需要建立共享学习的机制，促使学校或机构之间的经验分享和交流。通过共享学习，可以吸收其他机构的成功经验，避免重复犯错，提高改进的效率。

4. 团队协作原则

体系改进需要团队协作，包括管理层、教师团队和其他相关人员的协同努力。通过建立团队的学习和改进文化，可以更好地推动体系的不断完善。

5. 教育创新原则

体系改进应鼓励教育创新。通过引入新的教学理念、教育技术和评估方法，推动教育质量的创新和提升。

二、数字化时代的质量管理挑战

随着数字化时代的来临，各行各业都面临了巨大的变革，其中包括质量管理领域。数字技术的广泛应用为企业提供了更高效的工具和更全面的数据，同时也带来了一系列新的挑战。下面将探讨数字化时代的质量管理挑战，包括数字化技术的应用、数据安全与隐私、变革管理等方面。

（一）数字化技术的应用挑战

1. 信息过载与筛选困难

数字化时代带来了大量的信息，企业在质量管理过程中需要处理大量的数据和信息。然而，信息过载使得企业难以快速筛选出对质量管理决策具有关键意义的信息，可能导致决策的滞后和不准确。

2. 技术更新与适应困难

数字化技术更新迅速，新的质量管理工具和平台不断涌现。企业需要不断跟进技术的更新，同时需要培训员工以适应新的工具和系统，这对企业的管理层和员工都提出了更高的要求。

3. 系统集成与兼容性

企业可能使用多个不同的数字化工具和系统进行质量管理，如 ERP 系统、质量管理软件等。在数字化时代，确保这些系统能够有效集成和兼容，实现信息的无缝流通成为一个挑战，否则可能导致信息孤岛和不一致性。

4. 人机协同与管理变革

数字化时代要求企业实现更加紧密的人机协同。传统的质量管理模式可能需要进行调整，员工需要适应与数字化工具更紧密合作的方式。管理层需要引导员工适应这一变革，推动组织文化的数字化转型。

（二）数据安全与隐私挑战

1. 数据泄露与风险

随着企业数字化程度的提高，大量的质量管理数据被存储和传输，面临着数据泄露的风险。黑客攻击、内部非法访问等都可能导致敏感信息的泄露，对企业的质量管理和声誉造成严重损害。

2. 合规与法规遵从

在数字化时代，许多国家和地区制定了更为严格的数据隐私法规，如欧洲的《通用数据保护条例》（GDPR）。企业需要在数字化质量管理过程中确保合规性，遵守相关法规，否则将面临法律责任和罚款。

3. 信息共享与保密需求

数字化质量管理需要实现信息共享，以提高协同效率。然而，企业也面临着如何在信息共享的同时确保关键商业和质量数据的保密性，防止敏感信息被不当使用或泄露。

4. 员工教育与安全意识

员工是企业质量管理体系的关键环节，但在数字化时代，员工的安全意识和数据保护意识的培养变得尤为重要。企业需要加强员工的培训，确保他们能够正确使用数字工具并保护质量数据的安全。

（三）变革管理挑战

1. 文化变革难度

数字化时代的质量管理通常需要企业进行文化变革。传统的管理文化可能不适应数字化工具和方法的应用，因此，组织需要克服文化转变的难度，使员工更好地适应数字化质量管理的方式。

2. 领导层的数字化素养

领导层在数字化时代需要具备更强的数字化素养，理解并能够引领数字化质量管理的实施。领导层需要关注数字化技术的发展趋势，制定战略，推动数字化变革。

3. 组织结构的调整

数字化质量管理可能需要对组织结构进行调整，以适应新的工具和流程。企业需要平衡传统层级式管理和数字化时代的敏捷管理，确保组织更具适应性和创新性。

4. 员工参与与沟通

变革管理需要员工的积极参与和支持。在数字化质量管理的实施过程中，企业需要加强对员工的沟通，解释变革的目的和好处，激发员工的参与和共鸣。员工的参与感和对变革的理解有助于减轻变革带来的阻力，使整个变革过程更加顺利。

5. 供应链管理的整合

在数字化时代，企业的供应链可能变得更加复杂，需要整合和协同各个环节。质量管理不再局限于企业内部，而是需要与供应商、合作伙伴进行更紧密的协作。这需要企业建立更为灵活和高效的供应链管理系统，整合数字化技术，确保质量管理的全局性。

（四）技术更新与人才培养挑战

1. 技术更新的速度

数字化时代技术更新速度加快，企业需要及时了解和应用新技术，以保持在竞争中的优势。然而，技术的迅速更新可能使得企业难以跟上潮流，需要建立更灵活的技术更新机制。

2. 人才储备与培训

数字化质量管理需要拥有一支具备数字化技能的专业团队。企业需要不断培养和吸引具有数字化素养的人才，包括数据分析师、信息技术专业人员等。同时，也需要为现有员工提供相关的培训，使其适应数字化质量管理的要求。

3. 跨学科团队的协作

数字化时代的质量管理涉及多个学科领域，需要跨学科的团队协作。企业需要建立能够整合不同专业知识的团队，促进不同领域专家之间的交流与合作，以应对复杂的数字化质量管理挑战。

4. 知识管理与传承

由于技术和人才的流动性，企业需要建立完善的知识管理体系，确保关键的质量管理知识得以传承。这包括文档化、培训和经验分享等手段，以保证企业在技术更新和人员变动时不会失去关键的质量管理能力。

（五）全球化与供应链透明度挑战

1. 全球化的复杂性

在数字化时代，企业的业务可能涉及全球范围内的多个市场，而每个市场都有不同的文化、法规和质量标准。全球化带来的复杂性使得质量管理变得更具挑战性，需要企业建立全球性的质量管理标准和体系。

2. 供应链透明度的追求

数字化时代要求企业提高供应链的透明度，实时监控各个环节的质量状况。然而，供应链可能涉及多个国家和地区，各环节的信息系统可能不同步，这给实现供应链透明度带来了一定的困难。

3. 全球质量标准的协调

全球范围内存在多种质量管理标准和认证体系，企业可能需要同时遵守多个标准。在数字化时代，需要推动各国间的质量标准协调，以降低企业的遵从成本，提高全球供应链的质量水平。

4. 文化差异的挑战

全球化也带来了不同文化之间的沟通和理解难题。在数字化时代，企业需要建立一种能够跨越文化差异的质量管理文化，促进全球团队的协同工作。

（六）社会责任与可持续发展挑战

1. 环境与可持续性

数字化时代的质量管理也需要考虑企业的社会责任和可持续发展。数字化技术的广泛应用可能带来电子废弃物的增加，企业需要寻找环保的数字化解决方案，推动数字化与可持续性的结合。

2. 社会责任的要求

数字化时代，社会对企业的期望不仅是提供优质产品和服务，还包括履行社会责任。企业需要更多地考虑消费者健康、产品的社会影响等因素，这对质量管理提出了更高的要求。

3. 道德伦理与数据使用

在数字化时代，企业需要处理大量的数据，包括消费者信息等敏感数据。合理、道德地使用这些数据，保障消费者的隐私权，是企业面临的一项重要责任，也是质量管理需要重视的方面。

4. 社会关注的问题

社会对一些特定问题的关注，如劳工权益、产品安全、企业治理等，对企业质量管理提出了更高的要求。企业需要在数字化时代更加关注这些问题，通过质量管理体系确保符合社会期望。

三、数据驱动的质量保障实践

在数字化时代，数据已经成为企业决策和运营的关键驱动力。质量保障作为企业运营的一个重要组成部分，也在数据的推动下发生了深刻的变革。下面将深入探讨数据驱动的质量保障实践，包括数据在质量保障中的角色、数据采集与分析的方法，以及数据驱动的质量提升策略。

（一）数据在质量保障中的角色

1. 决策支持

数据为质量保障提供了丰富的信息基础，支持管理层做出更明智的决策。通过收集、分析质量相关的数据，管理层可以更准确地评估产品或服务的质量水平，及时调整策略，确保质量目标的达成。

2. 问题识别与预测

数据驱动的质量保障实践使得企业能够更早地发现潜在问题。通过监测关键指标和质量数据，可以及时识别出产品或服务的异常情况，并预测可能出现的问题，有针对性地进行质量改进和预防。

3. 效率提升

数据分析工具的使用使得质量保障过程更加高效。自动化的数据采集和分析可以替代传统的手工作业，减少人为错误，提高工作效率。通过数据驱动的方法，企业可以更快速地识别和解决质量问题，提升整体运营效率。

4. 持续改进

数据驱动的质量保障实践鼓励企业进行持续改进。通过持续监测和分析质量数据，企业可以不断优化质量管理流程，提高质量水平，适应市场变化和客户需求的变化。

（二）数据采集与分析的方法

1. 关键指标的定义与监控

数据驱动的质量保障首先需要确定关键的质量指标。这些指标应该与产品或服务的质量目标直接相关，如产品缺陷率、客户投诉率等。通过设定关键指标并实时监控，企业可以更好地了解质量状况。

2. 自动化数据采集

为了实现数据驱动，企业需要采用自动化的数据采集工具。传感器、物联网设备、自动化测试工具等可以帮助企业实时、准确地收集产品或服务的质量数据。自动化数据采集不仅提高了数据的可靠性，还加速了数据的获取速度。

3. 实时监控与报警

数据的实时监控是数据驱动质量保障的关键环节。通过建立实时监控系统，企业可以随时掌握质量状况，及时发现异常。在关键指标达到预定阈值时，系统可以触发报警机制，提醒相关人员采取相应的措施。

4. 数据分析工具的应用

数据分析工具在数据驱动的质量保障中发挥着重要作用。统计分析、机器学习、人工智能等技术可以帮助企业深度挖掘数据，发现隐藏在大量数据背后的规律和趋势。通过数据分析，企业可以更全面、深入地了解质量问题的根本原因。

（三）数据驱动的质量提升策略

1. 持续监测和反馈

数据驱动的质量保障需要建立持续的监测和反馈机制。通过实时监测关键指标，企业可以迅速了解产品或服务的质量状况。与此同时，建立反馈机制，及时将监测到的信息传递给相关部门，以便迅速采取纠正措施。

2. 根本原因分析与改进

当发现质量问题时，数据驱动的质量保障要求企业进行深入的根本原因分析。通过数据分析工具，企业可以识别出导致质量问题的关键因素。在确定了根本原因的基础上，可以制定有针对性的改进措施，确保问题得到根本性的解决。

3. 预测性质量管理

数据驱动的质量保障不仅关注当前的质量状况，更强调对未来的预测。通过建立预测模型，企业可以预测潜在的质量问题，提前采取措施，实现质量管理的主动化。这种预测性的质量管理有助于降低潜在风险，提高产品或服务的稳定性。

4. 客户参与和反馈

数据驱动的质量保障需要更加关注客户的参与和反馈。通过收集客户的意见、投诉、建议等信息，企业可以了解客户对产品或服务质量的真实感受。客户的参与和反馈有助于企业更全面地了解产品或服务在实际使用中的表现，为质量提升提供有力的指导。通过建立客户反馈系统，企业可以及时获取并分析客户的需求和期望，将客户的反馈纳入质量改进的流程中。

5. 人工智能在质量保障中的应用

人工智能技术在数据驱动的质量保障中具有广泛的应用前景。通过利用机器学习算法，人工智能可以从大量数据中学习，发现隐藏的模式和规律，为质量问题的识别和解决提供更为智能的支持。例如，通过图像识别技术可以对产品外观进行自动检测，提高检测的准确性和效率。

6. 敏捷方法与持续交付

数据驱动的质量保障需要采用敏捷的方法和持续交付的理念。敏捷方法强调迭代、灵活、快速响应变化，有助于在质量保障过程中及时调整策略，迅速适应市场和客户需求的变化。持续交付则要求企业不断提供高质量的产品或服务，并及时纳入用户的反馈进行调整。

7. 全员参与与培训

数据驱动的质量保障需要建立全员参与的文化。所有相关部门和人员都应该参与到质量保障的过程中，共同关注关键指标的监测、数据分析和质量改进。此外，培训员工具备数据分析和质量管理的知识，提高员工的数据素养，对于推动数据驱动的质量提升至关重要。

（四）面临的挑战与应对策略

1. 数据质量问题

数据质量是数据驱动质量保障的基础。企业在采集和使用大量数据时，面临数据质量问题，如数据不准确、不完整、不一致等。为应对这一挑战，企业需要建立严格的数据质量管理体系，包括数据清洗、验证、纠错等环节，确保数据的可信度。

2. 隐私与安全问题

随着数据的广泛采集和使用，隐私和安全问题也日益凸显。企业在数据驱动的质量保障中需要严格遵守相关法规和政策，确保客户和员工的隐私得到充分保护。加强信息安全管理，采用加密、权限控制等技术手段，防范数据泄露和滥用。

3. 人才短缺与培训需求

数字化时代对于数据分析和人工智能等领域的专业人才需求大幅增加。企业可能面临人才短缺的问题，特别是那些缺乏数字化素养的员工。因此，建议企业加强对员工的培训，提高他们在数据分析和质量管理方面的能力。

4. 技术更新和系统集成

随着技术的不断更新，企业可能需要不断升级和整合质量保障系统。这涉及技术选型、系统集成和数据迁移等问题。为了解决这一挑战，企业需要制定科学合理的技术发展规划，保持系统的灵活性和可扩展性。

5. 文化转变与组织变革

数据驱动的质量保障需要企业进行文化转变和组织变革。这可能涉及管理层的领导风格、员工的工作习惯等方面的改变。为了促成文化转变，建议企业制定明确的战略目标，并通过内部沟通、培训等手段推动全员参与。

数据驱动的质量保障实践是数字化时代质量管理的必然选择。通过充分利用数据，企业可以更好地了解产品或服务的质量状况，及时发现和解决潜在问题，提高运营效率。然而，要实现有效的数据驱动质量保障，企业需要面对一系列的挑战，包括数据质量、隐私安全、人才培养等方面的问题。通过科学合理的数据管理体系、技术升级、文化转变等措施，企业可以更好地应对这些挑战，推动数字化时代质量管理水平的不断提升。

第四节　学生评价与满意度调查的数字化应用

一、学生评价的重要性与方法

学生评价是教育体系中的一项重要环节，旨在了解学生对教学过程、教师和学校的看法，以便持续改进教育质量。学生评价的重要性日益凸显，不仅有助于提高教学水平，还能促进学校和教师的发展。下面将深入探讨学生评价的重要性，并介绍不同的学生评价方法，以便全面了解学生评价的实践与意义。

（一）学生评价的重要性

1. 提供反馈机制

学生评价为学校、教师和课程提供了一个重要的反馈机制。通过学生的观点和意见，教育工作者可以了解到学生在学习过程中的真实体验，从而更好地了解教学的效果和存在的问题。

2. 改进教学质量

学生评价是改进教学质量的有力工具。通过收集学生的意见和建议，教师可以调整教学方法，改进教材，使教学更符合学生的需求，提高教学效果。

3. 促进教师专业发展

教师在了解学生评价的基础上，可以更有针对性地进行自我反思和专业发展。学生评价提供了一个客观的视角，帮助教师发现自身的优势和不足，从而更好地提升教学水平。

4. 增强学生参与感

学生评价的过程本身就体现了学生的参与感。通过参与评价，学生能够感受到他们的意见被重视，从而增强他们对学校、教师和教学环境的投入感，这有助于建立积极向上的学习氛围。

5. 建立信任关系

学生评价有助于建立学校与学生之间的信任关系。通过真实地反映学生的看法，学校能够向学生表明关心和重视，建立起学校与学生之间的信任基础，有利于形成和谐的校园氛围。

（二）学生评价的方法

1. 问卷调查

问卷调查是最常见、广泛应用的学生评价方法之一。通过设计一系列问题，学校可以收集学生对教学、教师和学校管理的意见。问卷调查具有成本低、数据易分析等优势，但也存在可能出现回答不真实、主观性较强的问题。

2. 小组讨论和焦点小组

小组讨论和焦点小组是一种深入了解学生意见和建议的方法。通过组织学生进行小组讨论，或者设立焦点小组，学校可以获取更为具体、深入的信息。这种方法有助于挖掘学生的深层次需求，但相对耗时。

3. 面谈和访谈

面谈和访谈是一种直接与学生进行沟通的方式。通过与学生一对一的交流，教育工作者可以更深入地了解学生的观点和感受。面谈和访谈的优点在于能够及时追问细节问题，但缺点是受到采访者和被采访者双方因素的影响。

4. 观察法

观察法是通过观察学生在教学过程中的表现和参与情况，来获取反馈信息。这种方法有助于直观地了解学生在实际学习环境中的情况，但存在主观判断和局限性的问题。

5. 数字化平台

随着技术的发展，数字化平台提供了更便捷、高效的学生评价方式。学校可以利用在线调查工具、教育管理系统等平台，设计定制化的评价问卷，实现数据的自动收集和分析。数字化平台有助于提高评价效率和数据可视化程度，但需要确保学生的信息安全和隐私。

（三）学生评价的实施与管理

1. 建立科学合理的评价体系

学生评价应当建立在科学合理的评价体系基础上。评价体系应包括全面而有针对性的指标，涵盖教学内容、教学方法、教学资源、教学环境等方面，以全面了解学生对学校的评价。

2. 明确评价的目的和意义

在学生评价开始之前，学校应当明确评价的目的和意义，向学生详细解释评价的过程和结果将如何被应用。这有助于提高学生对评价的参与度，使评价更具实际意义。

3. 保障学生的参与权利

学生评价应当建立在充分的民主参与基础上。学校应当保障学生充分的评价权利，确保评价过程的公平、公正，避免学生因担心报复或其他原因而不敢表达真实意见。鼓励学生参与评价，可以采取一些措施，如匿名评价、保密性承诺等，以保障学生的隐私和安全。

4. 及时反馈和改进

学生评价的最终目的是改进教学和提升教育质量。因此，学校应当及时对评价结果进行分析和总结，并将结果反馈给教师和管理者。同时，制订改进计划，采取针对性的措施，解决评价中发现的问题，以确保评价的实际意义和效果。

5. 建立长效机制

学生评价不应该是一次性的活动，而应该是一个长期持续的过程。学校应当建立长效的评价机制，定期进行评价，并将评价结果纳入学校的教学管理和质量保障体系中。同时，加强与学生的沟通和合作，建立良好的反馈机制，使评价成为学校改进的动力源。

（四）学生评价的效果与影响

1. 促进教学质量的提升

学生评价作为一种反馈机制，可以帮助教师更好地了解学生对教学的认知和感受。通过对评价结果的分析，教师可以调整教学方法、改进教材，从而提升教学质量，使学生的学习体验更加丰富和有效。

2. 激发教师的教学热情

教师对于学生的反馈通常会产生积极的反应，对于教学中存在的问题愿意进行改进。学生的积极评价和建议可以激发教师的教学热情，增强其对于教育事业的责任感和投入度。

3. 塑造和谐的教学环境

通过学生评价，学校可以及时了解到是否存在教育环境中的问题，例如教师和学生之间的关系是否融洽、是否存在欺凌现象等。有针对性地改善这些问题，有助于营造一个和谐、积极向上的教学环境。

4. 提高学校的声誉

学生评价的结果可以作为学校教育质量的一项重要指标，直接关系到学校的声誉。优秀的评价结果将有助于吸引更多的学生和家长选择该学校,增加学校的知名度和美誉度。

5. 培养学生的参与意识

学生参与学生评价的过程,有助于培养学生的参与意识和团队协作能力。通过对教学和学校管理的评价,学生能够更加理性、客观地看待问题,培养他们的判断力和批判性思维。

6. 形成完善的质量管理体系

学生评价作为质量管理的一部分,有助于形成学校的完善质量管理体系。通过建立科学的评价体系,学校可以更好地了解和掌握自身的教育水平,提升整体办学水平。

学生评价作为教育体系中的一项重要环节,对于提高教学质量、促进学校发展、培养学生参与意识具有重要的意义。通过科学合理的评价体系、多样性的评价方法,学校可以更全面地了解学生对教学的认知和感受,推动教育质量的不断提升。

然而,在实施学生评价的过程中,仍然面临一系列的问题与挑战。为了保障评价的真实性、公正性和有效性,学校需要在评价设计、实施和结果分析上下足功夫,确保学生评价能够成为推动学校发展的有力工具。

综上所述,学生评价不仅是学校和教师改进教学的重要依据,也是培养学生参与意识、建立和谐教育环境的重要手段。在今后的教育实践中,学校应当不断完善学生评价体系,加强与学生的沟通,使学生评价成为促进教育全面提升的有效途径。

二、满意度调查的设计与实施

(一)满意度调查的设计原则

满意度调查的设计应以明确的目标为基础。组织在开始调查前,需要清楚调查的目的,例如了解客户对产品的满意度或评估员工对培训的反馈。明确目标有助于确定调查的焦点和内容。在问题设计方面，应确保问题具备明确的语义和逻辑清晰，能够真实反映受访者的意见，避免使用模糊的词汇，保持问题简洁明了。此外，设计应考虑到双向性和多层次性，以便全面了解满意度的构成，涵盖产品质量、服务态度、价格公平性等多个方面。标度设计也是重要的一环，通常采用五级、七级等标度来量化评价，确保每个层次有明确的含义且间隔相等。问卷逻辑应清晰合理，从整体到具体，从客观到主观，以提高问卷的完成率和质量。

（二）满意度调查的方法选择

满意度调查可以采用多种方法，根据具体情况选择最合适的方式。面对面访谈适用于样本数量较少的情况，能够深入了解受访者的真实感受，但成本较高。电话访问是一种相对高效的调查方法，能够迅速获取反馈，但可能会受到受访者抵触情绪的影响。邮寄问卷则是一种常见的方式，受访者可以在自己时间内填写，但回收率较低。在线调查因其便捷性和成本较低，成为一种普遍的选择，通过电子邮件或社交媒体发送调查链接，数据处理更为方便。混合方法结合了多种调查方式，例如通过面对面访谈获取深度信息，通过在线调查获取大量数据，达到更全面的满意度评估。

（三）满意度调查问卷的编制

在问卷编制时，首先需要构建基本信息部分，如年龄、性别、职业等，以分析不同群体之间的满意度差异。根据调查目的，明确满意度的具体指标，例如产品满意度、服务满意度等，每个指标下可以设计多个问题。设计标度问题时要确保标度层次清晰，并且易于理解，通常采用五级或七级评分。为了获取更详细的反馈，还可以添加一些开放性问题，发现潜在问题和改进方向。问卷应保持简洁，避免冗长，以提高受访者的回答积极性和问卷完成率。在正式实施前，对问卷进行测试是必要的，以发现不足并进行优化。

（四）样本选择与调查实施

确定调查对象是满意度调查的重要步骤，需要明确调查的目标群体，如客户、员工等，以设计针对性的问卷和分析结果。样本大小的确定涉及统计学知识，需要考虑置信水平、置信度和预期误差等因素，以提高结果的可信度和代表性。样本选择时可以采用随机抽样或分层抽样方法，以确保样本的代表性。调查计划的制定包括调查时间、地点、人员培训等，以保障调查的顺利进行。实施阶段需要确保调查人员按照规定程序进行，以保证数据的真实性和准确性。

（五）数据收集与分析

数据收集方式根据实施阶段的不同而有所不同。纸质问卷需要进行整理和输入，在线调查的数据通常自动存储。数据收集的目标是确保数据的完整性和准确性。在数据分析前，需要对数据进行清理和整理，处理异常值和缺失值。数据分析是核心环节，通过统计学方法和图表分析，对各项指标进行综合分析，找出问题的症结和改进方向。分析结果需要制作成报告，以清晰、简洁的形式展现，包括问题的总体情况、不同群体的满意度比较、问题原因分析和改进建议。

（六）改进与反馈

根据调查结果制定详细的改进计划，明确需要改进的方面和具体措施，包括时间表和责任人。调查结束后，要及时向受访者反馈结果，以建立组织与受访者的信任关系。满意度调查应建立持续的监测机制，通过定期调查不断改进和优化服务，保持组织的活力和竞争力。

（七）满意度调查的注意事项

在进行满意度调查时，需要保障受访者的隐私权，采取匿名方式或保密个人信息，以避免影响结果的真实性。组织应认真对待每一份反馈，无论是积极的还是负面的，都应及时回应并采取行动，表明对用户的关注和尊重。问卷设计时要避免问题过多、重复或冗长，以免引起受访者的疲劳。提高问卷的可理解性，避免使用复杂术语，确保受访者能准确理解问题。合理设置奖励机制以提高受访者积极性，设置与调查主题相符的奖励，并通过多渠道宣传提高参与率。定期更新调查内容，以保持调查的时效性和适用性，满足用户的变化需求。

三、数据分析与改进措施的反馈

在现代组织管理中，数据分析和改进措施的反馈是组织提高效益、优化流程、增强竞争力的关键环节。通过深入分析数据，组织可以获取有关运营、客户反馈、员工表现等方面的关键信息，从而制定有效的改进措施。下面将探讨数据分析的基本步骤，以及在分析结果的基础上制定和实施改进措施，并强调改进过程中的反馈机制的重要性。

（一）数据分析的基本步骤

1. 数据收集

数据分析的第一步是收集相关的数据。数据可以来自多个渠道，包括业务运营系统、客户反馈、市场调研、员工绩效评估等。数据的质量和完整性对于后续的分析至关重要。

2. 数据清洗和处理

在进行数据分析之前，通常需要对数据进行清洗和处理。这包括处理缺失值、异常值、重复值等，确保数据的准确性和一致性。同时，对于不同来源的数据可能需要进行统一的格式转换。

3. 探索性数据分析（EDA）

EDA 是数据分析的一个关键阶段，通过可视化和统计方法探索数据的特征、分布、相关性等。这有助于深入了解数据的本质，并为后续的分析提供指导。常用的 EDA 工具包括直方图、散点图、箱线图等。

4. 建立数据模型

根据业务需求和数据特点，选择适当的数据模型进行建模。常见的模型包括回归模型、聚类模型、分类模型等。建模的目的是从数据中提取潜在的规律和关系，为后续的预测和决策提供支持。

5. 模型评估和验证

对建立的数据模型进行评估和验证，确保模型的预测能力和泛化能力。使用交叉验证、ROC 曲线、混淆矩阵等指标对模型进行全面的评估，发现模型的优点和不足。

（二）数据分析的应用领域

1. 业务运营分析

通过对业务运营数据的分析，组织可以了解产品销售情况、服务效果、成本结构等方面的情况。例如，可以分析销售数据，了解畅销产品和滞销产品，制定库存策略和促销计划。

2. 客户反馈分析

客户反馈是组织改进的重要来源。通过对客户反馈数据的分析，可以了解客户对产品和服务的满意度、投诉原因、需求变化等。基于这些信息，组织可以调整产品设计、改进服务流程，提升客户体验。

3. 员工绩效分析

员工绩效数据的分析有助于了解员工的工作表现、培训需求、流失原因等。通过建立绩效模型，组织可以识别高绩效员工、发现低绩效员工的改进空间，并制订有针对性的培训和激励计划。

4. 市场竞争分析

在市场竞争激烈的行业，通过对市场数据的分析，组织可以了解竞争对手的优势和劣势，市场份额的变化趋势，以及市场需求的变化。这有助于组织制定市场营销策略，提高市场竞争力。

（三）制定改进措施

1. 根据数据识别问题

通过数据分析，组织可以识别业务运营中的问题和瓶颈。例如，如果销售额下降，可能是由于产品质量问题、市场需求变化等原因。通过深入分析，确定问题的根本原因，为制定有效的改进措施提供依据。

2. 设定明确的改进目标

在明确问题的基础上，组织需要制定清晰的改进目标。这些目标应当具体且可量化，以便在后续的执行过程中进行监测和评估。比如，可以设定提高产品销售额 10%或降低客户投诉率 20%的目标。

3. 制订改进计划

根据设定的改进目标，制订详细的改进计划。这包括确定具体的改进措施、制订实施计划、分配责任人和资源。

4. 优先级和阶段性实施

在制订改进计划时，需要根据问题的紧迫性和重要性确定优先级。有些问题可能需要紧急解决，而有些问题可能需要长期的战略规划。将改进计划分阶段实施，有助于逐步推进，确保每个阶段的目标都能够达到。

5. 监测和调整

在实施改进措施的过程中，组织应建立有效的监测机制，定期评估进展和效果。如果某些措施未能达到预期效果，则需及时调整计划，并寻找更合适的解决方案。这样可以确保改进措施能够持续优化，最终实现既定目标。

（四）改进措施的反馈机制

1. 建立反馈渠道

为确保改进措施的有效推进，组织需构建完善的反馈体系。可以采用定期进度汇报会议、员工意见收集、客户满意度调查等多种方式，获取各方反馈。各级管理人员应积极参与，确保反馈体系的全面覆盖和高效运行，形成自我完善的管理循环，不断调整和优化改进措施。

2. 及时收集反馈信息

建立反馈机制后，要确保及时收集相关的反馈信息。及时的反馈有助于发现问题并及时调整，防止问题进一步扩大。可以通过定期的会议、在线调查、员工沟通等方式进行信息的收集。

3. 分析反馈数据

收集到的反馈数据需要进行深入分析。通过对这些数据的分析，可以评估改进措施的实际效果，识别潜在的问题和瓶颈。分析过程中可以采用与数据分析类似的方法，包括探索性数据分析和建模等技术手段。

4. 及时调整和优化

在对反馈数据进行分析后，组织应当迅速调整和优化其改进措施。可能会出现计划在执行过程中遇到困难的情况，或者反馈数据表明某些方面需要进一步完善。及时进行调整和优化有助于确保改进过程的持续进行。

5. 沟通改进成果

及时向组织内外的相关利益方通报改进成果，包括员工、客户和合作伙伴等。通过积极正面的沟通，不仅能够提升组织的信誉，还能增强员工和客户的信心，进一步促进组织的发展。

（五）数据分析与改进的挑战与应对策略

1. 数据质量问题

数据质量是数据分析的基础，但在实际操作中常常面临数据不完整、不准确、不一致等问题。为应对这些问题，组织需要建立严格的数据采集和清洗机制，确保数据的质量。

2. 多变因素的影响

在实际运营中，组织绩效可能会受到多种因素的共同影响。这些因素之间可能存在复杂的相互关系，从而使分析结果不够准确。为了解决这一问题，可以使用因子分析、回归分析等多元统计方法，以尽可能控制其他变量的影响。

3. 数据隐私和安全

在数据分析过程中，涉及大量的个人和敏感信息。组织需要加强对数据隐私和安全的保护，确保数据的合法合规使用。可以通过数据脱敏、加密等技术手段提高数据安全性。

4. 组织文化和员工抵制

数据分析与改进措施的反馈是组织管理中至关重要的环节。通过科学的数据分析，组织可以深入了解运营状况、客户需求、员工表现等方面的情况，为制定有效的改进措施提供了有力的支持。然而，在进行数据分析和实施改进措施的过程中，也面临着一系列挑战，如数据质量、多变因素的影响、数据隐私和安全等问题。

第五节　持续改进与数据驱动的质量管理

一、数据驱动的持续改进流程

在当今数字化时代，组织面临着巨大的挑战和机遇。数据成为决策的重要依据，而数据驱动的持续改进流程成为组织提升效益、优化运营的关键手段。下面将深入探讨数据驱动的持续改进流程，包括数据收集、分析、制定改进措施、实施和反馈等环节，以帮助组织建立更为科学和有效的改进机制。

（一）数据收集

1. 明确数据收集目标

在进行数据收集之前，组织需要明确数据收集的目标。这可以包括业务运营、客户满意度、员工绩效等多个方面。明确的目标有助于有针对性地选择数据来源和指标。

2. 选择合适的数据源

数据可以来自多个渠道，包括业务系统、客户反馈、员工调查、市场调研等。组织需要根据数据收集目标选择合适的数据源，确保数据的准确性和全面性。

3. 建立数据收集机制

建立数据收集的机制，包括确定数据采集的频率、方式、工具等。可以采用自动化工具、传感器、调查问卷等多种方式，确保数据的及时性和精准性。

4. 保障数据质量

数据质量是数据分析的基础，组织需要建立完善的数据清洗和验证机制，确保收集到的数据准确、完整、一致。同时，注重数据的安全和隐私保护，确保数据的合法合规使用。

（二）数据分析

1. 探索性数据分析（EDA）

在数据收集后，进行探索性数据分析是非常重要的一步。通过可视化和统计分析，了解数据的分布、关联性、异常值等特征，为后续的深入分析提供指导。

2. 建立数据模型

根据业务需求和数据特点，建立适当的数据模型。这可以包括回归模型、聚类模型、时间序列模型等。建模的目的是发现数据中潜在的规律和关系，为预测和决策提供支持。

3. 数据挖掘和机器学习

运用数据挖掘和机器学习技术，挖掘数据中的信息和模式。通过算法的训练和优化，可以实现对大规模数据的快速分析和预测，为组织提供更精准的决策支持。

4. 模型评估和验证

对建立的数据模型进行评估和验证，确保模型的准确性和泛化能力。使用各种评估指标，如均方误差、准确率、召回率等，对模型进行全面的评估，发现模型的优势和不足。

（三）制定改进措施

1. 根据数据识别问题

通过数据分析，识别业务运营中的问题和瓶颈。例如，通过销售数据分析发现某产品的销售额下降，通过员工绩效数据分析发现某个团队的工作效率低下等。

2. 设定明确的改进目标

在确定问题的基础上，设定明确的改进目标。这些目标应该是具体、可量化的，有助于在后续的实施中进行监测和评估。例如，提高产品销售额 10%，降低客户投诉率 20%等。

3. 制订改进计划

根据设定的改进目标，制订详细的改进计划。明确具体的改进措施、实施计划、分配责任人和资源。

4. 优先级和阶段性实施

在制订改进计划时，必须根据问题的紧迫性和重要性来设定优先级。一些问题需要立即解决，而其他问题则可能需要长期的战略规划。通过分阶段实施改进计划，可以有序推进，并确保每个阶段的目标得以实现。

5. 监测和调整

在改进措施实施的过程中，建立有效的监测机制，定期评估改进的进展和效果。如果发现某些措施不够有效，需要及时调整计划，寻找更合适的解决方案。

（四）改进措施的实施

1. 培训和沟通

在实施改进措施前，进行相关人员的培训是至关重要的。确保团队成员具备必要的技能和知识，能够顺利地推动改进计划。同时，通过有效的沟通，向员工传达改进的意义和目标，提高他们的参与度和支持度。

2. 资源投入

根据制定的改进计划，合理配置资源。这包括人力、物力、财力等资源的投入，以确保改进措施的有效实施。有时候，可能需要引入新的技术或设备，提高工作效率或产品质量。

3. 持续监督

在改进措施实施过程中，需要进行持续的监督和管理。确保改进计划按照预定的进度推进，及时发现和解决可能出现的问题。通过定期的会议、报告等方式，进行项目进展的跟踪和评估。

4. 团队协作

改进措施的实施通常需要整个团队的协作和配合。鼓励团队成员分享经验、解决问题，形成积极向上的团队氛围。建立有效的沟通机制，确保信息的畅通，提高团队协同效率。

（五）数据驱动的反馈机制

1. 建立反馈渠道

建立良好的反馈机制，确保信息的流动。反馈渠道可以包括定期的进度汇报会议、员工反馈机制、客户满意度调查等。各个层级的管理人员都应该参与到反馈机制中，形成一个闭环的管理体系。

2. 及时收集反馈信息

及时收集相关的反馈信息。这可以通过定期的会议、在线调查、员工沟通等方式进行。及时的反馈有助于发现问题并及时调整，防止问题进一步扩大。

3. 分析反馈数据

收集到的反馈数据需要进行深入的分析，以便全面了解改进措施的实际效果。通过对这些数据的细致分析，可以识别出潜在的问题和瓶颈，从而为进一步优化提供依据。在分析过程中，可以采用多种数据分析方法，包括探索性数据分析、建模等。这些方法不仅可以揭示数据中的关键趋势和模式，还能帮助预测未来可能出现的情况。此外，深入的分析还可以揭示反馈数据中隐藏的细微差异，提供更全面的视角，确保改进措施能够有效落实并持续优化。通过这种系统性的分析，组织可以更加精准地调整策略，提高整体绩效。

4. 及时调整和优化

在分析反馈数据的基础上，及时调整和优化改进措施是至关重要的。实施过程中，原定的改进计划可能会遇到各种障碍，或是反馈数据显示某些方面还需要进一步改善。通过迅速响应这些挑战，组织能够确保改进措施的持续有效性。调整和优化不仅能够解决当前存在的问题，还可以预防潜在问题的发生。定期审查和调整计划，有助于维持改进的连续性和稳定性，推动组织不断向更高效、更优质的方向发展。这种灵活的管理方式，能够帮助组织在动态环境中保持竞争力，确保各项改进措施能够产生预期的效果。

5. 沟通改进成果

将改进成果及时沟通给组织内外的相关利益方，包括员工、客户、合作伙伴等。通过正面的沟通，可以提高组织的信誉，增强员工和客户的信心，进一步促进组织的发展。

（六）数据驱动的持续改进流程的挑战与应对策略

1. 数据质量问题

数据质量问题可能影响到整个改进流程的准确性和有效性。为了应对这一挑战，组织需要建立完善的数据质量管理机制，包括数据清洗、验证和监控等环节。

2. 多变因素的影响

在实际运营中，多个因素可能同时影响组织的绩效。这些因素之间可能存在复杂的相互关系，使得分析结果的准确性受到影响。为了解决这一问题，组织需要采用综合的方法，全面评估各种因素的影响。在分析过程中，可以使用多变量分析等高级统计方法，识别和量化各因素的相互作用。此外，采用敏感性分析和情景模拟等技术，可以帮助揭示不同因素在各种条件下对绩效的具体影响。

3. 数据隐私和安全

随着数据的大规模采集和应用，数据隐私和安全问题日益凸显。组织需要采取措施加强对数据的隐私保护，包括数据加密、脱敏技术、合规性审查等手段，确保数据的合法合规使用。

4. 组织文化和员工抵制

在组织变革的过程中，组织文化常常扮演着至关重要的角色。它不仅塑造了员工的价值观和行为模式，还影响了他们对变革的态度。然而，组织文化的变革并不总是顺利进行，员工的抵制是一个常见的问题。当新的文化价值观和现有的文化产生冲突时，员工可能会感到不安和不确定，进而产生抵触情绪。这种抵制不仅会影响变革的进程，还可能对组织的整体绩效造成负面影响。因此，管理层需要采取有效的策略，通过透明沟通、参与决策和提供支持等方式，缓解员工的抵制情绪，促进组织文化的顺利转型。

5. 技术和人才挑战

数据驱动的持续改进流程需要依赖先进的技术和专业的人才。组织需要不断更新技术设备，保持技术的领先性，并进行人才储备和培训，确保团队具备数据分析和改进管理的专业知识和技能。

数据驱动的持续改进流程是组织提升效益、优化运营的重要手段。通过科学的数据分析，制定明确的改进计划，有效实施改进措施，并建立良好的反馈机制，组织可以不断提高自身的竞争力，适应市场和环境的变化，实现可持续发展。然而，数据驱动的持续改进流程也面临一系列挑战，包括数据质量、多变因素的影响、数据隐私和安全等。针对这些挑战，组织需要采取相应的应对策略，建立健全的数据管理机制和改进流程。

二、教学数据分析与诊断

随着信息技术的飞速发展，教育领域也逐渐迎来了数据驱动决策的时代。

教学数据分析与诊断作为其中的重要组成部分，通过收集、整理和分析教学中产生的数据，为教育工作者提供了深入了解学生学习情况、调整教学策略的有效途径。下面将从教学数据分析的概念、意义、方法和挑战等方面进行论述，探讨如何通过数据分析进行诊断，提高教学质量。

（一）教学数据分析的概念与意义

1. 概念

教学数据分析是指通过收集和分析与教学过程相关的各种数据，以获取对学生学习状态、教学效果和教学质量的深刻理解的过程。这些数据可以包括学生的考试成绩、作业完成情况、课堂参与度、在线学习行为等多个方面的信息。

2. 意义

个性化教学支持：通过对学生的学习数据进行分析，教育工作者可以更好地了解每个学生的学习习惯、优势和弱点，从而为实施个性化教学提供有力支持。

教学策略调整：数据分析可以揭示教学活动的效果，帮助教师了解哪些教学方法更有效。基于数据的结果，教育工作者可以调整教学策略，提高教学效果。

教育政策制定：教学数据分析也为教育决策提供依据。学校管理者可以通过分析教学数据来评估学校整体的教学质量，为制定和调整教育政策提供科学依据。

（二）教学数据分析的方法与工具

1. 常见的教学数据来源

学生学业档案：包括学生成绩、出勤记录、课堂参与等。

在线学习平台：包括学生在教学平台上的学习行为，如在线作业完成情况、学习时长等。

调查问卷：通过学生、教师或家长的调查问卷收集主观反馈。

2. 常用的教学数据分析方法

描述性统计分析：对数据进行整理、汇总和描述，如平均值、标准差等，以直观展示数据的基本特征。

关联性分析：探索不同变量之间的关系，例如学生的课堂参与度与考试成绩之间的关联。

趋势分析：分析数据的变化趋势，发现潜在的规律，以预测未来可能的发展方向。

预测建模：利用机器学习等技术建立模型，预测学生未来的学习表现，为个性化教学提供支持。

3. 教学数据分析工具

统计软件：如 SPSS、Excel 等，用于进行常规的统计分析。

数据可视化工具：如 Tableau、Power BI 等，帮助将数据以图表、图形的形式呈现，提高数据的可理解性。

机器学习工具：如 Python 中的 Scikit-learn、TensorFlow 等，用于建立预测模型。

（三）教学数据分析的诊断流程

1. 设定诊断目标

在进行教学数据分析之前，需要明确诊断的目标。这可能包括发现学生的学习问题、评估教学活动的效果、识别潜在的教学改进点等。

2. 数据收集与整理

根据设定的诊断目标，收集相关的教学数据。这可能涉及学生成绩、课堂出勤记录、在线学习行为等多个方面。收集的数据需要进行整理和清理，确保数据的准确性和完整性。

3. 数据分析与挖掘

利用前述提到的数据分析方法和工具，对收集到的数据进行分析。通过探索性数据分析、关联性分析、趋势分析等手段，深入挖掘数据中的信息，发现潜在的问题和改进点。

4. 制定诊断结论

根据数据分析的结果，制定诊断结论。这可能包括学生的学习特点、教学活动的效果、存在的问题和改进建议等。诊断结论需要具体、明确，为后续的决策提供有力支持。

5. 制订改进计划

基于诊断结论，制订具体的改进计划。这可能包括调整教学策略、提供个性化的教学支持、改进课程设计等。改进计划需要与诊断目标和教育目标相一致，具有可操作性和可评估性。

6. 实施和监测

将改进计划付诸实践，并通过监测实施效果。实施改进计划可能需要协调教育资源、培训教育工作者、调整课程设计等。监测过程需要定期收集相关数据，分析实施效果，确保改进计划的顺利推进。

7. 诊断循环

教学数据分析与诊断是一个循环的过程。一轮诊断后，可以根据实施效果和监测结果，进行下一轮的数据分析和诊断。这样的循环过程有助于不断优化教学过程，提高教育质量。

（四）教学数据分析的挑战与应对策略

1. 数据质量问题

数据质量是教学数据分析的基础。不准确、不完整的数据可能导致诊断结论的失真。为应对这一挑战，教育机构应建立完善的数据收集机制，加强数据清洗和验证，确保数据的质量。

2. 隐私和安全问题

教学数据涉及学生的个人信息，隐私和安全问题成为一大挑战。教育机构需要制定严格的数据管理政策，采用加密和脱敏技术，确保教学数据的合法合规使用。

3. 多元因素的影响

学生学习涉及多个方面，包括家庭环境、社会因素等。这些多元因素的影响可能不容忽视，而且很难在教学数据中完全反映。为应对这一挑战，教育机构可以采用综合性的数据分析方法，结合定性研究，全面了解学生学习背后的多元因素。

4. 技术和人才问题

教育机构可能缺乏相关的技术和人才，阻碍了教学数据分析的深入应用。解决这一问题需要加强师资培训，提高教育工作者的数据分析能力。同时，引入先进的技术工具，如机器学习、人工智能等，提高数据分析的效率和精度。

5. 师生接受度

教学数据分析涉及学生和教育工作者的隐私，可能引起担忧。为提高师生的接受度，教育机构应加强对数据分析的宣传和教育，明确数据分析的目的和好处，建立良好的沟通机制，增强师生的参与感和信任感。

教学数据分析与诊断是提升教育质量、个性化教学的重要手段。通过深入分析学生学习数据，教育工作者可以更好地了解学生的学习情况，制订个性化的教学计划，提高教学效果。然而，教学数据分析也面临着一系列挑战，包括数据质量、隐私和安全、多元因素的影响等。教育机构需要通过建立健全的数据管理机制、加强师资培训、引入先进技术工具等手段，逐步解决这些挑战。

教学数据分析不仅是一个单向的过程，更是一个不断循环地反馈与改进的过程。通过不断地收集、分析和诊断教学数据，教育机构能够在实践中不断优化教学策略，提高师生的满意度和学习效果。在数字化时代，充分利用教学数据分析工具和方法，实现更智能、个性化的教育模式，助力教育事业的长远发展。

三、教育质量管理的迭代与创新

教育质量是教育事业的核心，对于培养具备综合素养的学生、推动社会进步具有重要意义。在数字化时代，教育质量管理也需要不断迭代与创新，以适应快速变化的教育环境。下面将探讨教育质量管理的概念、迭代与创新的意义、创新的实践方式以及面临的挑战与应对策略等方面，旨在为提高教育质量提供启示。

（一）教育质量管理的概念

1. 定义

教育质量管理是指通过科学的管理方法，对教育过程和结果进行计划、组织、监督和评估，以保障教育目标的达成，提高教育水平的过程。它涉及教学、评估、资源配置等多个方面，旨在优化教育过程，提高教育质量。

2. 重要组成部分

教学质量：包括教学内容的设计、教学方法的选择、师资队伍的素质等方面，关注学生的学习效果和体验。

评估体系：建立科学的评估体系，包括内部评估和外部评估，全面了解教育的实际状况。

资源配置：合理配置教育资源，包括人力资源、物质资源等，确保资源的充分利用和公平分配。

管理机制：建立高效的管理机制，包括教育决策、监督评估、信息反馈等，保障教育质量的持续提升。

（二）教育质量管理的迭代与创新的意义

1. 适应变革的教育环境

随着社会经济的发展和科技的进步，教育环境发生了巨大变革。传统的教育质量管理模式已经不能满足新的需求，需要不断迭代与创新，适应变革的教育环境。

2. 提高教育质量

通过不断迭代与创新，可以更好地发现和解决教育过程中存在的问题，优化教学设计、提升师资水平、拓展教育资源，从而提高教育质量。

3. 满足个性化学习需求

学生个体差异较大，传统的教学方式难以满足不同学生的个性化学习需求。迭代与创新可以引入个性化教育理念，通过技术手段和灵活的教学方式，更好地满足学生多样化的学习需求。

4. 提升教育国际竞争力

国际化的教育环境要求教育质量管理更具国际竞争力。通过借鉴和吸收国际先进的教育理念和管理经验，使教育更具国际视野和影响力。

（三）教育质量管理的创新实践方式

1. 数据驱动的决策

数据在教育领域的应用已经成为一种趋势。通过数据分析，可以更全面、客观地了解教育的实际情况，为决策提供科学依据。教育机构可以借助先进的数据分析工具，对学生学习情况、教学效果等进行深入剖析，为提升教育质量提供有力支持。

2. 在线教育与远程学习

随着互联网的普及，在线教育和远程学习成为教育领域的创新方向。通过在线平台，学生可以随时随地获取学习资源，教师可以开展更加灵活的教学方式。这种创新实践可以提高教育资源的利用效率，满足不同学生的学习需求。

3. 人工智能技术的应用

人工智能技术在教育领域的应用为教育质量管理提供了新的可能性。智能教学系统可以根据学生的学习情况提供个性化的学习路径和建议，帮助教育机构更好地满足学生的需求，提升教学效果。

4. 跨学科合作与创新

教育质量管理需要跨学科的专业知识，包括教育学、心理学、信息技术等多个领域。跨学科合作可以促进不同领域的专业知识交流，为教育质量管理提供更全面的视角和解决方案。创新的实践方式包括建立跨学科研究团队，开展综合性的研究项目，促进不同学科领域的交叉融合。

5. 教育评估与认证体系的创新

传统的教育评估主要以考试成绩为主，难以全面反映学生的综合素养和实际能力。创新的实践方式包括引入多元化的评估方法，如项目评估、实践评估、综合评价等。同时，建立灵活、多层次的教育认证体系，更好地激发学生的学习动力，推动教育质量的提升。

6. 教师培训与专业发展

教育质量的提升离不开优秀的教育从业者。创新的实践方式包括开展定期的教师培训，引入新的教学理念和方法，提升教师的教学水平。同时，建立支持教师专业发展的机制，激发其教学创新和研究热情。

7. 社会参与与反馈机制的建立

创新的实践方式包括建立更加开放、透明的教育管理机制，引入社会各界的参与和反馈。通过建立社会咨询委员会、家长代表会等机构，收集社会反馈意见，及时调整教育质量管理策略，提高决策的科学性和合理性。

（四）教育质量管理的挑战与应对策略

1. 技术应用的风险

随着技术的广泛应用，教育机构可能面临信息安全、数据泄露等风险。为应对这一挑战，教育机构需要建立完善的信息安全管理体系，加强对技术应用的监管，确保教育数据的安全和隐私保护。

2. 师资队伍的转型

教育质量管理需要具备跨学科、综合素养的专业人才。面对传统教育体系中师资队伍的转型难题，教育机构应加强对教师的培训和专业发展，激发其创新能力，适应数字化时代的教育需求。

3. 数据驱动的风险

数据驱动的教育质量管理在收集、分析、应用过程中可能面临数据质量不高、分析结果误导等问题。为应对这一挑战，教育机构应建立科学、严谨的数据管理和分析流程，确保数据的准确性和可靠性。

4. 多元评估的复杂性

建立多元评估体系可能会增加管理的复杂性，包括评估指标的选择、评估方法的设计等方面。为应对这一挑战，教育机构需要充分调研、论证，确保多元评估体系既科学又实际可行，不至于给管理带来过大的负担。

5. 教育文化的变革难题

教育文化的变革需要时间和过程，可能会遇到师生的习惯性思维、家长的抵触情绪等问题。为应对这一挑战，教育机构应制定合理的变革计划，通过宣传教育理念、提供实际案例等方式，逐步改变教育文化。

第五章　高职院校师资队伍建设与数字化时代的培训机制

第一节　师资队伍建设的现状与问题

一、高职院校师资队伍结构分析

高职院校作为中国职业教育的主要组成部分，其师资队伍的结构和素质对于培养应用型人才和适应社会需求至关重要。下面将对高职院校师资队伍的结构进行深入分析，包括师资队伍的数量分布、学历背景、专业领域、教学经验等方面，以期深刻了解高职院校的师资力量现状，并提出相关的改进和发展建议。

（一）高职院校师资队伍的数量分布

1. 总体数量分布

高职院校师资队伍的数量分布受到学校规模、地区经济水平等多方面因素的影响。一般而言，大一些的高职院校拥有更为庞大的师资队伍，而地区经济较发达的地方可能吸引更多的优秀教育人才。

2. 学科和专业分布

高职院校师资队伍的学科和专业分布应当与学校的专业设置相匹配，确保每个专业领域都有足够数量和高质量的教师。一些热门专业，如信息技术、机械工程等，可能需要更多的教师资源。

（二）高职院校师资队伍的学历背景

1. 博士、硕士与本科学历的比例

高职院校的师资队伍应该具备丰富的学科知识和专业技能，学历结构应该相对合理。一般来说，硕士及以上学历的教师更容易胜任专业知识的传授和科研工作。

2. 应届毕业生与有工作经验者的比例

师资队伍中既需要一些年轻的、刚刚毕业的老师带有新鲜的学科知识和教学理念，也需要有经验的老师带有实际工作经验和行业背景。平衡这两者的比例，有利于提高教学水平。

（三）高职院校师资队伍的专业领域分布

1. 专业领域的广泛性与深度

高职院校所设置的专业多样，要求师资队伍在各个专业领域都能够提供优质的教学。师资队伍的专业领域分布要保持广泛性，同时在一些特色专业上要有深度，以满足学科建设的需要。

2. 新兴专业与行业需求的匹配

随着社会的发展，新兴专业如人工智能、大数据等逐渐受到关注。高职院校的师资队伍需要及时调整，确保能够满足新兴行业对人才的需求。

（四）高职院校师资队伍的教学经验

1. 教学经验的累积与传承

高职院校的师资队伍需要在教学方面有丰富的经验，能够通过教学将自己的实践经验传递给学生。一方面，有经验的老师可以为学生提供更多实用性的知识，另一方面，新老师的加入也能为教学注入新的理念和活力。

2. 教学团队的建设与合作

在高职院校，教学通常需要多学科、多专业的协同合作。师资队伍的教学经验和合作能力对于建设有效的教学团队至关重要，这有助于提高教学质量，培养学生的综合素质。

（五）高职院校师资队伍的培养与发展

1. 教育培训的机会与机制

高职院校应提供良好的教育培训机会，鼓励教师参与教学方法、课程设计等方面的培训，提高其教学水平。

2. 科研支持与激励机制

科研能力也是师资队伍的重要组成部分。高职院校可以通过建立科研项目、提供科研经费、设立科研奖励机制等方式，激发教师的科研热情，提高学校整体的学术水平。

（六）面临的挑战与发展建议

1. 师资队伍流动性大

由于高职院校通常薪资相对较低，师资队伍的流动性较大，这可能导致学校的教学经验和业务知识的不稳定性。建议学校加强对教师的薪酬体系的优化，提供更多的职业发展机会，加强对优秀教师的激励，以留住有经验、有实力的教育人才。

2. 学科交叉与新兴领域发展不足

在一些高职院校，学科交叉与新兴领域的发展可能相对滞后。为了适应社会需求的变化，建议高职院校加强学科之间的交叉合作，鼓励教师跨学科开展研究与教学，及时调整专业设置，推动新兴领域的发展。

3. 缺乏国际化视野

一些高职院校的师资队伍缺乏国际化视野，这在培养适应国际化社会需求的学生方面存在一定困难。建议高职院校鼓励教师参与国际学术交流、合作项目，引入国际教育资源，提高学校的国际化水平。

4. 缺乏教学科研平衡机制

一些高职院校可能存在过分追求实际操作能力培养而忽视科研的现象。建议建立教学科研平衡机制，通过制定合理的工作量分配、提供科研经费支持等方式，鼓励教师在教学和科研方面取得平衡，更好地推动学校整体水平的提升。

高职院校师资队伍的结构对于学校的教育质量和人才培养起着至关重要的作用。通过对师资队伍数量分布、学历背景、专业领域、教学经验等方面的分析，可以更全面地了解高职院校的师资力量现状。在面临的挑战中，高职院校应加强对教师的培养和发展，提升整体师资队伍的质量。通过建立科研支持与激励机制、加强国际化视野的培养、优化薪酬体系等方式，高职院校可以更好地应对未来教育发展的需求，为培养更多优秀应用型人才作出积极贡献。

二、数字化时代对师资队伍的新要求

随着数字化时代的来临，教育领域也面临了前所未有的挑战和机遇。师资队伍的素质和结构对于适应数字化时代的教育需求至关重要。下面将深入探讨数字化时代对高职院校师资队伍的新要求，包括技术能力、创新能力、跨学科合作等方面，并提出相应的发展建议。

（一）数字化时代背景下的新教育需求

1. 信息技术的快速发展

随着信息技术的飞速发展，数字化时代教育不再局限于传统的教学方式。在线学习、虚拟实验室、智能教育系统等技术工具的广泛应用，使得学生获取知识的途径更为多样化，也对师资队伍提出了更高的要求。

2. 学生个性化需求的凸显

数字化时代，学生个性化需求凸显，每个学生的学习路径和速度有所不同。因此，师资队伍需要具备更强的个性化教育能力，通过技术手段满足学生不同层次的需求。

3. 跨学科综合能力的需求

数字化时代教育更加强调跨学科的综合能力。学科之间的交叉融合将成为未来教育的趋势，要求师资队伍具备多学科知识，能够跨领域进行教学和研究。

（二）数字化时代对师资队伍的新要求

1. 技术能力的提升

在数字化时代，教师要适应各种信息技术的应用，包括在线教学平台、虚拟实验室、智能教育系统等。因此，师资队伍需要不断提升自己的技术水平，熟练运用新技术手段进行教学。

2. 创新能力的培养

数字化时代对创新能力提出更高要求。教师需要积极探索新的教学方法、课程设计，引入创新元素，激发学生的创造力和实践能力。学校应该为教师提供创新教学的培训和支持，建立鼓励创新的激励机制。

3. 个性化教育能力的加强

学生个性化需求的增加要求教师具备更强的个性化教育能力。师资队伍应该关注学生的差异性，根据不同学生的特点和需求进行差异化教学，提供个性化的学习支持。

4. 跨学科合作的促进

数字化时代的教育更加强调跨学科合作。师资队伍需要具备合作的精神，与其他学科的教师紧密协作，推动跨学科综合能力的培养。学校可以通过建立跨学科的研究团队、举办学科交流活动等方式促进合作。

（三）数字化时代师资队伍的发展路径

1. 建立数字化教育培训体系

学校可以建立完善的数字化教育培训体系，包括定期的培训课程、专业技术人员的指导和支持。通过培训，师资队伍可以不断更新自己的技术知识，提高数字化教学水平。

2. 设立创新教学奖励机制

学校可以设立创新教学奖励机制，鼓励教师在教学中引入创新元素。奖励可以包括个人或团队的表彰、资金支持等，激发教师的创新热情，推动教学方式的不断优化。

3. 支持个性化教育研究项目

学校可以设立个性化教育研究项目，资助教师开展个性化教育的研究和实践。通过项目支持，师资队伍可以深入研究不同学生的学习需求，探索个性化教育的有效方法，为数字化时代的个性化教育提供更多的理论和实践支持。

4. 促进跨学科研究与合作

学校可以鼓励和支持师资队伍参与跨学科研究项目，促进不同学科之间的交流与合作。建立跨学科的研究平台，促使不同领域的教师深入合作，为学生提供更丰富、全面的教育资源。

5. 建立数字化教育经验分享平台

学校可以建立数字化教育经验分享平台，鼓励教师分享自己在数字化教学中的成功经验和教训。通过分享，可以让师资队伍互相学习、借鉴，形成共同的成长和进步。

（四）数字化时代师资队伍的管理与评估机制

1. 建立数字化教育评估指标体系

学校可以建立数字化教育评估指标体系，包括技术能力、创新能力、个性化教育能力、跨学科合作能力等方面的评估指标。通过定期的评估，对师资队伍的数字化教学水平进行全面、客观地评估。

2. 建立数字化教育奖励机制

为鼓励师资队伍在数字化教育方面的优秀表现，学校可以设立数字化教育奖励机制，对在教学创新、技术运用等方面取得显著成绩的教师进行奖励。这有助于激发教师的积极性，推动数字化教育的发展。

3. 建立数字化教育团队

数字化时代的教育需要团队合作，学校可以建立数字化教育团队，由技术专家、教育专家、学科专家等多领域人才组成。通过团队协作，师资队伍可以更好地应对数字化时代的教育挑战。

4. 持续学习和发展计划

为确保师资队伍始终具备数字化时代所需的能力，学校可以制订持续学习和发展计划。鼓励教师参加各类培训、学术交流活动，不断提升自身在数字化教育领域的专业水平。

（五）数字化时代师资队伍的发展挑战与应对策略

1. 数字鸿沟问题

在数字化时代，师资队伍中可能存在一些教师对于新技术的应用能力相对较弱，导致数字鸿沟的问题。为应对这一挑战，学校可以通过设立技术培训课程、提供技术指导支持等方式，帮助教师提升数字化教学技能。

2. 教育理念的更新

数字化时代要求教育理念与时俱进，但一些教师可能仍然持守传统的教学观念。学校可以通过组织专题研讨、邀请专家讲座等形式，引导教师更新教育理念，提高数字化时代教育的适应性。

3. 教师个体差异

师资队伍中的教师个体差异较大，包括教学风格、习惯等。学校可以通过差异化培训、制订个性化发展计划等方式，更好地满足不同教师的发展需求，发挥师资队伍的整体优势。

4. 教师工作压力

引入数字化教学可能会增加教师的工作负担和压力。学校应该关注教师的工作情况，提供相应的支持和帮助，确保数字化时代的教学不会给教师带来过大的心理压力。

数字化时代对高职院校师资队伍提出了更高的要求，需要教师不仅具备传统教学的能力，还要具备数字技术应用、创新能力、跨学科合作等多方面的素质。学校应该通过建立相关培训机制、奖励机制、团队合作机制等手段，全面提升师资队伍的数字化教育水平。师资队伍也应主动适应数字化时代的发展，不断学习更新知识，提升自身综合素质，为学生提供更为丰富、高效的教育服务，促使高职院校在数字化时代迎来更大的发展机遇。

三、师资队伍建设的挑战与机遇

师资队伍是高职院校的核心竞争力之一，对其建设的质量和结构直接影响到教育质量和学生培养水平。面对社会经济的不断发展和教育体制的变革，高职院校的师资队伍建设面临着诸多挑战与机遇。下面将对师资队伍建设中的挑战与机遇进行深入分析，并提出相应的应对策略和发展建议。

（一）师资队伍建设面临的挑战

1. 结构不合理的问题

师资队伍结构不合理是目前高职院校面临的一个主要挑战。一方面，可能存在学科结构不均衡，某些热门专业拥有较多教师资源，而一些新兴专业相对匮乏；另一方面，教育层次结构不够完善，博士、硕士和本科学历的比例存在失衡。

2. 人才引进和留用难题

由于高职院校相对于综合性大学在学科建设和科研方面的相对劣势，导致一些优秀的人才不愿意选择在高职院校工作。同时，高职院校可能面临引进优秀人才后，因工作环境、科研条件等方面的原因难以留住他们的问题。

3. 教师培训和发展体系不完善

随着社会的不断发展和新兴技术的涌现，教师需要不断提升自己的教育水平和教学技能。然而，一些高职院校的教师培训和发展体系相对滞后，不能及时满足教师在教学、科研等方面的需求。

4. 教育教学模式的更新与适应

传统的教育教学模式逐渐无法满足现代学生的需求。高职院校的教师可能需要转变教学理念，引入更多互动性、实践性、创新性的教学方法，而这对一些传统教学经验较为丰富的老师来说，可能是一个较大的挑战。

（二）师资队伍建设的机遇

1. 社会对职业教育的重视

近年来，随着社会对职业教育的认知逐渐提高，对于高职院校毕业生的需求不断增加。这为高职院校提供了更多的机遇，有望吸引更多优秀的教育人才加入职业教育的队伍。

2. 信息技术的普及与应用

信息技术的快速发展为高职院校提供了丰富的教育资源和创新的教学手段。教师可以通过在线学习平台、虚拟实验室等工具，更好地开展教学活动，激发学生的学习兴趣，提高教学效果。

3. 政策支持与改革

一些政策的不断出台对于高职院校的师资队伍建设提供了积极的支持。政府对于职业教育的重视以及一些相关政策的改革，有望为高职院校引进更多优秀的教育人才提供更好的环境。

4. 国际化合作的推动

开展国际化合作是提升高职院校师资队伍水平的重要途径。通过与国外优秀学府的合作，可以引进国际一流的教育资源和先进的教学理念，提高师资队伍的国际竞争力。

（三）应对挑战与抓住机遇的策略

1. 建立合理的激励机制

为解决人才引进和留用的问题，高职院校可以建立合理的激励机制，包括薪酬激励、科研支持、职称评定等方面的政策，吸引和留住优秀的师资队伍。

2. 构建全面的教师培训和发展体系

高职院校应该构建全面的教师培训和发展体系，包括定期的培训计划、提供科研支持、鼓励参加学术交流等措施，帮助教师提升自身的综合素质。

3. 加强与行业的合作

高职院校可以加强与行业的合作，通过与企业建立实习实训基地、开展校企合作项目等方式，使教师能够更好地了解行业需求、更新职业技能，从而更好地指导学生就业和实践能力的培养。

4. 推动教育教学模式的创新

面对教育教学模式的更新和适应的挑战，高职院校可以积极探索和推动教育教学模式的创新。借助信息技术手段，引入在线教学、项目化学习、实践导向教学等新模式，激发学生学习兴趣，提高教育教学的效果。

5. 建立国际化人才培养体系

通过与国外高校的合作，高职院校可以建立国际化人才培养体系，引进国际化的教育资源和先进的教学理念。这有助于提高教师的国际视野，推动课程和教学方法的国际化。

6. 强化学科建设与优化结构

为解决结构不合理的问题，高职院校可以进行学科优化和结构调整。通过深入研究市场需求，加强热门专业的建设，同时关注新兴产业的培养需求，优化学科结构，提高学科竞争力。

7. 建设多层次、全方位的培训体系

为了应对教育教学模式的更新与适应的挑战，高职院校可以建设多层次、全方位的教师培训体系。包括定期组织教师参与行业研讨、培训具体的教学技能、提供个性化的发展计划等，使教师能够更好地适应新时代的教学要求。

师资队伍的建设是高职院校可持续发展的基石，面临的挑战和机遇兼具。通过合理的激励机制、完善的培训体系、与行业的深度合作、国际化人才培

养等措施，高职院校可以更好地引进和培养一支高水平的师资队伍，推动学校不断提升教育质量、服务社会经济发展。

在应对挑战与抓住机遇的过程中，高职院校需要不断调整战略规划，灵活运用各种资源，提高师资队伍的整体素质。只有通过持续的努力，高职院校才能在激烈的竞争中脱颖而出，更好地履行教育使命，培养适应社会需求的高素质应用型人才。师资队伍建设的成功将直接影响高职院校的可持续发展和在新时代的应对能力。

第二节　数字化时代对师资队伍的新要求

一、数字素养与师资培训

数字素养是指个体能够有效、安全、创造性地使用数字技术进行工作、学习和生活的能力。随着信息技术的迅速发展，数字素养已经成为师资队伍培训中的重要内容。下面将深入探讨数字素养的概念、重要性，以及数字素养对师资培训的影响，提出相应的培训策略和发展建议。

（一）数字素养的概念与内涵

1. 数字素养的定义

数字素养最早由美国教育家保罗·吉尔登提出，指的是个体能够在数字环境中有效获取、评估、使用信息的能力。后来，随着数字技术的广泛应用，数字素养的内涵逐渐扩展，包括信息素养、媒体素养、创新素养等多个方面。

2. 数字素养的内涵

数字素养主要包括以下几个方面：

信息素养：能够有效地搜索、筛选、整理和利用信息。

媒体素养：能够理解和利用多种媒体形式，对媒体信息进行批判性思考。

技术素养：能够熟练使用各种数字工具和应用，包括办公软件、互联网工具等。

创新素养：能够运用数字技术进行创新，提出新观点、新思路，解决问题。

（二）数字素养对师资培训的重要性

1. 适应数字化教学环境

数字技术已经深刻改变了教育领域，教育环境中普遍存在着数字化的趋势。师资队伍需要具备数字素养，才能更好地适应数字化教学环境，运用数字工具开展教学活动。

2. 提升教学效果与创新能力

数字素养有助于教师更灵活地运用多种数字工具和资源，提升教学的多样性和趣味性。具备数字素养的教师更容易运用创新的教学方法，激发学生的学习兴趣，提高教学效果。

3. 推动课程创新与个性化教育

数字素养有助于教师进行课程创新，引入多样化的教学内容和形式。通过数字工具，教师能够更好地实现个性化教育，满足不同学生的学习需求，提高教学的针对性和适应性。

4. 加强教育评估与数据分析

数字素养使教师更具备教育评估的能力，能够利用数字化手段对学生学习情况进行全面地分析和评估。通过数据分析，教师能够更好地了解学生的学习特点，为个性化教学提供依据。

（三）数字素养师资培训的策略与方法

1. 制订数字素养培训计划

学校可以制订数字素养培训计划，包括培训的时间安排、培训内容、培训形式等方面的详细计划。培训计划应该细化到各个层次，包括初级、中级和高级的培训内容，以满足不同教师的需求。

2. 开展系统性培训课程

通过开展系统性的数字素养培训课程，帮助教师逐步提升数字素养水平。这些课程可以包括基础的数字技术操作培训、信息素养培训、创新教育理念培训等多个方面。培训内容应该紧密结合教学实际，注重实际操作和案例分析，使培训更加实用和有效。

3. 提供在线学习资源

为方便教师随时随地学习，学校可以提供丰富的在线学习资源。这些资源可以包括数字素养教育平台、在线课程、教学视频等。通过灵活的学习方式，教师可以根据自己的时间安排进行学习，提高学习效率。

4. 组织实践活动与案例研讨

除了理论培训，学校还可以组织实践活动和案例研讨，帮助教师将数字素养理论应用到实际教学中。可以通过课堂观摩、教学设计比赛、教学案例分享等形式，促使教师更好地理解和掌握数字素养。

5. 建立数字化学习社区

通过建立数字化学习社区，教师可以在这个平台上进行互动、交流和分享。社区可以包括在线讨论区、博客平台、资源共享平台等，为教师提供一个学习与合作的平台，促进数字素养的共同提升。

6. 评估与认证机制

建立数字素养的评估与认证机制，通过考核和证书的方式激励教师提升数字素养。学校可以设置一定的考核标准，鼓励教师参与培训并完成相关评估，通过认证的教师可以得到相应的荣誉和奖励，提高教师积极参与培训的积极性。

（四）数字素养在未来的发展趋势

1. 人工智能与大数据的整合

未来，数字素养的培训将更加注重人工智能和大数据等新兴技术的整合。教师需要了解和应用人工智能在教学中的应用，利用大数据分析学生学习情况，以更好地个性化指导学生。

2. 虚拟现实与增强现实的应用

随着虚拟现实（VR）和增强现实（AR）技术的不断发展，数字素养的培训将更加关注这两个领域的应用。教师可以通过虚拟实验室、虚拟场景教学等方式，提高学科知识的传递效果。

3. 跨学科知识的融合

未来的数字素养培训将更加注重跨学科知识的融合。教师需要不仅具备自己专业领域的数字素养，还需要了解其他学科领域的数字化应用，促进跨学科的教学和研究。

4. 全球化合作与交流

数字素养培训将更加强调全球化合作与交流。通过与国际先进学府的合作，共享教学资源、经验和最新的教育技术，推动数字素养在全球范围内的提升。

数字素养作为教育领域的重要概念，对师资队伍的培训提出了新的要求。在数字化时代，提升教师的数字素养已经成为教育改革的重要方向。通过制订数字素养培训计划、提供在线学习资源、组织实践活动等多种策略，可以有效提升师资队伍的数字素养水平，更好地适应和引领数字化教育的发展。数字素养的培训不仅有助于提升教学水平，还能够推动教育创新，培养更具创造力和实践能力的学生。

二、教学设计与数字化教育工具

随着科技的飞速发展，数字化教育工具已经成为教学设计中不可或缺的一部分。数字化教育工具通过创新的方式改变了传统的教学模式，为教育提供了更加灵活、多样化的可能性。下面将探讨教学设计与数字化教育工具的关系，分析数字化教育工具在教学设计中的应用，同时提出相应的策略和建议。

（一）教学设计与数字化教育工具的关系

1. 教学设计的概念

教学设计是一种系统性的过程，旨在规划、组织和管理教学活动，以促进学生的学习。它包括确定教学目标、选择教学方法、设计教学内容和评估学生学习成果等环节。

2. 数字化教育工具的概念

数字化教育工具是指利用数字技术和互联网平台，提供支持教学与学习的软硬件工具。这包括在线学习平台、虚拟实验室、教学管理系统、互动白板等多种形式，以促进教育过程的创新和提高教学效果。

3. 关系分析

教学设计与数字化教育工具密切相关，二者相辅相成。教学设计是在教育目标的指导下进行的，而数字化教育工具为实现这些教育目标提供了强大的支持。数字化教育工具可以帮助教师更好地实现教学设计的各个环节，提高教学效果。

（二）数字化教育工具在教学设计中的应用

1. 在线学习平台

在线学习平台是一种数字化教育工具，提供了线上学习资源、教学视频、交互式习题和讨论区等功能。在教学设计中，教师可以通过在线学习平台构建课程内容、布置作业、进行在线测验，实现异地同步学习，满足学生个性化学习需求。

2. 虚拟实验室

虚拟实验室是一种模拟真实实验环境的数字化工具，可以在没有实际实验设备的情况下进行实验操作。在教学设计中，虚拟实验室可以帮助教师设计更安全、更实用的实验内容，同时提供学生更丰富的实践体验。

3. 教学管理系统

教学管理系统是一种数字化教育工具，用于管理和监控教学过程。在教学设计中，教学管理系统可以帮助教师进行课程计划、学生成绩记录、教学资源管理等工作，提高教学效率，使教学过程更加有序和可控。

4. 互动白板

互动白板是一种交互式数字工具，可以将教学内容呈现在大屏幕上，并支持触摸、手势等多种操作方式。在教学设计中，互动白板可以帮助教师进行实时演示、引导学生参与互动，增加课堂的活跃度和趣味性。

5. 个性化学习平台

个性化学习平台利用数据分析和人工智能技术，根据学生的学习情况和特点，提供定制化的学习资源和任务。在教学设计中，个性化学习平台可以帮助教师更好地了解学生的学习需求，设计更贴近学生实际情况的教学内容。

（三）数字化教育工具在教学设计中的优势

1. 增强教学的多样性和趣味性

数字化教育工具可以为教学提供更多样化的教学资源和形式，丰富教学内容，增加学生的学科兴趣。例如，通过在线学习平台可以引入丰富的教学视频、互动游戏等，使学习更加生动有趣。

2. 促进学生的主动学习

数字化教育工具支持学生在非传统教学场景中进行学习，提倡学生自主学习。通过在线学习平台和个性化学习平台，学生可以根据自己的学习节奏和兴趣进行学习，增强学习的主动性。

3. 提高教学效果和效率

数字化教育工具可以帮助教师更好地组织教学过程，提高教学效果。例如，教学管理系统可以帮助教师轻松管理学生信息、成绩记录和教学资源，提高教学的效率。同时，通过在线学习平台和虚拟实验室，教师可以更直观地展示教学内容，使学生更容易理解和掌握知识。

4. 支持个性化教学和差异化教育

数字化教育工具为个性化教学提供了强有力的支持。个性化学习平台可以根据学生的学习进度和水平，为其提供定制化的学习资源，满足不同学生的学习需求。这有助于差异化教育，更好地关注每个学生的发展。

5. 促进实践性教学和实践能力培养

虚拟实验室是数字化教育工具中的一种，可以在虚拟环境中进行实验操作。这有助于提升实践性教学，使学生在实际操作中掌握知识和技能。通过数字化的实践性教学，学生能够更好地培养实践能力和解决问题的能力。

6. 加强教育评估与反馈

教学设计中的数字化教育工具可以支持更有效的教育评估和反馈机制。通过在线学习平台的测验和作业功能，教师可以实时了解学生的学习状况。个性化学习平台也可以根据学生的表现提供及时的反馈和建议，帮助学生更好地调整学习策略。

（四）数字化教育工具在教学设计中的挑战与应对策略

1. 技术设备和网络环境的不均衡

挑战：部分地区和学生可能面临技术设备和网络环境的不足或不均衡，导致无法充分利用数字化教育工具。

应对策略：学校和教育机构需要制定相应的政策，加大对学生和教师的技术设备和网络设施的支持力度。可以通过购置设备、提供网络支持、建设数字化学习中心等方式，促进数字化教育工具的普及。

2. 教师数字素养水平不足

挑战：一些教师可能对数字化教育工具的使用不够熟练，缺乏相应的数字素养。

应对策略：开展系统性的师资培训，提升教师的数字素养水平。培训内容可以包括数字工具的基本操作、教学设计中的应用方法、在线学习平台的使用等。建立数字化教育工具的专业发展机制，鼓励教师不断提升自己的数字化教育能力。

3. 隐私和安全问题

挑战：数字化教育工具涉及学生个人信息和学习数据，可能存在隐私和安全的风险。

应对策略：学校和教育机构需要制定严格的隐私保护政策，确保数字化教育工具的设计和使用符合相关法律法规。加强数字安全教育，提高师生对数字隐私和安全的意识，采取有效措施保障教育数据的安全。

4. 数字化教育工具的有效整合

挑战：教育工具众多，教师在教学设计中可能面临如何有效整合这些工具的问题。

应对策略：建立综合性的数字化教育工具平台，将各类工具整合在一起，方便教师根据教学需求进行选择和使用。同时，推动数字化教育工具的标准化和互操作性，使不同工具能够更好地协同工作。

（五）未来数字化教育工具的发展趋势

1. 人工智能的深度融合

未来数字化教育工具将更加深度融合人工智能技术，通过智能化的教学设计、个性化的学习推荐等方式，提高教学的智能化水平。

2. 增强现实和虚拟现实的应用

随着增强现实（AR）和虚拟现实（VR）技术的发展，未来数字化教育工具将更多地应用于这两个领域，提供更丰富、沉浸式的学习体验。

3. 区块链技术在教育管理中的应用

区块链技术具有去中心化、不可篡改等特点，未来有望在教育管理中发挥作用，确保学生学历、成绩等信息的真实性和安全性。

4. 社交化学习工具的发展

未来数字化教育工具将更加注重社交化学习，通过在线协作工具、社交媒体等平台，促进学生之间的交流与合作，构建更具社交性的学习环境。

5. 开放式资源与开源工具的普及

开放式教育资源和开源工具的普及将推动数字化教育工具更加开放、透明。教育机构和教师可以更灵活地选择、定制、共享数字化教育工具，推动教育资源的共建共享。

6. 终身学习平台的建设

未来数字化教育工具将更加关注终身学习的理念，通过建设终身学习平台，支持学生、教师和其他从业者随时随地获取学习资源，实现教育的全生命周期管理。

数字化教育工具已经成为教学设计中的重要支持手段，为教育提供了更加灵活、多样化的可能性。通过在线学习平台、虚拟实验室、教学管理系统等工具的应用，教师能够更好地设计和组织教学活动，提高教学效果。然而，数字化教育工具的应用也面临着一系列挑战，包括技术设备和网络环境的不均衡、教师数字素养水平的不足、隐私和安全问题等。

为了更好地应对这些挑战，学校和教育机构需要采取相应的策略，包括提升教师的数字素养水平、建设数字化学习环境、制定隐私保护政策等。未来，数字化教育工具的发展将更加注重人工智能、增强现实、社交化学习等方向，推动教育进入数字化时代的新阶段。在这个过程中，教育者需要不断学习，积极适应数字化教育工具的新趋势，为学生提供更优质的教育服务。

三、研究能力与数字创新实践

随着数字化时代的到来，研究能力和数字创新实践在教育领域中变得愈发重要。研究能力是培养学生批判性思维、问题解决和创新能力的核心要素，而数字创新实践则是在数字技术支持下进行的创造性、实践性的活动。下面将探讨研究能力与数字创新实践的关系，分析其在教育中的重要性，以及如何有效地整合这两者进行教学设计。

（一）研究能力的重要性

1. 定义与内涵

研究能力是指个体运用科学方法进行深入思考、调查、分析和解决问题的能力。它涵盖了问题定义、文献综述、实证研究、数据分析、结果解释等多个方面，是培养学生全面发展的关键。

2. 培养创新与解决问题的能力

研究能力的培养能够激发学生的创新潜力，使其具备独立思考和解决问题的能力。通过参与研究项目，学生能够学到实际问题解决的方法，培养创新意识和实践能力。

3. 提升批判性思维与分析能力

研究过程中，学生需要对文献进行批判性分析，理解研究方法和数据，进而形成独立见解。这有助于培养学生的批判性思维和分析能力，使其在面对问题时能够进行深入思考。

4. 促进学科知识的全面掌握

通过研究，学生需要深入学科领域，掌握相关知识，拓宽学科视野。这有助于提升学生对学科知识的全面理解和应用能力。

（二）数字创新实践的重要性

1. 定义与内涵

数字创新实践是指在数字技术的支持下，通过创造性的方式开展实践活动，包括但不限于应用新技术、设计新产品、开发新应用等。这种实践能够促使学生运用数字技术解决实际问题，培养创新思维和实际操作能力。

2. 培养创造性思维与实践能力

数字创新实践注重通过实际项目的开展培养学生的创造性思维和实践能力。在解决实际问题的过程中，学生需要运用所学知识，结合创新思维，提出并实践创新性的解决方案。

3. 提升团队协作与沟通技能

数字创新实践通常是团队合作的过程，学生需要在团队中扮演不同角色，协作完成项目。这有助于提升学生的团队协作和沟通技能，培养团队合作精神。

4. 实现理论与实践的结合

数字创新实践能够将课堂理论知识与实际应用相结合，使学生能够更好地理解和应用所学内容。通过实际项目，学生可以将抽象的理论知识转化为具体的实践经验，加深对知识的理解和掌握。

5. 适应数字化时代的需求

数字创新实践培养学生在数字化时代背景下的实际操作能力。这有助于使学生适应快速变化的科技环境，提前接触并应用最新的数字技术，增强未来职业竞争力。

（三）研究能力与数字创新实践的融合

1. 项目式学习法

项目式学习法是将研究能力与数字创新实践有机结合的一种教学方法。通过组织学生参与具体项目，设计解决方案，实施实践操作，达到理论与实践的有机融合。

2. 跨学科整合

在教学设计中，可以采用跨学科整合的方式，将研究能力和数字创新实践融入不同学科领域的课程。这有助于打破学科之间的界限，促进综合性能力的培养。

3. 实际问题导向的研究项目

设计实际问题导向的研究项目，要求学生通过研究的方式解决实际存在的问题，同时运用数字技术进行创新性实践。这样的项目设计既注重研究的深度，又注重实际问题的解决。

4. 数字化工具的应用

教学设计中可以整合各类数字化工具，例如在线学习平台、虚拟实验室、协作工具等，支持学生在研究和创新实践中运用数字技术。这有助于提高教学的灵活性和互动性。

5. 导师制度的建立

建立导师制度，由有经验的教师担任学生的导师，指导学生进行研究和创新实践。导师可以在学术研究和实践操作上提供指导，帮助学生更好地发展研究能力和数字创新实践能力。

（四）研究能力与数字创新实践的评价机制

1. 综合评价体系

建立综合评价体系，包括学术论文的评价、实际项目成果的评价、团队协作表现的评价等多个维度。通过多方位的评价，全面了解学生的研究能力和数字创新实践能力。

2. 同行评价与互评机制

采用同行评价和互评机制，让学生相互评价和交流经验。这有助于培养学生的批判性思维，促使他们更深入地理解和评价研究与实践的过程。

3. 反思与总结

鼓励学生在研究项目结束后进行反思与总结，撰写学术报告或进行展示。通过学生自我反思，不仅可以评价其研究能力和数字创新实践能力的提高程度，还有助于培养学生的学术写作和沟通能力。

4. 实际应用价值评估

考虑研究项目和数字创新实践在实际应用中的价值。学生的成果是否能够在实际场景中解决问题，是否具备实际应用的可行性和效果，也是评价学生研究能力和数字创新实践的重要标准。

5. 定期进展评估

设立定期的进展评估环节，通过学生提交的研究计划、中期报告等，及时了解项目进展情况。这有助于发现问题、提供指导，确保学生在研究和实践中不偏离正确方向。

（五）数字化教育工具在研究能力与数字创新实践中的应用

1. 在线学习平台

在线学习平台可以为学生提供大量的学术资源、研究文献以及数字创新案例。学生可以通过在线学习平台进行文献检索、参与学术讨论，以提升研究能力。

2. 虚拟实验室

虚拟实验室是一个数字化的实践工具，可以帮助学生在虚拟环境中进行实验操作。通过虚拟实验室，学生能够进行实际项目的数字化模拟，提升实践能力。

3. 协作工具

协作工具如在线文档、团队协作平台等，可以支持学生在团队中进行研究与创新实践。学生可以共同编辑文档、交流想法，促进团队协作，培养团队精神。

4. 数据分析工具

在研究中，数据分析是一个重要的环节。数字化的数据分析工具如统计软件、可视化工具等，可以帮助学生更有效地处理和分析研究数据，提高研究能力。

5. 在线展示与交流平台

为学生提供在线展示与交流平台，让他们能够将研究成果和数字创新实践结果向其他人展示。这不仅有助于分享经验，还培养了学生的学术交流和表达能力。

研究能力和数字创新实践在当今教育中是相互关联且相辅相成的。通过培养学生的研究能力，可以加深其对知识的理解，提高批判性思维和分析能力；通过数字创新实践，可以使学生将所学知识应用于实际问题的解决，培养创新思维和实际操作能力。在教学设计中，应注重研究能力和数字创新实践的整合，采用项目式学习、跨学科整合等方法，充分利用数字化教育工具，建立科学的评价体系，以更好地促进学生全面素养的发展。通过这样的综合培养，学生将更好地适应未来社会对于创新人才的需求，为社会和行业发展做出积极贡献。

第三节 在职培训与专业发展的数字支持

一、在职培训的策略与方式

在当今快速变化的社会和职业环境中，终身学习成为一种必然。在职培训作为一种重要的学习方式，能够帮助职场人员不断提升技能、适应职业发展的需求。下面将探讨在职培训的策略与方式，包括培训计划的设计、实施方式的选择以及评估机制的建立。

（一）在职培训的重要性

1. 适应职业发展需求

职业环境的快速变化要求职场人员具备持续学习的能力，通过在职培训，能够更好地适应职业发展的需求，提高职业竞争力。

2. 提升职业素养与综合能力

在职培训不仅关注专业技能的提升，还注重培养职业素养和综合能力，如沟通能力、领导力、团队协作等，使职场人员更全面地适应工作环境。

3. 促进组织发展与创新

通过为员工提供培训，组织能够培养出更具专业素质和创新能力的团队，推动组织的发展与创新。

（二）在职培训的策略

1. 需求分析与定制化培训计划

在职培训的首要步骤是进行需求分析，了解员工的培训需求和组织的发展目标。基于需求分析的结果，制订定制化的培训计划，确保培训内容与实际工作紧密相关。

2. 多元化的培训方式

在职培训的策略中，采用多元化的培训方式能够更好地满足不同学员的学习需求。包括但不限于传统的面对面培训、在线培训、研讨会、工作坊等多种形式。

3. 导师制度的建立

建立导师制度，为员工提供个性化的培训辅导和指导。导师可以是公司内部的专业人员，也可以是外部专业人士，通过一对一的指导帮助员工解决实际工作中遇到的问题，提高学习效果。

4. 项目实践与案例分析

通过项目实践和案例分析，将培训内容与实际工作场景结合起来。这种培训方式能够使员工更深刻地理解和运用所学知识，提高实际操作能力。

5. 参与度的提升

在职培训中，参与度的提升是关键。采用互动式的培训方法，包括小组讨论、角色扮演、实际操作等，能够激发学员的兴趣，增加学习的主动性。

（三）在职培训的方式

1. 面对面培训

面对面培训是传统的培训方式，通过专业培训师在教室中进行知识传授。这种方式适用于需要集中学习和互动交流的培训内容，能够加强学员之间的沟通和合作。

2. 在线培训

随着网络技术的发展，在线培训成为一种灵活且高效的培训方式。员工可以通过网络学习，自由选择学习时间和地点，适用于异地分布、时间紧张的职场人员。

3. 研讨会与工作坊

研讨会和工作坊是一种互动性强的培训方式，参与者通过小组合作、问题解决等方式进行学习。这种方式能够促进员工思考和讨论，提高学习效果。

4. 远程教育

远程教育利用现代通信技术，将培训内容传递给远离培训场地的学员。这种方式可以通过视频会议、在线课程等手段进行，为异地分布的员工提供方便的学习途径。

5. 挑战性培训

挑战性培训是通过模拟真实工作场景或特定环境，让员工面对实际问题并解决。这种培训方式通过实际操作提高学员的应对能力，适用于需要培养实际操作技能的岗位。

（四）在职培训的评估机制

1. 学员评估

通过学员的学习成绩、参与度、作业完成情况等方面进行综合评估。学员评估可以客观反映培训效果，帮助培训机构调整培训方案。

2. 反馈机制

建立培训反馈机制，收集学员对培训内容、培训师、培训方式等方面的反馈意见。通过学员的反馈，可以及时了解培训中存在的问题，以便进行调整和改进。

3. 实际应用效果评估

培训机构可以通过跟踪学员在实际工作中的表现来评估培训效果。观察学员是否成功应用了在培训中学到的知识和技能，以及对组织的贡献程度。

4. 成本效益分析

进行成本效益分析，评估培训的投入和实际效果之间的关系。这有助于确保培训方案的经济性，使组织在培训中获得更好的回报。

5. 持续改进机制

建立持续改进机制，定期对培训计划、内容和方式进行评估和调整。通过不断地改进，确保培训能够适应职业环境的变化，提高培训的实效性和可持续性。

（五）在职培训的挑战与应对策略

1. 时间和空间限制

在职员工通常面临时间和空间上的限制，难以参与长时间的培训。解决方法包括灵活的培训时间安排、提供在线培训等方式，以适应员工的个体需求。

2. 学习动力不足

由于在职员工通常已经在工作中取得一定的成就，可能对学习动力不足。建立激励机制，包括奖励、晋升机会等，激发员工参与培训的积极性。

3. 培训内容与实际工作脱节

培训内容与实际工作脱节是一个常见问题。确保培训内容紧密结合实际工作场景，通过案例分析、项目实践等方式提高培训的实用性。

4. 技术设施和师资水平不足

在线培训可能面临技术设施和师资水平的不足。投入足够的资源提高技术设施水平，同时培训和提升培训师的专业水平，以保证在线培训的质量。

5. 培训效果难以评估

培训效果的评估是一个挑战，尤其是对于软技能等难以量化的培训内容。采用多元化的评估方式，结合学员评估、实际应用效果评估等方法，全面了解培训的效果。

在职培训作为一种重要的学习方式，为职场人员提供了持续学习和发展的机会。在职培训的策略与方式应当紧密结合组织和学员的实际需求，通过多元化的培训方式、灵活的培训计划、有效的评估机制等手段提高培训的实效性。同时，培训机构和组织需要克服培训过程中面临的挑战，包括时间和空间限制、学习动力不足等问题，通过激励机制、紧密结合实际工作、提升技术设施水平等措施提高培训的质量和可持续性。通过不断改进和创新，在职培训将更好地满足职场人员的学习需求，促进个体和组织的共同发展。

二、专业发展规划与数字化支持

随着社会的不断变化和科技的飞速发展，个体的专业发展规划变得愈加重要。数字化技术在这一过程中扮演了关键的角色，为个体提供了更广泛、更灵活的学习和发展机会。下面将探讨专业发展规划的重要性以及数字化支持在专业发展中的作用，并提出相关的策略和方法。

（一）专业发展规划的重要性

1. 个人职业生涯的指导

专业发展规划是个体在职业生涯中明确职业目标、规划发展方向的重要工具。通过制定专业发展计划，个体可以更清晰地了解自己的兴趣、优势和发展方向，从而更有针对性地选择职业道路。

2. 提高职业竞争力

有计划的专业发展能够使个体在特定领域获得更深厚的专业知识和技能，提高职业竞争力。定期更新专业技能，紧跟行业发展趋势，使个体更具吸引力和竞争力。

3. 职业生涯的长期规划

专业发展规划有助于个体在职业生涯中制定长远目标。通过设定短期、中期和长期的发展目标，个体可以更好地规划自己的职业生涯，并逐步实现目标。

4. 提高工作满意度

合理的专业发展规划可以使个体更好地匹配个人兴趣和职业需求，提高工作满意度。通过实现个人职业目标，个体更有可能在工作中获得成就感和满足感。

（二）数字化支持在专业发展中的作用

1. 在线学习平台

数字化支持提供了广泛的在线学习平台，个体可以通过这些平台获得高质量的学习资源。无论是参加在线课程、学习新技能，还是获取最新的行业信息，在线学习平台都为专业发展提供了便利。

2. 虚拟导师和导航服务

数字化支持可以通过虚拟导师和导航服务提供个性化的职业发展建议。基于个体的兴趣、技能和目标，虚拟导师可以为个体提供定制化的职业发展路线图，并给予实时的建议和指导。

3. 职业社交平台

职业社交平台为个体提供了与行业专业人士和同行交流的平台。通过建立和拓展专业网络，个体可以获取行业内的最新动态、分享经验，甚至找到职业发展的机会。

4. 在线技能认证和培训

数字化支持使得在线技能认证和培训更加便捷。通过在线平台获得的技能认证具有广泛的国际认可度，这有助于提高个体的职业竞争力。

5. 个性化学习路径

数字化支持可以根据个体的学习兴趣和需求提供个性化的学习路径。通过智能算法和数据分析，个体可以获得更加精准的学习建议，使学习过程更高效、更符合个体的实际需求。

（三）数字化支持下的专业发展策略

1. 设定明确的职业目标

在数字化支持的背景下，个体应当明确自己的职业目标。通过分析行业趋势、个体兴趣和优势，设定短期和长期的职业目标，形成有针对性的专业发展规划。

2. 利用在线学习资源

个体可以利用数字化支持提供的在线学习资源，不断提升自己的专业知识和技能。参与在线课程、学习新技术，保持对行业的持续学习，以应对职业发展中的挑战。

3. 积极参与职业社交

通过数字化支持的职业社交平台，个体可以积极参与行业内的社交活动。建立和拓展专业人脉，参与行业讨论和分享，获得行业内的认可和支持。

4. 定期进行职业规划评估

利用数字化支持的工具和平台，定期进行职业规划评估。评估个体的职业目标是否与行业趋势保持一致，是否需要调整发展方向，以保持职业规划的灵活性和时效性。

5. 不断更新技能认证

数字化支持提供了便捷的在线技能认证途径，个体应当不断更新自己的技能认证。获取行业认可的技能证书，增加个体的职业竞争力，提高薪资水平。

（四）数字化支持下的挑战与应对策略

1. 信息过载

数字化支持带来了大量的信息，个体可能面临信息过载的挑战。为应对这一挑战，个体需要学会有效地筛选和整理信息，专注于与自身职业发展相关的内容，避免陷入无效的信息泛滥。

2. 技术更新速度快

随着技术的不断更新，个体需要保持对新技术的敏感性，并及时进行学习和适应。建议个体关注行业动态，利用数字化支持的在线学习平台，定期更新自己的技术知识。

3. 虚假信息与可信度

在数字化环境中，虚假信息的传播也成为一个问题。个体需要提高辨别信息真实性和可信度的能力，选择信誉良好的学习平台和认证机构，以确保所获取的信息和技能具有实际价值。

4. 个人隐私安全

数字化支持带来了更多的个人数据和信息的交互，因此个体需要关注个人隐私的安全。采取有效的隐私保护措施，避免个人信息被滥用，选择信誉良好的在线学习平台。

5. 数字鸿沟

一些个体可能由于技术水平较低或数字素养不足而面临数字鸿沟的问题。为解决这一挑战，社会和机构应提供相关的培训和支持，帮助个体更好地融入数字化发展的大潮中。

专业发展规划是每个个体职业生涯中的重要组成部分，数字化支持为其提供了更广泛、更灵活的学习和发展机会。通过合理利用在线学习平台、虚拟导师服务、职业社交平台等数字化支持工具，个体可以更加有针对性地进行专业发展规划，提高职业竞争力。然而，数字化支持也带来了一系列挑战，包括信息过载、技术更新速度快、虚假信息与可信度、个人隐私安全以及数字鸿沟等问题。在面对这些挑战时，个体需要保持敏感性和适应性，提升自身的信息筛选和辨别能力，同时社会和机构也应提供相应的培训和支持，以确保每个个体都能充分受益于数字化支持的专业发展机会。通过共同努力，数字化时代将为更多人实现个人职业目标和发展愿望提供更加便捷、高效的途径。

三、学科交流与数字资源分享

学科交流与数字资源分享是当今教育领域中的重要主题之一。随着信息技术的飞速发展，数字资源的应用为学科交流提供了全新的可能性。下面将探讨学科交流和数字资源分享的意义，分析数字资源在学科交流中的角色，并提出促进学科交流与数字资源分享的策略与方法。

（一）学科交流的意义

1. 促进学科发展

学科交流有助于不同领域的专业人士分享最新的研究成果、思想和方法，促进学科的发展。通过交流，各个学科领域能够借鉴彼此的经验和知识，推动学科的进步。

2. 激发学术创新

学科交流为学术创新提供了平台。通过学者之间的讨论与互动，新的研究问题、方法和理论往往会应运而生，推动学科不断创新。

3. 拓宽学科视野

学科交流使研究者能够了解其他领域的研究动态，拓宽学科视野。这有助于研究者更全面地理解问题，促使跨学科研究的发生，推动不同学科之间的融合。

4. 建立学术合作关系

学科交流是建立学术合作关系的重要途径。通过交流，学者们有机会相互了解、合作研究，共同攻克学科面临的难题，推动学科合作的深入发展。

（二）数字资源在学科交流中的角色

1. 数字资源的搜集与整合

数字资源包括文献、数据集、多媒体资料等，能够为学科交流提供丰富的信息。研究者可以通过数字资源的搜集与整合，获取到最新的研究成果和学科发展动态。

2. 在线学术社交平台

数字资源支持在线学术社交平台的建设，如学术论坛、专业社交网络等。这些平台为学者提供了在线交流的场所，促使学术讨论的广泛展开，加速学科发展。

3. 开放获取期刊与数据库

开放获取期刊和数据库为学者提供了免费获取学术资源的途径。通过数字化的形式，研究成果更容易被广泛传播，提高了学科交流的效率和广度。

4. 在线研讨会和网络讲座

数字资源支持在线研讨会和网络讲座的举办。学者可以通过互联网参与全球性的学术活动，听取来自不同地区的专家的报告，促进跨地域学科交流。

5. 虚拟实验室与仿真技术

数字资源在虚拟实验室和仿真技术中的应用，使得学者们能够进行跨学科的实验研究。这有助于在不同学科领域间进行实质性的交流，推动多学科的融合与发展。

（三）促进学科交流与数字资源分享的策略与方法

1. 建设数字资源平台

学术机构和科研机构可以建设数字资源平台，为学者提供存储、检索和分享数字资源的便利。这些平台可以涵盖文献数据库、多媒体资源库、实验数据集等。

2. 推动开放获取

鼓励学者将研究成果以开放获取的形式发布，促进学科交流。学术期刊、数据库等应支持开放获取的出版模式，以确保研究成果能够更广泛地被他人获取和利用。

3. 支持在线学术社交平台

学术机构和科研机构可以支持并推动在线学术社交平台的发展。为学者提供交流、讨论的在线平台，激发学术创新，促进学科间的交流与合作。

4. 组织跨学科研讨活动

组织跨学科的研讨会、研究项目等活动，推动不同学科之间的交流与合作。通过提供跨学科的平台，促使研究者深入了解其他领域的研究，从而产生新的研究思路和方法。

5. 提倡虚拟实验室与仿真技术

支持虚拟实验室和仿真技术的应用，使得学者能够在虚拟环境中进行实验研究。这不仅降低了实验成本，还为不同学科的研究者提供了合作的机会，推动多学科的融合。

6. 推动数字资源分享文化

培养数字资源分享的文化，鼓励学者将自己的研究成果、数据、代码等以开放的形式分享出来。学术机构可以通过奖励措施、政策支持等方式，推动学者更加积极地参与数字资源的分享。

7. 加强数字素养培训

加强学者和研究人员的数字素养培训，提高其使用数字资源的能力。培训内容可以包括数字资源的搜索、评估、管理等方面的技能，以更好地支持他们在学科交流中的需求。

（四）学科交流与数字资源分享的挑战与应对策略

1. 信息质量和真实性

挑战：数字资源的广泛使用可能面临信息质量和真实性的问题，因为并非所有信息都经过专业的审核和验证。

应对策略：学术机构和出版商应推动更加严格的信息审核制度，确保数字资源的质量和真实性。学者也需要提高对信息的辨别能力，审慎选择可信度高的数字资源。

2. 知识产权和版权问题

挑战：在数字资源分享过程中，涉及知识产权和版权问题，可能受到法律限制。

应对策略：学术机构和学者应遵守知识产权和版权法规，通过明确的合作协议、授权方式等手段解决相关法律问题，确保数字资源的合法分享。

3. 技术标准和互操作性

挑战：不同学科领域使用的数字资源可能存在技术标准和互操作性的差

异，导致不同系统之间难以有效整合。

应对策略：推动制定跨学科领域的数字资源共享的技术标准，并采用开放的数据格式，以提高数字资源的互操作性，方便不同学科之间的交流与合作。

4. 数字鸿沟

挑战：一些地区或机构由于技术水平和资源的不平衡，可能面临数字鸿沟问题，影响学科交流的平等性。

应对策略：采取措施推动数字资源技术的普及与共享，建设数字化基础设施，提高各地区和机构的数字素养，缩小数字鸿沟，确保学科交流的平等性。

学科交流与数字资源分享相辅相成，共同推动了学术研究的发展。通过数字资源的广泛应用，学者们能够更加便捷地获取、分享、交流信息，促进学科的跨界合作与创新。然而，这一过程中也面临着诸多挑战，如信息质量、知识产权、技术标准等问题。为此，学术机构、政府以及学者们需要共同努力，制定相关政策、推动技术标准的统一，以促进学科交流与数字资源分享的健康发展。在数字化时代，更好地利用数字资源，将为学科交流注入新的活力，推动学术研究不断迈向新的高峰。

第四节　教学团队协同与知识共享的数字化实践

一、教学团队建设的理念与模式

教学团队是推动教育创新、提高教学质量的关键因素之一。在不同的学校和教育机构中，教学团队建设的理念和模式对于促进教师协作、提升教学效果至关重要。下面将探讨教学团队建设的核心理念，分析不同的建设模式，并提出促进教学团队健康发展的策略与方法。

（一）教学团队建设的核心理念

1. 协作与共享

教学团队建设的核心理念之一是协作与共享。团队成员之间应该建立积极的协作关系，共同分享教学经验、资源和创新理念。通过团队协作，教师们能够互相启发、相互学习，共同提高教学水平。

2. 专业发展与学习共同体

教学团队应该被视为一个专业发展的学习共同体。在这个共同体中，教师们不仅仅是知识的传递者，更是学习者。通过共同研讨、探讨教学问题，建立共同的教学理念，促使教师在专业发展上不断进步。

3. 学生关注与关怀

关注学生的发展和需求是教学团队建设的重要理念。教师团队应该共同关心学生的学习情况、心理健康等方面的问题，形成一种共同的关怀文化。通过共同关心学生，教学团队能够更好地配合，提供更有针对性的教学服务。

4. 创新与持续改进

教学团队建设应该注重创新和持续改进。教师们应该鼓励尝试新的教学方法、工具，不断反思和改进自己的教学方式。团队应该形成一种持续学习和改进的文化，以适应不断变化的教育坏境。

（二）教学团队建设的模式

1. 专业学科团队

专业学科团队是以学科为基础组建的教学团队。这种模式下，教师们根据所属学科组成团队，共同研究学科知识、教学方法，开展学科交流和合作。这种模式有助于深化学科专业化，提高教学的学科针对性。

2. 年级或年龄段团队

按年级或年龄段组建的团队将教师按照所负责的年级或年龄段进行组合。这样的团队更关注学生在不同学段的教育需求，可以共同研究相似年龄组学生的特点和发展规律，提供更贴近学生的教学服务。

3. 跨学科团队

跨学科团队由来自不同学科领域的教师组成，旨在促进跨学科的教学合作。这种模式有助于打破学科之间的壁垒，推动跨学科的教学和研究活动，培养学生更全面的知识结构。

4. 教学创新团队

教学创新团队注重教学方法和工具的创新。该团队组建的目的是推动教育的创新，尝试新的教学理念、技术和模式。这种团队强调成员的创造力和教育创新的精神。

（三）促使教学团队健康发展的策略与方法

1. 建立共同的教育理念

教学团队成员应该共同建立起一个共同的教育理念。这需要团队成员之间进行深入的讨论和合作，明确团队的教育目标和核心价值观。共同的理念可以作为团队协作的基础，促使成员更好地协同工作，以实现共同的教育愿景。

2. 设立专门的团队建设培训

为教学团队提供专门的团队建设培训是促进团队健康发展的有效手段。培训内容可以包括团队合作技能、沟通技巧、冲突解决等方面，帮助成员更好地理解和适应团队工作的特点，提高团队协作效率。

3. 制定明确的角色和任务分工

明确团队成员的角色和任务分工，有助于提高团队运作的效率。每个成员应清楚自己的职责和贡献，形成互补性的合作关系。明确的角色和任务分工有助于减少团队内部的混乱和冲突。

4. 鼓励定期的团队会议和交流

定期的团队会议和交流是维持团队合作的重要方式。通过定期的沟通，团队成员可以分享教学心得、解决问题，促进团队内部信息的流通和共享。

会议也是协调团队工作、调整团队方向的有效平台。

5. 提供资源和支持

为教学团队提供足够的资源和支持，是确保团队建设顺利进行的关键。这包括教学设备、教材、专业培训、研究经费等方面的支持，以满足团队成员在教育创新和教学研究方面的需求。

6. 建立反馈机制

建立团队内部的反馈机制，有助于及时发现和解决团队内部存在的问题。成员之间可以定期进行互相评价，团队领导也应定期组织团队评估，以不断改进团队合作的方式和效果。

7. 鼓励教师自主发展

支持和鼓励教师自主发展是团队建设中的重要环节。教师应该被鼓励参加各类专业培训、学术研讨会，拓展自己的知识领域和教育理念。通过个体的发展，整个团队也能够得到更大的丰富和进步。

（四）教学团队建设的挑战与应对策略

1. 人员变动与团队稳定性

挑战：人员的变动可能会影响到团队的稳定性，新成员的融入也需要一定的时间。

应对策略：建立定期的培训和融入机制，帮助新成员更快地适应团队文化。同时，通过定期的团队建设活动，增进成员之间的彼此了解，提高团队的凝聚力。

2. 团队目标与个体目标的平衡

挑战：团队的共同目标可能与个体教师的个人发展目标存在矛盾，导致团队合作得不充分。

应对策略：在建立团队目标时，充分考虑个体成员的需求和期望，形成一种既符合团队整体利益又兼顾个体发展的平衡机制。鼓励个体成员在团队中找到自己的价值和成就感。

3. 跨学科合作的挑战

挑战：跨学科合作需要不同学科领域的教师具备跨学科的知识和能力，这可能增加合作的难度。

应对策略：提供相关的跨学科培训和资源支持，帮助团队成员更好地适应跨学科合作的需求。建立跨学科的合作文化，促使不同学科的教师协同工作，共同推动团队的发展。

4. 信息沟通与团队协作

挑战：信息沟通可能因为团队成员之间的差异，或者信息传递不畅造成困扰。

应对策略：建立多元化的信息沟通渠道，包括定期的会议、在线平台、邮件等。采用清晰明了的沟通方式，确保信息传递的准确性和高效性。鼓励团队成员提出建议，共同完善沟通机制。

教学团队建设作为推动教育改革和提升教学质量的关键手段，在教育领域扮演着重要的角色。通过建立共同的理念、明确的角色分工、专业发展机会以及有效的沟通机制，教学团队可以更好地协同工作，提高教学效果。然而，教学团队建设仍然面临着人员变动、目标平衡、跨学科合作等多方面的挑战，需要采取相应的策略和方法来促进团队的健康发展。

二、知识管理与数字化平台建设

随着信息技术的迅速发展，知识管理和数字化平台建设已成为各个领域中不可或缺的重要组成部分。在教育、企业、科研等领域，有效的知识管理和数字化平台能够促进信息的共享、创新的发生，提高工作效率和决策水平。

（一）知识管理的理念

1. 定义与概念

知识管理是一种系统化的方法，旨在有效地捕捉、组织、分享和应用组织内的知识资产。这包括员工的经验、专业技能、文档、数据库等各种形式的知识。知识管理的目标是促进组织内部的学习和创新，提高整体绩效。

2. 核心理念

共享与协作：知识管理强调共享和协作，通过打破信息孤岛，使得组织内部的知识能够流动和传递，促进团队协作，推动创新。

学习与适应：知识管理鼓励组织学习和适应变化。通过不断地积累新知识，组织可以更好地适应外部环境的变化，提高抗风险能力。

价值创造：知识管理将知识视为一种战略性的资产，旨在通过有效的知识活用，创造更大的价值。这包括提高生产效率、推动创新、增强竞争力等方面的价值。

（二）数字化平台建设模式

1. 集中式平台模式

集中式平台模式是指通过建立一个中央化的数字化平台，集成各类知识管理工具和资源，实现信息的集中存储和管理。这种模式具有集中式管理、统一标准、易维护的优势，适用于中小型组织或对知识管理要求较为标准化的场景。

2. 分布式平台模式

分布式平台模式强调在不同部门或团队建立相对独立的数字化平台，各自负责本部门或团队的知识管理和信息共享。这种模式强调局部的灵活性和自主性，适用于组织结构较为复杂、分布式团队协作紧密的情景。

3. 云计算与 SaaS 模式

云计算和 SaaS（软件即服务）模式将知识管理系统部署在云端，通过互联网提供服务。这种模式具有灵活性高、成本低、可扩展性好的特点，适用于需要随时随地访问和共享知识的场景。

4. 人工智能与智能化平台

人工智能和智能化平台模式将先进的技术应用于知识管理系统，通过自动化、智能化的手段提高知识的获取、分析和利用效率。这包括知识图谱、自然语言处理、推荐系统等技术的应用，为用户提供更智能化的知识服务。

（三）知识管理与数字化平台应用案例

1. 企业知识管理平台

许多大型企业采用集中式平台模式，建立企业级的知识管理平台。例如，微软的 Share Point 平台允许企业员工协作、共享文档、建立团队网站，实现了信息的集中化管理和高效的协作。

2. 学术研究平台

学术界广泛使用数字化平台进行学术知识管理。例如，学术搜索引擎 Google Scholar 可以提供全球范围内的学术文献检索服务，帮助研究者获取最新的学术资讯。

3. 教育领域的在线学习平台

在线学习平台如 Coursera、edX 等通过数字化手段整合各类学习资源，提供丰富的在线课程、教学视频和交流平台，为学生和教育机构提供了全新的学习方式和知识管理工具。

4. 医疗卫生领域的电子病历系统

医疗卫生领域采用数字化平台进行电子病历管理。电子病历系统使医生能够实时记录患者的健康信息，促进医疗信息的共享与协作，提高医疗服务的质量和效率。

三、教学资源共享与协同研究

教学资源共享与协同研究是教育领域中一项重要的工作，旨在促进教育资源的充分利用和教育实践的不断创新。随着信息技术的不断发展，教育资源的获取和分享变得更加便利，协同研究也得到了更广泛的实施。下面将深入探讨教学资源共享与协同研究的定义、意义、模式、挑战以及未来的发展方向。

（一）教学资源共享的定义与意义

1. 教学资源共享的定义

教学资源共享是指教育工作者在教学设计、教材编写、课程开发等方面所创造和积累的各类教育资源，通过合适的平台和渠道进行共享，以实现资源的互通、共享和再利用。

2. 意义与价值

提高教学质量：通过共享优质的教学资源，教育工作者可以获得更多有价值的教学素材和方法，提高教学的质量和效果。

降低教育成本：共享资源可以减少重复劳动，避免资源的浪费，降低教育实践的成本，使有限的教育资源得到更充分的利用。

促进教育创新：不同教育工作者的经验和观点通过共享可以碰撞出更多的创新思想，推动教育领域的不断创新和进步。

实现教育公平：资源共享可以弥补不同地区、学校之间的教育资源差距，促进教育的公平和平等。

（二）教学资源共享的模式

1. 教育资源库和平台

搭建教育资源库和平台是一种常见的教学资源共享模式。这些平台可以是由政府、学校、教育机构建设和维护的，也可以是由第三方机构或个人搭建的。例如，国家级的数字教育资源库、学科专业的资源平台等。

2. 社交媒体与在线社区

社交媒体和在线社区为教育工作者提供了一个开放的共享平台。通过在社交媒体上分享教学心得、资源和经验，教育工作者可以跨越地域和学科的限制，获得更广泛的教学反馈和建议。

3. 合作式教学设计

合作式教学设计是指教育工作者在教学设计的过程中进行协同合作，共同制定教学目标、教学方法和评估方式，共享设计过程中产生的各种教育资源。这种模式注重多方参与和共同创造的理念。

4. 开放教育资源（OER）

开放教育资源是一种开放获取的教育资源，包括课程教材、教学视频、试题库等，以免费的形式提供给教育从业者和学习者使用。OER 通过开放授权，鼓励用户共享、修改和再利用。

（三）协同研究的定义与模式

1. 协同研究的定义

协同研究是指多个研究者在共同的研究主题下展开协作合作，通过共享资源、经验和思想，共同完成研究项目并产出研究成果。

2. 协同研究的模式

跨学科研究：不同学科领域的研究者协同合作，通过整合不同学科的知识和方法，解决复杂的科学问题。

国际合作研究：研究者跨越国界进行合作，共同开展国际性的研究项目，促进全球范围内的科研合作。

产学研合作：学术界、工业界和政府机构共同合作，将研究成果应用于实际产业，推动科研成果的转化。

教育实践研究：教育从业者和研究者共同参与教育实践，并通过反思实践、研究课堂现象，共同推动教育研究的发展。

（四）教学资源共享与协同研究的挑战

1. 版权和知识产权问题

在教学资源共享中，涉及版权和知识产权的问题。一些教学资源可能受到法律保护，未经授权的分享可能侵犯知识产权，因此在共享过程中需要谨慎处理这些问题。

2. 质量和可信度难以保证

由于共享资源的来源广泛，质量和可信度难以保证成为教学资源共享面临的挑战之一。教育工作者在选择和使用共享资源时，需要谨慎评估资源的质量和可信度，以确保其符合教学要求和学科标准。

3. 协同研究的沟通和协调难题

在协同研究中，研究者之间可能存在时空上的分隔，导致沟通和协调困难。语言、文化差异以及工作风格的不同也可能影响合作效果。因此，有效的沟通和协调机制是协同研究中需要解决的问题。

4. 数据安全和隐私保护

在协同研究中，涉及大量的数据共享和交流。数据的安全性和隐私保护是一个严峻的问题，特别是在跨国、跨机构的合作中，不同地区的法规和标准不一，增加了数据管理的复杂性。

第五节　创新教学方法与数字技术的融合

一、创新教学方法的分类与特点

创新教学方法在当今教育领域扮演着至关重要的角色，帮助教育者更好地适应学生的需求、促进学生的全面发展。下面将深入探讨创新教学方法的分类及其特点，以便更好地了解和应用这些方法。

（一）创新教学方法的分类

1. 基于教学目标的分类

问题解决型教学法：以问题为导向，通过学生参与解决实际问题的过程来实现教学目标。这种方法注重培养学生的分析和解决问题的能力。

项目式教学法：将学科知识融入到具体的项目中，通过实际项目的设计和完成来实现知识的学习。学生通过项目的实践性活动，更好地理解和应用知识。

2. 基于学习活动的分类

合作学习法：强调学生之间的协作与合作，通过小组讨论、项目合作等方式促进学生的互动与交流，培养团队合作精神。

问题导向学习法：学生通过自主提出问题、寻找问题答案的过程来推动学习。教师更充当引导者的角色，引导学生主动探究。

3. 基于教学策略的分类

翻转课堂法：将课堂上的传统教学内容转移到课外，让学生在家自学基础知识，而课堂时间用于深度讨论和实践。

游戏化教学法：利用游戏元素设计教学活动，通过游戏情境激发学生的学习兴趣，提高参与度和记忆效果。

（二）创新教学方法的特点

1. 学生参与程度高

创新教学方法注重学生的主动参与，通过各种方式激发学生的兴趣和积极性。学生在问题解决、项目完成、合作学习等过程中更加积极参与，不再是被动接受知识。

2. 注重实践与应用

创新教学方法更强调知识的实际应用和解决问题的能力培养。项目式教学、问题导向学习等方法让学生在实际情境中应用知识，培养实际解决问题的能力。

3. 个性化学习体验

创新教学方法通过灵活的教学设计和个性化的学习路径，满足不同学生的学习需求。翻转课堂、个性化学习计划等方式让学生更好地根据自身情况学习，提高学习效果。

4. 培养团队协作能力

合作学习、项目式教学等创新方法强调学生之间的合作与协作。学生通过小组合作完成任务，培养了团队协作、沟通和领导能力，为未来的职业发展奠定基础。

（三）创新教学方法的应用领域

1. 高等教育

在大学和研究机构中，创新教学方法得到了广泛的应用。研究型项目、实验课程、翻转课堂等方法在高等教育中取得了显著的效果。这些方法有助于培养学生的批判性思维、创新能力和实践能力，提高他们在未来职业中的竞争力。

2. 中学教育

创新教学方法在中学教育中也有广泛的应用。例如，问题解决型教学法可以培养学生独立思考和解决问题的能力，而合作学习法则有助于培养学生的团队协作和沟通能力。这些方法使学生更活跃地参与课堂，提高学科知识的掌握程度。

3. 职业教育

创新教学方法在职业教育中同样发挥着重要的作用。通过项目式教学，学生可以更好地将理论知识与实际应用相结合，提高职业技能。翻转课堂可以使学生在课堂上解决实际问题，增强实际操作能力。

4. 终身学习

随着社会的不断发展和知识的更新迭代，终身学习成为一种必然的趋势。创新教学方法通过注重个性化学习、独立思考和实践应用，为终身学习提供了更灵活、更有效的教育方式。

（四）创新教学方法的挑战与对策

1. 师资培训与支持

创新教学方法的应用需要教师具备相应的教学技能和知识储备。因此，提供师资培训和支持是关键。学校和机构可以组织定期的培训课程，帮助教师掌握创新教学方法，并提供实际操作的机会。

2. 技术支持与设施条件

一些创新教学方法需要借助现代技术工具和设施，例如电子白板、在线学习平台等。学校需要提供必要的技术支持和良好的设施条件，以确保教学顺利进行。

3. 评估体系的建立

传统的评估体系可能无法全面评价创新教学方法的效果。建立适应创新教学的评估体系，包括学生学科知识水平、实际应用能力、团队协作等方面的评估，是一个亟待解决的问题。

4. 课程设计和管理的调整

创新教学方法可能需要对课程设计和管理进行一定的调整。教育机构需要灵活运用不同的教学方法，根据学科特点和学生需求进行合理的安排和组织。

二、数字技术在教学方法中的应用

数字技术的迅猛发展正在深刻地改变着教育领域的面貌。在教学方法方面，数字技术的应用为教育带来了更广阔的发展空间，丰富了教学手段，提升了教学效果。下面将深入探讨数字技术在教学方法中的应用，包括其在不同层次的教育阶段中的具体实践。

（一）数字技术在幼儿教育中的应用

1. 互动式学习应用

在幼儿教育中，数字技术为互动式学习提供了新的途径。例如，基于触摸屏的学习应用和互动教学软件可以通过生动的界面和多媒体元素激发幼儿的学习兴趣，帮助他们更好地理解知识。

2. 个性化学习体验

数字技术的应用还使得幼儿教育更趋向于个性化。通过学习应用的数据分析，教育者可以更好地了解每个幼儿的学习情况，调整教学策略，提供更贴近个体差异的学习体验。

3. 虚拟实境体验

数字技术还为幼儿提供了虚拟实境体验的机会，通过虚拟现实（VR）和增强现实（AR）技术，幼儿可以身临其境地参与到各种学习场景中，增强对知识的直观理解。

（二）数字技术在中小学教育中的应用

1. 在线教育平台

数字技术在中小学教育中推动了在线教育平台的发展。学生可以通过互联网获取到更加丰富多样的教学资源，参与在线课程，进行远程学习，打破了时空的限制。

2. 数字化教材与电子图书

数字技术的应用使得传统纸质教材逐渐数字化，学生可以通过电子设备阅读电子图书、参与互动式教学，促使学科知识更生动有趣。

3. 在线作业与评估系统

数字技术为中小学教育提供了便捷的在线作业与评估系统。教师可以利用这些系统更方便地布置作业、收集学生作业，同时实时了解学生的学习状况，有助于个性化的教学策略的制定。

（三）数字技术在高等教育中的应用

1. 远程教学与在线课程

数字技术为高等教育带来了远程教学的可能性。通过在线课程和远程教学平台，学生可以在不同的地点参与到高质量的教学活动中，同时拓宽了学生的学科选择范围。

2. 虚拟实验室与模拟软件

在高等教育的实验教学中，数字技术的应用使得虚拟实验室和模拟软件成为现实。学生可以通过这些工具进行实验操作，观察实验结果，提高实验教学的效率和安全性。

3. 在线学术研究工具

数字技术为高等教育研究提供了丰富的在线工具。学者可以利用学术数据库、在线期刊等资源进行学术研究，推动科研工作的进展。

（四）数字技术在职业教育中的应用

1. 虚拟培训与模拟实践

在职业教育中，数字技术的应用为学生提供了虚拟培训和模拟实践的机会。通过虚拟现实技术，学生可以在模拟环境中进行实际操作，提高实际工作能力。

2. 在线职业培训平台

数字技术的应用推动了在线职业培训平台的发展。职业教育者可以通过这些平台为学生提供职业技能培训，提高其在职场中的竞争力。

3. 实时反馈与个性化辅导

数字技术的应用使得职业教育更具实时性。教育者可以通过在线系统为学生提供实时反馈，同时结合数据分析为学生提供个性化的辅导方案。

（五）数字技术在终身教育中的应用

1. 个性化学习路径

数字技术的应用为终身教育提供了更加个性化的学习路径。学习者可以根据自身需求和兴趣选择适合自己的学习内容，制订个性化的学习计划。

2. 在线社群与学习网络

在终身教育中，数字技术促进了在线社群和学习网络的形成。学习者可以通过在线社交平台、学习网络等与其他学习者进行交流与合作，分享学习经验，形成学习社区，促进知识的共享与交流。

3. 数字化学历与证书

数字技术的应用推动了学历和证书的数字化。学习者可以通过在线平台完成学习任务，获得数字化的学历和证书，更方便地记录个人学习成果和能力。

4. 智能化学习助手

在终身教育中，数字技术的智能化应用成为学习者的重要助手。智能化学习助手通过分析学习者的学习行为，为其提供个性化的学习建议、推荐学习资源，提高学习效果。

第六章　高职院校数字化时代学生管理与发展

第一节　学生发展的关键阶段与需求

一、学生发展心理学的基本理念

学生发展心理学是心理学的一个分支，关注的是个体在学校环境中的成长与发展。它研究学生在不同年龄阶段的认知、情感、社会和身体发展，以及这些发展如何受到学校环境、教育政策和家庭因素的影响。下面将探讨学生发展心理学的基本理念，包括其核心概念、主要理论和实践应用。

（一）发展阶段理论

1. 爱因斯坦的发展阶段理论

爱因斯坦提出了学生发展的经典阶段理论，分为幼儿期、儿童期、青少年期和成年期。每个阶段都有特定的发展任务和心理特征，而过渡阶段则是个体在发展中的关键时期。

2. 皮亚杰的认知发展理论

皮亚杰的认知发展理论强调儿童认知的主动构建过程。他将认知发展划分为感知动作阶段、前运算阶段、具体运算阶段和形式运算阶段。这一理论对教育实践产生了深远的影响，强调教育应该符合学生的认知发展水平。

（二）自我概念与身份认同

1. 自我概念的形成

自我概念是个体对自己的认知、评价和感觉，是学生发展心理学关注的重要方面。自我概念的形成受到家庭、学校、社交关系等多方面因素的影响，而教育者在塑造正面自我概念方面发挥着重要作用。

2. 身份认同的建构

身份认同是学生对自己在社会中的位置、角色和价值的认知，它在青少年期尤为显著。身份认同的建构受到同龄人、文化、性别等多方面因素的影响，教育环境应该促进学生积极的身份认同发展。

（三）社交发展与人际关系

1. 同伴关系的重要性

同伴关系在学生社交发展中占据重要地位。学生在同伴关系中学会合作、沟通、解决冲突等社交技能，这对于其整体发展和心理健康具有深远影响。

2. 师生关系与学业投入

师生关系对学生学业投入和学术成就有显著影响。支持性的师生关系能够激发学生学习的兴趣和积极性，增强其对学校的认同感和归属感。

（四）学业动机与成就动机

1. 学业动机的构建

学业动机是学生参与学习活动的内在动力。学生的学业动机受到个体差异、任务特征和学校环境等多重因素的影响，教育者应该关注激发学生的内在学习动机，提高其学业投入和成就水平。

2. 成就动机的培养

成就动机涉及学生对成功和失败的态度、对竞争的应对方式等。教育者通过提供适当的挑战、认可学生的努力和成就，可以培养学生积极的成就动机，促进其更好地面对学业挑战。

（五）心理健康与应对策略

1. 心理健康的重要性

心理健康是学生发展中不可忽视的一环。良好的心理健康有助于学生更好地适应学校生活、处理压力和建立积极的情感状态。

2. 应对策略的培养

学生在面临挑战和压力时需要有效的应对策略。教育者可以通过教授问题解决、情绪调节等技能，帮助学生建立积极的应对机制，提高应对困难的能力。

（六）家庭环境与教育支持

1. 家庭环境的影响

家庭环境是学生发展的重要背景因素。家庭对学生的期望、对教育的态度以及对学业的支持都会对学生的发展产生深远的影响。

2. 教育支持的作用

教育支持是指学校和教育者提供给学生的资源和帮助。充分的教育支持可以促进学生的学业投入、社交发展和心理健康，降低学业压力。

（七）跨文化因素的考虑

1. 文化差异的影响

学生发展心理学也需要考虑跨文化因素。不同文化对于个体发展的期望、价值观念、教育方式等都存在差异，因此学生发展心理学理论和实践应当考虑并尊重不同文化背景下学生的个体差异。

2. 多元化教育策略

跨文化因素的考虑需要反映在教育策略的制定中。多元化的教育策略应该尊重和包容不同文化背景学生的需求，为他们提供有针对性的支持和资源。

二、数字化时代学生需求的多元化

随着科技的飞速发展，数字化时代为教育带来了深刻的变革。学生在数字化时代的需求变得更加多元化，不仅包括传统学科知识的获取，还涉及技术能力、创新思维、社交技能等方面。下面将探讨数字化时代学生需求的多元化，包括其核心特征、影响因素以及对教育的挑战和机遇。

（一）数字化时代学生需求的核心特征

1. 综合技能的需求

数字化时代学生不仅需要掌握传统学科知识，更需要具备综合技能。这包括信息素养、创新能力、沟通技能、解决问题的能力等。综合技能的需求使学生能够更好地适应未来社会和职场的变化。

2. 个性化学习需求

每个学生在学习风格、兴趣、学科偏好等方面都存在差异，数字化时代提出了更强烈的个性化学习需求。教育系统需要更加灵活和差异化，以满足学生个性化的学习需求。

3. 跨学科知识的需求

数字化时代强调跨学科的知识体系，学生需要在不同学科领域之间建立联系，培养跨学科思维。这种需求促使学生具备更广泛的知识结构，能够综合运用不同学科的知识解决问题。

4. 社交技能的需求

随着社交媒体和网络技术的普及，社交技能的需求日益凸显。学生需要具备在线协作、团队合作、社交沟通等方面的技能，以更好地融入社会和职场。

（二）数字化时代学生需求的影响因素

1. 科技发展的推动

科技的不断发展为学生需求的多元化提供了基础支持。互联网、人工智能、大数据等技术的应用拓展了学生获取信息和学习的途径，也创造了更多个性化学习的机会。

2. 社会经济变革的影响

社会经济结构的变革直接影响了未来职业的需求。数字化时代对于创新、创业、跨领域合作等方面提出了更高要求，学生需要具备适应未来职业的能力。

3. 全球化背景的挑战与机遇

全球化的背景下，学生需求不再局限于本地，而是需要具备更强的国际视野和跨文化沟通能力。全球化的机遇使学生能够接触到更多的文化、观念和资源。

4. 社会多元化的考验

社会的多元化使得学生需要更好地理解和尊重不同文化、价值观念，培养跨文化沟通与合作的能力。这对于学生的社会适应力提出了更高的要求。

（三）数字化时代学生需求对教育的挑战和机遇

1. 挑战：传统教育模式的局限性

传统的教育模式往往注重传授知识，忽视了学生综合技能和个性化学习的培养。数字化时代学生需求的多元化对传统教育模式提出了挑战，需要教育体系更灵活地适应学生的多元需求。

2. 机遇：个性化教育的发展

数字化技术的应用为个性化教育提供了可能性。通过智能化教学系统、在线学习平台等工具，教育可以更好地满足学生个性化的学习需求，提供定制化的教育方案。

3. 挑战：教育资源的不均衡

在数字化时代，一些地区和学校可能仍然面临教育资源不足的问题，无法充分满足学生的多元化需求。这种不均衡的情况将使一些学生在获取优质教育资源上面临差距。

4. 机遇：全球化背景下的资源共享

全球化背景下，教育资源的跨境共享成为可能。学生可以通过互联网获取来自世界各地的优质教育资源，拓宽视野，提高综合素养。

（四）满足数字化时代学生需求的教育策略

1. 倡导综合素质教育

教育机构应倡导综合素质教育，注重培养学生的创新思维、沟通能力、团队协作等综合技能，使学生更好地适应未来社会的发展。

2. 推动个性化学习

教育机构可以通过引入个性化学习平台和教学方法，根据学生的兴趣、水平和学习风格，提供个性化的学习资源和方案。这有助于激发学生学习的兴趣和动力。

3. 促进跨学科融合

教育应当鼓励跨学科融合，打破传统学科之间的界限，培养学生跨领域的思维和能力。项目式学习、跨学科课程设计等方法可以促进学生在不同领域间建立关联。

4. 强化社交技能培养

学校应当重视社交技能的培养，包括团队合作、沟通技巧、人际关系等方面。通过课程设置、社团活动等途径，培养学生在数字化时代更好地应对社交挑战的能力。

5. 推动全球化教育

学校可以通过推动全球化教育，引入国际课程、组织国际交流活动，帮助学生了解不同文化、加强国际合作，提高学生的全球视野和跨文化交流能力。

6. 建设数字化教育基础设施

为了更好地满足学生数字化学习的需求，学校应当建设完善的数字化教育基础设施，包括数字化课程资源、在线学习平台、智能化教学工具等，为学生提供多样化的学习资源和工具。

7. 推崇终身学习理念

面对快速变化的社会和职场，学校应该培养学生拥有终身学习的理念。教育机构可以通过开设职业发展课程、提供持续学习的机会，帮助学生适应职业发展的多次转变。

数字化时代学生需求的多元化是教育面临的新挑战，同时也是发展的新机遇。通过综合素质教育、个性化学习、跨学科融合、社交技能培养、全球化教育等策略，教育机构可以更好地满足学生的多元化需求，培养更具综合素养的未来人才。在教育的不断创新中，数字化时代学生将更好地适应社会的发展，为未来的挑战做好充分准备。

三、学生发展与数字化时代社会背景的互动

随着科技的不断发展，数字化时代正在深刻影响着社会的方方面面，而学生发展作为教育领域的核心议题之一，也在这个背景下面临着新的机遇和挑战。下面将探讨学生发展与数字化时代社会背景的互动关系，分析数字化时代对学生发展的影响，以及学生发展如何反过来塑造和适应数字化时代的社会需求。

（一）数字化时代对学生发展的影响

1. 信息获取与处理能力的提升

数字化时代的学生面临着海量信息的涌入，互联网的普及使得信息获取更为便捷。学生在这一背景下需要提升信息筛选、分析和处理的能力，以更好地适应信息爆炸的社会环境。

2. 个性化学习的机会增加

数字化技术的应用促使学校能够提供更加个性化的学习体验。通过在线学习平台和智能化教育工具，学生可以根据自身兴趣、学习进度订制学习计划，促使学习更贴近个体需求。

3. 技术能力的重要性增加

在数字化时代，数字技术不仅是一种工具，更是一种核心能力。学生需要具备基本的技术操作能力，同时也需要培养创新思维和问题解决能力，以适应未来科技发展的需求。

4. 社交媒体与社交技能的塑造

学生的社交行为受到社交媒体的深刻影响。数字化时代的学生更注重在线社交，因此需要培养良好的网络社交技能，包括网络沟通、虚拟合作等方面的能力。

（二）学生发展对数字化时代社会背景的适应与塑造

1. 推动数字技术的创新与发展

学生发展不仅是被动适应数字化时代的产物，同时也在积极推动数字技术的创新和发展。学生通过学习和应用新技术，参与到数字化社会的建设中，推动科技的不断进步。

2. 挑战传统教育模式

学生对数字化时代的需求挑战着传统的教育模式。他们希望更加灵活、个性化的学习方式，促使教育机构重新思考课程设计、教学方法，更好地满足学生的成长需求。

3. 参与社会问题的解决

数字化时代的学生更加关注社会问题，通过数字平台表达对社会事件的看法，参与公益活动，倡导社会责任。学生发展不仅局限于学科知识的获取，更注重培养社会参与和公民责任感。

4. 跨文化交流与全球视野的培养

学生发展在数字化时代不再受限于地域，通过互联网，他们能够更加轻松地与全球范围内的人进行交流与合作。这促使学生发展具备跨文化交流与全球视野的能力。

（三）数字化时代学生发展的挑战与应对策略

1. 信息过载与信息素养的提升

学生在数字化时代很容易面临信息过载的困扰，因此需要提升信息素养，培养对信息的筛选和辨别能力。教育机构可以通过开设相关课程，引导学生正确使用和理解信息。

2. 数字鸿沟的缩小与平等教育的推动

尽管数字化为学生提供了更多的学习机会，但仍有一部分学生因为地域、经济等原因难以享受到数字化带来的便利。为了缩小数字鸿沟，应推动平等教育，确保所有学生能够平等获得数字化学习资源。

3. 社交媒体对心理健康的影响与关怀机制的建立

学生在社交媒体上的频繁互动可能对心理健康产生影响，例如焦虑、社交压力等。教育机构需要建立关怀机制，引导学生正确使用社交媒体，培养积极心态，防范心理健康问题。

4. 个人隐私与数字安全的保障

学生在数字化时代更频繁地涉及个人信息的共享和交换，因此数字安全成为一项重要关注点。学校需要加强对学生的数字安全教育，建立健全的隐私保护机制，保障学生的个人信息安全。

（四）展望未来

数字化时代学生发展与社会背景的互动将更加密切。未来，随着科技的不断进步和社会的不断演变，学生发展和数字化时代社会背景的互动将迎来新的发展趋势。

1. 强调创新和创造力的培养

随着数字化时代对创新和创造力的日益重视，学校将更加注重培养学生的创新能力。教育机构可以通过项目式学习、实践活动等方式，激发学生的创造潜能，培养解决问题的能力。

2. 智能技术与人类素养的平衡

随着人工智能技术的不断发展，学生将更多地与智能技术互动。教育机构需要平衡数字化时代技术的使用，强调人类独特的思维、情感和判断能力，培养学生更全面的素养。

3. 注重社会情感教育

社交媒体的普及使得学生在数字化时代更加注重社会关系。未来，学校将更加注重社会情感教育，培养学生的团队协作、沟通与人际关系管理能力，以更好地适应社会的发展。

4. 拓宽全球化视野

数字化时代使得全球范围内的信息和资源更加容易获取。学校将更加强调培养学生的全球化视野，通过国际化的课程设计、交流项目等方式，让学生更好地理解和融入全球化的社会。

5. 个性化学习的深入实践

随着技术的发展，个性化学习将更加深入地实践。智能化教育系统将更精准地根据学生的学习风格和需求提供个性化的学习路径，使学习更加高效和有针对性。

学生发展与数字化时代社会背景的互动是一个不断演变的过程，既为学生提供了更多的机遇，也带来了新的挑战。在数字化时代，学生需要适应多样化的学习环境，培养综合素养和创新能力，以更好地面对未来的社会需求。同时，学校和教育机构也需要不断调整教育理念和方法，以更好地促进学生全面发展。在数字化时代，学生发展和社会背景的互动将继续引领着教育的发展方向，塑造着未来社会的人才需求和价值观念。

第二节 学生信息化管理的理念与应用

一、学生信息化管理的基本原则

随着社会的信息化进程不断深化，学生信息化管理成为学校管理的重要

...

组成部分。学生信息化管理涉及学生的个人信息、学业信息、行为信息等多方面内容，因此需要建立一套科学、合理的管理体系。下面将探讨学生信息化管理的基本原则，以确保信息的安全、有效和合规管理。

（一）透明度和公正性原则

1. 信息公开透明

学生信息化管理应当遵循透明度原则，即学校在收集、使用和管理学生信息的过程中应当保持公开透明。学生及其监护人有权了解学校收集的信息内容、用途以及管理规定，以确保信息的合法合规使用。

2. 公正平等对待

学生信息化管理应当确保对所有学生的信息处理都是公正和平等的。不应有任何基于性别、种族、宗教、家庭背景等因素的信息处理歧视，保障每位学生在信息管理中的平等权利。

（二）合法合规原则

1. 法律依据与合规性

学生信息化管理必须建立在法律法规的基础上，明确合法依据。学校需要遵守国家相关法规，确保学生信息的收集、处理、保存和使用符合法律规定，不违反学生个人隐私权等法定权益。

2. 知情权与同意原则

在收集学生信息之前，学校应当向学生及其监护人充分说明信息的收集目的、使用方式以及可能的风险等，并征得相关方的明确同意。这一原则强调知情权的尊重，保障信息主体的知情权和选择权。

（三）安全性和保密性原则

1. 信息安全保障

学校有责任采取必要的措施保障学生信息的安全性。这包括建立健全的信息安全管理制度，采用安全的技术手段，预防信息泄露、损坏、篡改等安全风险。

2．隐私保护

学生信息涉及个人隐私，学校应当严格保护学生的隐私权。在信息管理中，应采取措施确保仅有授权人员能够访问相关信息，避免信息被非法获取或滥用。

（四）合理必要原则

1．信息收集的合理性

学校在信息收集过程中应当确保所收集的信息是合理且必要的。不得过度收集与学生学业、行为无关的信息，确保信息的采集与学校管理的合理需要相符。

2．信息使用的合理性

学校在使用学生信息时应当遵循合理必要原则，确保所使用的信息符合预定的目的。不得将学生信息用于与教育管理无关的其他用途，保障信息的合理使用。

（五）质量和准确性原则

1．信息质量保障

学校应当确保所收集的学生信息质量良好，确保信息的准确性、完整性和时效性。定期对学生信息进行核实和更新，防止因信息不准确而影响学校的教育管理决策。

2．信息纠错机制

建立信息纠错机制是保障信息准确性的重要手段。学校应当设立纠错渠道，允许学生及其监护人对错误的信息提出修正申请，及时更正信息误差。

（六）可控性和可追溯性原则

1．信息可控性

学校应当确保学生信息的可控性，即能够明确控制信息的访问权限和使用范围。通过权限管理系统，对不同级别的工作人员进行信息访问权限的划分。

2. 信息追溯性

建立信息追溯机制，记录信息的收集、使用、修改和访问等活动，确保在信息管理过程中能够追溯到相关操作人员和操作时间，提高信息管理的透明度。

（七）参与与教育原则

1. 信息主体参与原则

学校应当尊重学生及其监护人的主体地位，鼓励他们参与到学生信息化管理的决策和监督中。通过信息主体参与，促进信息管理的民主化和合理性。

2. 信息教育与培训

学校应当向师生普及信息化管理知识，提高他们对信息管理的理解和自我保护能力。加强信息安全意识培养，防范信息泄露和滥用风险。

（八）持续改进原则

1. 制度不断完善

学校应当建立学生信息化管理的制度体系，并在实践中不断完善。通过定期的评估和审查，及时发现问题并进行改进，确保信息管理体系能够不断适应新的法规和技术发展。

2. 技术手段不断升级

学校应当不断更新和升级使用的技术手段，以应对不断变化的信息安全威胁。随着技术的发展，学校应关注信息化管理领域的新技术，如区块链、加密算法等，以提高信息安全性和管理效率。

（九）社会责任原则

1. 信息社会责任

学校在进行学生信息化管理时，应当考虑社会责任。这包括对社会的贡献，避免信息管理的滥用对社会造成不良影响，积极参与社会公益活动，推动信息化管理为社会带来积极效益。

2. 社会监督与反馈

学校应当接受社会的监督，设立信息管理的投诉与反馈机制。通过接受社会的监督，学校能够及时发现问题，纠正不当的信息管理行为，提高信息管理的透明度和合法性。

（十）灵活性与创新性原则

1. 灵活性

学生信息化管理需要具有一定的灵活性，能够适应不同时期、不同背景下的管理需求。制定的管理政策和流程应当具有一定的弹性，以适应不断变化的社会环境和法律法规。

2. 创新性

学校在学生信息化管理中应鼓励创新，积极尝试新的管理方法和技术手段。通过引入创新性的理念，可以提高信息管理的效率和水平，使其更好地服务于学校教育和管理的发展。

（十一）合作共赢原则

1. 学校内部合作

学校各部门之间应该建立起良好的合作机制，确保信息管理的协同性和一致性。教育管理、信息技术、安全保卫等相关部门需要形成合力，共同推动学生信息化管理工作。

2. 学校与家庭合作

学校与学生家庭之间需要建立有效的沟通渠道，形成家校合作的良好局面。学校可以通过信息化手段及时向家长反馈学生的学业和行为情况，提高家校沟通的便捷性。

3. 学校与社会合作

学校与社会机构、企业等也应建立合作关系。这有助于获取更丰富的学生信息，推动信息管理与社会需求的对接，实现信息共享和互利共赢。

学生信息化管理的基本原则涵盖了透明度、合法合规、安全性、合理必要、质量准确性、可控性、可追溯性、参与与教育、持续改进、社会责任、灵活性与创新性、合作共赢等多个方面。这些原则的制定和贯彻旨在保障学生信息的安全和合理使用，促进学校管理的科学化、规范化和社会化。在信息化时代，学校应当认真遵守这些原则，结合实际情况，不断完善学生信息化管理的制度和机制，以更好地推动教育管理的发展。同时，学校还应关注信息化管理的伦理和法律法规，确保信息管理与学校的教育目标和社会价值相一致，实现信息的有效、合法和可持续管理。

二、学生档案与信息系统的构建

学生档案与信息系统是学校管理的重要组成部分，它不仅是记录学生基本信息的工具，更是教育管理的支撑系统。随着信息技术的不断发展，学生档案与信息系统的构建变得愈加重要。下面将探讨学生档案与信息系统的构建，包括其意义、构建原则、技术应用和管理实践等方面。

（一）学生档案与信息系统的意义

1. 提高教学管理效率

学生档案与信息系统的建设可以有效提高学校的教学管理效率。通过数字化的方式记录学生的个人信息、学业情况、考勤记录等，教职工可以更便捷地获取所需信息，从而更好地进行教学计划的制订和管理。

2. 促进信息共享

学生档案与信息系统为不同部门提供了一个统一的信息平台，促进了信息的共享。教务处、学工处、家长等都可以在系统中获取到相关的学生信息，有助于形成多部门协同管理的工作机制。

3. 提升学生服务水平

通过学生档案与信息系统，学校可以更全面地了解学生的个性、兴趣爱好、学业水平等信息。这有助于学校为每位学生提供更个性化、有针对性的服务，更好地满足学生的需求，提升学校的整体服务水平。

4. 支持教学研究与决策

学生档案与信息系统是学校决策的重要参考依据。通过系统收集和分析学生的学业表现、评价结果等信息，学校可以进行教学研究，制定更科学的教学策略和决策方案，推动教育质量的提升。

（二）学生档案与信息系统的构建原则

1. 合法合规原则

学生档案与信息系统的构建必须遵循合法合规的原则。在信息的收集、存储和使用过程中，必须符合国家相关法规，保障学生的隐私权和信息安全。

2. 信息全面性原则

学生档案与信息系统应当记录学生的全面信息，包括但不限于基本信息、学业信息、家庭背景、奖惩惩记录等。全面性的信息有助于为学生提供更全面、个性化的服务。

3. 信息准确性原则

信息准确性是学生档案与信息系统建设的基本要求。错误的信息可能导致对学生的误判，因此系统应当建立完善的数据纠错机制，及时更新和校正信息。

4. 信息安全原则

学生档案与信息系统的安全性至关重要。系统应采取严格的权限管理措施，确保只有授权人员可以访问相关信息。同时，需要有完备的数据备份和灾难恢复机制，以防止信息丢失或泄漏。

5. 用户参与原则

学校应鼓励用户参与学生档案与信息系统的建设。包括教职工、学生及其家长在内的各方应当参与系统的设计、使用和评估，以确保系统更符合实际需求和使用习惯。

（三）学生档案与信息系统的技术应用

1. 数据采集与整合技术

学生档案与信息系统的核心是数据的采集与整合。采用现代化的数据采集技术，如自动化采集、传感器技术等，可以更迅速、准确地获取学生的信息。同时，采用信息整合技术，将不同来源的数据进行有机整合，形成全面的学生信息。

2. 云计算与存储技术

云计算技术为学生档案与信息系统提供了灵活、高效的存储和处理能力。通过云存储，学校可以实现数据的远程存取、备份和共享，提高信息的安全性和可用性。

3. 人工智能与数据分析技术

人工智能和数据分析技术可以为学生档案与信息系统提供更深层次的服务。通过机器学习算法，系统可以分析学生的学业表现，提供个性化的学习建议。数据分析技术也有助于学校从大数据中提取有用信息，支持教学决策和管理优化。

4. 移动应用与智能终端技术

移动应用和智能终端技术使得学生档案与信息系统更具灵活性和便捷性。通过手机、平板等智能终端，教职工、学生及其家长可以随时随地获取相关信息，方便了信息的实时管理和查询。

（四）学生档案与信息系统的管理实践

1. 建立完善的信息管理团队

学生档案与信息系统的建设需要建立专业的信息管理团队。这个团队应包括信息技术专业人员、教务管理人员、安全专家等多个领域的专业人员。

他们共同合作，确保系统的顺利运行、安全性和数据的准确性。

2. 定期数据维护与更新

学生档案与信息系统需要定期进行数据维护和更新。包括学生个人信息的变更、学业成绩的更新等都需要及时记录和更新。建立健全的数据更新机制，确保信息始终保持准确性和实时性。

3. 信息安全培训与教育

学校需要开展信息安全培训与教育，提高相关工作人员的信息安全意识。这包括如何合理使用系统、如何处理敏感信息、如何防范信息泄漏等方面的培训，确保信息系统的安全性。

4. 建立用户反馈机制

建立用户反馈机制，鼓励教职工、学生及其家长提出系统使用中的问题和建议。通过用户反馈，及时发现问题并进行改进，提高系统的用户体验和适用性。

5. 持续监测与改进

学生档案与信息系统的建设是一个持续的过程，需要不断进行监测与改进。监测系统的运行状况，及时发现异常情况并采取措施；同时，关注新技术的发展，不断引入创新技术，提高系统的性能和功能。

（五）面临的挑战与应对策略

1. 信息安全挑战

随着信息技术的发展，信息安全问题日益凸显。学校需要采取严格的安全措施，包括数据加密、权限控制、网络防护等，以防范信息泄漏和网络攻击。

2. 隐私保护问题

学生档案包含大量涉及个人隐私的信息，隐私保护成为一个重要问题。学校需要明确隐私政策，遵循法规要求，设立严格的权限管理，确保只有合法授权的人员能够访问敏感信息。

3. 技术更新与维护难题

信息技术的更新速度较快，学校可能面临技术更新与维护的难题。建议采用模块化设计，引入灵活的技术架构，以便更容易适应新的技术和系统升级。

4. 用户接受度问题

在引入新的信息系统时，可能会遇到用户接受度不高的问题。学校需要充分沟通，积极收集用户反馈，不断优化系统界面和功能，提高用户体验，增强用户的接受度。

（六）结论与展望

学生档案与信息系统的构建对于学校的管理和教育质量提升具有重要意义。通过合法合规的原则、先进的技术应用以及科学的管理实践，学校可以更好地服务于教育事业。然而，面对日益复杂的信息环境，学校需要不断改进和创新，应对各种挑战。未来，随着技术的不断发展，学生档案与信息系统将更加智能化、个性化，为学校提供更多可能性，促进教育的全面进步。学校应当保持敏感性，及时调整策略，以更好地适应信息时代的发展。

三、数据驱动的学生发展支持

随着信息技术的飞速发展，教育领域也迎来了数据时代。数据不仅在教学过程中发挥着重要作用，同时在学生发展支持方面也具有巨大潜力。数据驱动的学生发展支持旨在通过收集、分析和运用学生相关数据，为学校和教育机构提供更准确、个性化的学生支持服务。下面将探讨数据驱动对学生发展支持的意义、原则、实践以及面临的挑战与应对策略。

（一）数据驱动对学生发展支持的意义

1. 个性化支持

数据驱动的学生发展支持允许学校根据每位学生的独特需求提供个性化

的支持。通过分析学生的学习表现、兴趣爱好、社交互动等数据，学校能够更好地了解每个学生的特点，为其提供有针对性的发展支持，促进其全面发展。

2. 及时干预与预警

通过实时监测和分析学生的学业表现，数据驱动的学生发展支持系统能够及时发现学生的问题和困难。学校可以通过预警机制对可能出现的问题进行干预，提供相应的支持和资源，帮助学生尽早克服困难，保障其学业成功。

3. 决策支持

数据驱动的学生发展支持为学校决策提供了有力支持。学校可以通过分析学生数据来了解教学效果、学科特点、师资需求等方面的信息，为教学管理和资源配置提供科学的决策依据，推动学校的整体发展。

4. 提高教育质量

通过数据驱动的学生发展支持，学校能够更全面地了解学生的学习状况和需求，有针对性地改进教学策略和课程设计，提高教育质量。同时，学校还可以通过数据评估教师的教学效果，促进教育的不断优化。

（二）数据驱动的学生发展支持的原则

1. 隐私保护原则

在进行数据驱动的学生发展支持时，隐私保护是至关重要的原则。学校需要明确收集、使用和存储学生数据的合法合规性，确保学生的个人隐私得到充分保护，符合相关法规和伦理规范。

2. 透明度原则

学校应当保持透明度，向学生和家长明确收集和使用学生数据的目的、方式和方法。透明的数据处理过程有助于建立信任，使学生和家长更容易理解学校使用数据的目的，并更愿意配合提供相关信息。

3. 公平性原则

在数据分析和应用过程中，学校应当确保公平性，不偏袒特定群体或个体。数据驱动的学生发展支持系统应基于客观、公正的标准，不产生歧视，确保每个学生都能够公平受益。

4. 合理必要原则

学校在收集和使用学生数据时应遵循合理必要原则，只收集和使用为实现明确目的所必需的信息。避免过度收集和使用学生数据，以保障学生隐私和信息安全。

（三）数据驱动的学生发展支持的实践

1. 学业成绩分析

通过分析学生的学业成绩，学校可以了解学生的学习水平和潜在问题。通过建立学业成绩的数据模型，学校能够预测学生未来的学业发展趋势，并采取相应措施进行干预和支持。

2. 行为模式分析

学生在学校中的行为模式也是重要的数据来源。通过分析学生的出勤情况、参与课外活动、社交互动等行为，学校可以了解学生的综合素养和社交能力，为提供全面的发展支持提供依据。

3. 学习兴趣和倾向分析

分析学生的学习兴趣和倾向有助于为其提供更个性化的学习资源和指导。通过调查学生的兴趣爱好、课外活动参与情况等，学校可以为学生提供更符合其兴趣和发展方向的支持。

4. 社交网络分析

学校可以通过分析学生的社交网络关系，了解学生之间的互动和影响。这有助于发现学生的潜在困扰或社交问题，提供相应的帮助和支持，促进学生积极参与校园生活。

（四）面临的挑战与应对策略

1. 隐私保护挑战

隐私保护一直是数据驱动学生发展支持面临的重要挑战。为了应对这一挑战，学校可以采取以下策略：

建立明确的隐私政策：学校应制定明确的隐私政策，详细说明数据收集、存储和使用的目的、方式和权限。这有助于向学生和家长传达学校对隐私保护的承诺。

加强数据安全措施：学校需要投入足够资源来建设安全的数据存储和传输系统，采用加密技术、访问控制等手段，确保学生数据的安全性，防范潜在的隐私风险。

进行隐私教育：对于学生、家长和教职工，学校应该进行隐私教育，提高其对隐私保护的意识。通过培训和宣传活动，帮助他们更好地理解数据的收集和使用，并了解相关权利和保护机制。

2. 数据质量与准确性挑战

数据的质量和准确性直接影响着数据驱动学生发展支持的效果。为应对这一挑战，学校可以采取以下措施：

建立完善的数据管理流程：制定清晰的数据收集、录入和更新流程，确保数据的准确性和完整性。定期进行数据清洗和校对，及时修复错误和缺失。

采用高质量的数据源：确保从可靠、权威的数据源获取信息，减少数据源的不确定性。优先选择经过验证和审核的数据，提高数据的可信度。

引入数据质量监控机制：建立数据质量监控体系，监测数据的实时变化和质量指标。一旦发现异常情况，及时进行调查和修复，保障数据的及时性和可靠性。

3. 技术基础设施与集成挑战

数据驱动的学生发展支持需要强大而灵活的技术基础设施，但技术集成可能面临困难。为了解决这个挑战，学校可以：

选择适应性强的系统：采用灵活性高、可定制的系统，以适应不同数据来源和需求的变化。选择能够良好集成的技术方案，确保各个系统协同工作。

投资技术培训与更新：建立技术团队，不断进行培训，保持对新技术的敏感性。定期评估和更新技术基础设施，确保系统能够应对快速发展的技术需求。

推动数据标准化：推动数据的标准化和互操作性，使得不同系统之间能够无缝衔接。制定统一的数据格式和接口标准，降低数据集成的技术难度。

数据驱动的学生发展支持是提升教育质量、推动学生全面发展的重要手段。通过合理收集、分析和应用学生数据，学校可以为每个学生提供更精准、个性化的支持，促进其在学业、社交、兴趣等方面的全面发展。然而，在推动数据驱动学生发展的过程中，学校需要密切关注隐私保护、数据质量、技术基础设施等方面的挑战，不断探索更科学、更可持续的数据驱动支持模式。随着技术的不断发展和社会的不断变迁，数据驱动的学生发展支持将在未来继续发挥重要作用，为教育领域带来更多创新和机遇。

第三节　数字化时代的学生素质培养与创新能力培训

一、素质教育的概念与目标

素质教育是教育领域中的一个重要理念，强调培养学生全面发展的个性、品德和能力。相较于传统的以知识传授为主的教育模式，素质教育更注重学生综合素质的培养，涵盖了知识、技能、情感、价值观等多个层面。下面将深入探讨素质教育的概念、目标，以及实现素质教育的策略和面临的挑战。

（一）素质教育的概念

1. 定义

素质教育是一种注重培养学生全面素养、发展个性的教育理念。它不仅关注学生的学科知识，更注重培养学生的创造力、创新精神、团队协作能力、情感智慧等多方面的素质。

2. 特征

全面性：素质教育强调培养学生的多方面能力，包括智力、体能、情感、社会交往等各个层面。

个性化：素质教育尊重和关注每个学生的个性差异，注重激发学生的潜能，使其在个性发展中找到适合自己的路径。

实践性：素质教育注重学以致用，强调实践和体验，使学生在实际操作中获得经验和技能。

价值导向：素质教育注重培养学生的价值观念，强调品德、道德和社会责任感的培养。

3. 演变历程

素质教育的概念并非一蹴而就，它在教育史上经历了不同的演变过程。最早起源于 20 世纪初的德国，随着社会的发展和对教育理念的不断思考，素质教育在 20 世纪末至 21 世纪初逐渐成为国际教育的共识。

（二）素质教育的目标

1. 培养全面发展的个体

素质教育的首要目标是培养学生全面发展的个体。这包括智力、体能、情感、道德等多个方面的发展，使学生在多个层面都能够得到充分的培养和提升。

2. 培养创造力和创新能力

素质教育追求培养学生的创造力和创新能力，鼓励学生在学习和生活中勇于尝试、不断创新，培养解决问题的能力和创造性思维。

3. 促进团队协作与沟通能力

素质教育注重培养学生的团队协作和沟通能力。在学习和实践中，学生需要与他人合作，培养团队协作的精神和有效沟通的技能。

4. 培养社会责任感与公民素养

素质教育强调培养学生的社会责任感和公民素养，使其具备良好的社会道德观念，关心社会问题，积极参与社会实践，成为对社会有益的公民。

5. 培养自主学习与终身学习能力

素质教育追求培养学生的自主学习和终身学习能力，使其具备主动获取知识、不断学习的习惯和能力，适应社会不断变化的需求。

（三）实现素质教育的策略

1. 改革课程体系

通过改革课程体系，增加跨学科内容、实践性课程，引入项目式学习和探究性学习，使学生能够在实际操作中获得知识和技能，培养他们的实际动手能力。

2. 引入多元评价体系

建立多元化的评价体系，包括学科成绩、综合素质评价、实际表现等多个方面的评价。避免仅以考试成绩为唯一标准，更全面、客观地了解学生的发展状况。

3. 强化社会实践与实习机会

提供更多的社会实践和实习机会，使学生能够在真实社会环境中学到知识、培养实际能力，并与实际应用相结合。

4. 发展学科与综合素质结合的课程

将学科知识与综合素质培养有机结合，开设以培养创新能力、沟通能力、团队协作为主题的课程。这些课程旨在培养学生的创造性思维、批判性思维，激发学生对不同领域的兴趣，促进全面素质的发展。

5. 推动校园文化建设

创建积极向上、鼓励创新与合作的校园文化，为学生提供丰富多彩的课外活动、社团和实践机会。这有助于培养学生的团队协作能力、领导力和社交技能。

6. 加强师资培训

培养教师的素质教育理念和实践能力，使其能够更好地贯彻素质教育的目标。为教师提供相关的培训、研讨和资源支持，帮助他们更好地实施素质教育。

7. 借助技术手段实现个性化教育

利用现代技术手段，如人工智能、在线教育平台等，为学生提供个性化、差异化的学习体验。通过技术手段，可以更好地满足学生的学习需求，提高学习的灵活性和个性化程度。

（四）面临的挑战与应对策略

1. 评价体系的转变难度大

由于长期以来的传统评价体系，学生和家长普遍关注学科成绩，而对于素质的评价理念存在一定的认知难度。应对策略是逐步转变评价体系，引导社会对多元评价的理解和认可。

2. 教育资源不均衡

一些地区和学校的教育资源不均衡，素质教育的实施可能会受到限制。政府需要通过政策制定和资源投入，促使各地区和学校能够公平享有素质教育的资源。

3. 师资队伍培训与素质教育理念不符

部分教师可能接受传统教育培训，对素质教育理念不够熟悉。为解决这一问题，需要进行师资队伍培训，提升教师的素质教育理念和实践水平。

4. 家长期望压力

由于社会对于传统教育的认可，一些家长可能对素质教育存在疑虑。学校需要积极与家长沟通，普及素质教育的理念，让家长了解其长远价值，共同推动素质教育的实施。

素质教育作为一种全面发展学生的教育理念，旨在培养学生多方面的素质和能力。在全球范围内，越来越多的教育机构开始重视素质教育的实施。然而，实现素质教育仍然面临着挑战，需要政府、学校、教师和家长等多方共同努力。

未来，随着社会的不断发展和教育理念的不断演变，素质教育将继续受到关注。推动素质教育的实施需要更加系统和全面的改革，包括改变评价体系、培养师资队伍、推动教育资源均衡配置等方面的努力。通过共同努力，素质教育有望在未来更好地服务于学生的全面发展，促使教育更好地适应社会发展的需求。

二、数字化时代学生创新能力培训策略

在数字化时代，社会快速发展，科技进步迅猛，对学生的综合素质提出了更高的要求，尤其是创新能力。创新能力不仅是未来职场成功的关键因素，也是适应社会变革的必备素质。因此，学生创新能力培训成为教育的重要任务。下面将探讨数字化时代学生创新能力培训的策略，包括课程设置、教学方法、实践活动等方面的具体举措。

（一）数字化时代学生创新能力的重要性

1. 社会需求的变化

数字化时代，科技、信息技术的快速发展带来了社会结构的变革，各行各业都对具备创新能力的人才有着更高的需求。创新能力成为学生在未来职业生涯中成功的重要竞争力。

2. 适应未来挑战

社会的发展变革日新月异，学生需要具备面对不确定性和变化的能力，而创新能力正是应对未来挑战的核心能力之一。数字化时代学生创新能力的培养，旨在使他们具备独立思考、解决问题、创造性思维的能力。

3. 数字化技术的融合

数字化技术的广泛应用为创新提供了更多可能性。学生在数字化环境下培养创新能力，既能够更好地利用现代技术工具，也能够适应数字化时代的工作方式和要求。

（二）数字化时代学生创新能力培训策略

1. 创新教育课程的设置

（1）跨学科创新课程

设计跨学科的创新课程，融合科学、技术、工程、艺术和数学等多个学科，培养学生跨领域的思维能力，促使他们在不同领域间建立关联。

（2）实践导向的创新项目

引入实践项目，让学生从理论中走向实践，通过实际项目锻炼创新思维和解决问题的能力。这些项目可以与行业合作，让学生在真实场景中应用所学知识。

（3）创新思维培训课程

开设创新思维培训课程，培养学生的创造性思维、批判性思维和系统性思维。通过案例分析、讨论和角色扮演等方式，激发学生的创新潜能。

2. 教学方法与手段

（1）启发式教学法

采用启发式教学法，鼓励学生通过自主探究和解决问题的方式学习。教师可以提供开放性问题，激发学生的好奇心和求知欲。

（2）团队合作学习

通过团队合作学习，培养学生的团队协作和沟通能力。在团队项目中，学生可以共同面对挑战，分享不同的观点，培养集体智慧。

（3）在线学习资源

利用数字化技术提供在线学习资源，让学生可以灵活地获取和学习相关知识。这包括在线课程、虚拟实验室、学术数据库等，为学生提供多样化的学习体验。

3. 实践活动与比赛

（1）创新创业实践活动

组织学生参与创新创业实践活动，如创业营、创业比赛等。通过亲身参与创业过程，学生能够更深刻地理解创新的本质，培养实际操作的能力。

（2）创新竞赛与挑战赛

鼓励学生参加各类创新竞赛与挑战赛，如科技创新竞赛、编程挑战等。这不仅能够锻炼学生的创新能力，还能提供展示和交流的平台。

（3）企业合作项目

建立与企业的合作项目，让学生参与真实项目的解决方案设计。与企业互动可以让学生更好地了解实际需求，锻炼解决实际问题的能力。

（三）面临的挑战与解决方案

1. 教师培训和支持

挑战：许多教师可能没有足够的经验来教授创新教育课程，缺乏创新教育的理念和方法。

解决方案：学校应该提供创新教育培训，使教师熟悉创新教育的理念和方法。培训内容可以包括创新案例分析、创新教学法的应用、跨学科合作等方面的知识。此外，学校还可以建立教师之间的分享平台，促进教学经验的交流和共享。

2. 课程设计和评价体系

挑战：设计创新教育课程需要深入思考如何融入实践和培养学生的创新思维，同时评价体系也需要更加全面和灵活。

解决方案：学校可以设立专门的课程设计团队，由跨学科的专业人士共同设计创新教育课程。评价体系可以采用多元化的方式，包括课堂表现、实际项目成果、团队协作等方面的评价，以全面了解学生的创新能力。

3. 数字化教育工具的应用

挑战：教师在数字化时代需要熟练运用各种数字化教育工具，但一些教师可能对这些工具不够熟悉。

解决方案：学校可以组织专门的培训课程，帮助教师熟练使用数字化教育工具。此外，建立技术支持团队，为教师提供及时的技术支持，解决在使用过程中遇到的问题。

4. 学生自主学习能力培养

挑战：培养学生的创新能力需要一定的自主学习能力，但一些学生可能缺乏自主学习的意识和能力。

解决方案：在创新教育课程中，引导学生主动参与学习，培养他们的自主学习能力。可以通过设立自主学习项目、提供个性化学习资源、激发学生的兴趣等方式，激发学生的主动学习动机。

数字化时代学生创新能力培训是教育的当务之急。通过设计创新教育课程、采用启发式教学法、组织实践活动与比赛，以及借助数字化教育工具，可以有效提高学生的创新能力。同时，需要面对教师培训、课程设计、评价体系等方面的挑战，通过建立完善的支持体系和培训机制来解决这些问题。

未来，随着数字化时代的不断发展，学生创新能力培训的策略也将不断创新。可以更加深入挖掘数字化技术在创新教育中的潜力，探索新的教学方法和工具，以更好地培养学生适应未来社会的创新力。通过学校、教师和学生的共同努力，数字化时代学生创新能力培训将取得更加显著的成果，为社会培养更多具备创新思维的人才。

第四节　学业规划与个性化辅导的数字支持

一、学业规划的重要性与流程

学业规划是一个系统性的过程，旨在帮助个体明确自己的职业目标、设定学习计划、提高学业表现并最终实现自己的职业愿景。在当今社会，面对多变的职业市场和不断更新的知识体系，学业规划变得愈发重要。下面将探讨学业规划的重要性，以及建立学业规划的流程，帮助个体更好地应对学业和职业挑战。

（一）学业规划的重要性

1. 明确职业目标

学业规划有助于个体明确自己的职业目标。通过对自己兴趣、爱好、优势和目标的深入思考，个体可以更清晰地定义未来的职业方向。这有助于提高对职业市场的适应性，使个体更有针对性地进行学习和发展。

2. 提高学习动力

学业规划能够激发学习动机。当个体意识到自己的学习和努力是为了实现明确的职业目标时，他们更有动力投入学业。这种明确的目标感有助于缓解学业压力，激发个体对学习的热情。

3. 优化学业表现

通过学业规划，个体可以合理安排学习计划，有选择性地选择课程和项目，提高学业表现。有目标地学习有助于集中精力，减少分心，提高学习效率，从而更好地应对学术挑战。

4. 提前准备职场需求

学业规划可以使个体提前了解并培养职场所需的技能和素质。通过明确职业目标，个体可以有针对性地发展所需的专业技能和软实力，增加在职场中的竞争力。

5. 实现自我成长

学业规划不仅关注职业发展，还关注个体的自我成长。通过设定学业和职业目标，个体可以在追求成功的同时，更好地理解自己的价值观、兴趣爱好和人生目标，实现全面的个人发展。

（二）建立学业规划的流程

1. 自我评估

（1）兴趣和价值观分析

个体需要深入了解自己的兴趣爱好和价值观念。通过对感兴趣的领域和价值取向的认知，能够更清晰地确定适合自己的职业方向。

（2）优势和劣势分析

分析个体的优势和劣势，包括学科能力、技能、性格特点等。了解自己的优势可以更好地选择适合自己的学科和职业，同时认识到劣势，有针对性地进行提升。

2．职业研究

（1）职业市场调研

研究当前职业市场的需求和趋势，了解不同领域的就业前景和发展潜力。这有助于个体更明晰地选择适合自己发展的职业方向。

（2）职业导向咨询

寻求职业导向咨询服务，通过专业的辅导师或职业规划专家的帮助，获取更深入的职业建议和指导。这可以帮助个体更系统地了解职业领域，做出更明智的职业选择。

3．设定学业和职业目标

（1）明确短期和长期目标

根据个体的兴趣和职业市场的需求，设定短期和长期的学业和职业目标。短期目标有助于规划当前的学业计划，长期目标则为未来职业发展提供方向。

（2）设立可衡量的目标

目标应该是具体、可衡量、可达成的。例如，设定每学期提高 GPA、参与实习项目、获得特定证书等可衡量的目标，以便更好地跟踪进展。

4．学业计划

（1）选课规划

根据设定的学业目标，规划学科和课程的选择。合理安排专业课程和选修课程，确保学习内容与职业目标相匹配。

（2）实习和实践计划

安排实习和实践计划，提前获取实际工作经验。实践是理论学习的有力补充，有助于更好地适应职业要求。

5．不断调整和反馈

（1）定期评估目标达成情况

设定评估时间，定期检查学业和职业目标的达成情况。根据评估结果，适时调整目标和计划，确保与自身发展方向的一致性。

（2）获取反馈意见

与导师、同学、职业导师等建立有效的沟通渠道，获取他们的反馈和建议。这有助于从不同的角度审视自己的学业规划，发现潜在问题并及时做出调整。

（3）追踪职业市场动向

持续关注职业市场的发展动向，随时了解相关行业的新趋势和变化。及时调整职业目标和学业计划，以适应职场的不断变化。

（三）面临的挑战与解决方案

1. 不确定性和变化

挑战：职业市场和行业需求的不确定性和变化可能影响学业规划的执行。

解决方案：建立灵活性强的学业规划，包括设定可调整的目标、选择具备通用性的技能和保持对行业变化的敏感性。不断学习和更新知识，提高适应能力。

2. 资源匮乏

挑战：一些个体可能面临资源有限的问题，如财务状况、信息获取的难度等。

解决方案：寻找和利用各类资源，包括奖学金、助学金、实习机会、网络资源等。同时，通过与他人建立联系，获取更多的信息和机会，拓宽资源渠道。

3. 压力与焦虑

挑战：学业规划和职业发展的过程可能带来一定的压力和焦虑感。

解决方案：建立支持系统，包括家庭、朋友、导师等，分享自己的想法和困扰，获取心理支持。同时，制定有效的应对压力的方法，如合理分配时间、培养良好的生活习惯等。

4. 行业变革的不确定性

挑战：某些行业可能会因技术进步、市场需求变化等原因而发生重大变革，影响个体的职业规划。

解决方案：保持对行业动向的敏感性，定期关注行业新闻和趋势。在学业规划中加入灵活性，培养通用型技能，以便更好地适应行业变革。

学业规划是每个个体职业生涯发展的重要组成部分。通过自我评估、职业研究、设定目标、学业计划等步骤，个体可以更清晰地认识自己、明确职业方向，从而更有针对性地进行学业和职业发展。然而，学业规划是一个动态过程，需要不断调整和适应变化，面对挑战时要有应对的策略。

未来，随着社会和职业环境的不断变化，学业规划也将面临新的挑战。个体需要注重不断提升自己的学习能力、职业技能，保持灵活性和创新性，以更好地适应未来职业发展的需求。学校和社会也应提供更多的支持和资源，帮助个体建立更加科学合理的学业规划，实现个人价值与社会需求的有机结合。通过共同努力，个体和社会共同推动学业规划的优化和完善，为个体的职业生涯打下坚实的基础。

二、个性化辅导服务的数字化手段

随着教育理念的更新和技术的发展，个性化辅导服务在教育领域变得愈发重要。数字化手段的广泛应用为个性化辅导提供了新的机遇和工具，能够更好地满足学生个性化学习的需求。下面将探讨个性化辅导服务的概念、数字化手段在其中的作用以及面临的挑战与解决方案。

（一）个性化辅导服务概述

1. 个性化辅导服务定义

个性化辅导服务是一种根据学生个体差异，量身定制的教学和辅导方式。通过深入了解学生的学习风格、兴趣爱好、学科水平等，教育者可以为每个学生提供定制化的学习计划，以更好地满足他们的学习需求。

2. 个性化辅导的重要性

个性化辅导服务能够充分发挥学生的潜力，提高学习效果。每个学生在学习上都存在差异，个性化辅导服务能够更好地满足他们的学习需求，提供更贴近实际情况的教育方案。这有助于激发学生的学习兴趣，增强他们的学习动力。

（二）数字化手段在个性化辅导中的应用

1. 智能化学习平台

智能化学习平台通过数据分析和人工智能技术，能够识别学生的学习特点和需求。基于学生的学科水平、学习风格等信息，智能化学习平台可以为每个学生生成个性化的学习路径和推荐内容，提供有针对性的学习建议。

2. 在线学习资源

数字化时代提供了丰富多样的在线学习资源，包括教学视频、交互式课件、在线测验等。学生可以根据自身的学习进度和兴趣选择适合自己的学习资源，实现个性化学习路径。教育机构可以利用数字化手段建设和更新在线学习资源，以满足学生的多样化需求。

3. 个性化学习管理系统

个性化学习管理系统通过整合学生的学习数据和信息，实现对学生学习过程的全面监控。教育者可以通过系统了解学生的学习情况，及时发现问题并提供个性化的辅导。这种系统还可以为学生生成个性化的学习报告，帮助他们更好地了解自己的学习状态和发展方向。

4. 在线辅导和实时反馈

在线辅导平台可以为学生提供随时随地的辅导服务。通过在线交流工具，学生可以向老师提出问题、寻求帮助，获得及时的反馈和指导。这种实时的互动性有助于更好地满足学生个性化的学习需求，提高学习效果。

5. 虚拟实验室与实践工具

对于需要实践操作的学科，虚拟实验室和实践工具为学生提供了独特的学习体验。学生可以通过虚拟实验室进行实际操作，获得实践经验。数字化的实践工具可以根据学生的学科水平和兴趣，提供个性化的实践任务和反馈，帮助他们更好地理解和应用知识。

（三）面临的挑战与解决方案

1. 个人隐私和数据安全

挑战：个性化辅导服务需要收集和分析学生的个人信息和学习数据，涉及个人隐私和数据安全问题。

解决方案：建立健全的数据隐私政策和安全保障机制，确保学生的个人信息得到充分保护。同时，提供明确的数据使用说明，取得学生和家长的同意，并定期进行安全审查。

2. 技术应用和培训

挑战：教育机构和教育者需要熟练使用数字化工具和技术，但一些教育者可能缺乏相关的培训和经验。

解决方案：提供专业的数字化技术培训，帮助教育者更好地掌握数字化工具的使用方法。建立技术支持团队，为教育者提供及时的技术支持，解决在使用过程中遇到的问题。

3. 个性化服务的成本

挑战：个性化辅导服务可能需要较高的成本，包括技术设备、教育资源的开发和更新等方面。

解决方案：建立合理的财务支持体系，吸引资金投入个性化辅导服务的研发和实施。同时，采用开源和共享的数字化教育资源，降低服务的成本，提高可持续性。

4. 学生参与和接受度

挑战：一些学生可能对数字化辅导服务产生抵触情绪，或由于技术差异而难以适应。

解决方案：通过宣传和教育，提高学生对数字化辅导服务的认知和接受度。同时，设计用户友好、简单易用的界面，确保学生能够轻松使用数字化工具，降低技术门槛。

5. 个体差异的复杂性

挑战：学生个体差异十分复杂，个性化辅导服务需要更精准地识别和响应。

解决方案：利用先进的数据分析技术和人工智能算法，更准确地识别学生的学科水平、学习风格和需求。建立动态的个性化模型，随时根据学生的变化进行调整，确保个性化辅导服务的持续优化。

（四）未来展望

随着技术的不断进步和教育理念的不断深化，个性化辅导服务将在数字化时代迎来更广阔的发展空间。未来，可以预见以下趋势：

1. 更智能化的个性化服务

随着人工智能技术的发展，个性化辅导服务将更加智能化。通过深度学习和数据挖掘技术，系统将更准确地了解学生的学习需求，提供更精准的个性化学习方案。

2. 深度融合在线和离线教育

数字化时代的个性化辅导服务将更加深度融合在线和离线教育资源。学生可以在线获取个性化学习计划，同时通过实体教室、实践活动等方式实现更全面的学习体验。

3. 全球化的个性化服务

数字化手段使得教育资源能够更好地跨越地域界限。未来，个性化辅导服务将更加全球化，学生可以在全球范围内获得来自不同文化和领域的个性化学习支持。

4. 更多样化的学习内容和形式

数字化工具将带来更多样化的学习内容和形式，包括虚拟实境（VR）和增强实境（AR）技术的应用，为学生提供更丰富、创新的学习体验。

个性化辅导服务的数字化手段为教育带来了全新的发展机遇。通过智能化学习平台、在线学习资源、个性化学习管理系统等工具的应用，教育者可以更好地了解和满足学生的个性化学习需求。面对挑战，建立健全的隐私保护机制、提供专业的技术培训、降低服务成本等措施将有助于促进个性化辅导服务的可持续发展。未来，随着技术的不断发展和社会需求的不断变化，个性化辅导服务将在数字化时代发挥越来越重要的作用。

第五节　心理健康与社交关系的数字化关怀

一、心理健康问题的识别与干预

心理健康是个体在心理和社交方面的良好状态，对于个体全面的发展和生活质量至关重要。然而，随着社会压力的增加、生活节奏的加快，心理健康问题在现代社会中变得愈发突出。为了有效应对心理健康问题，识别与干预成为至关重要的任务。下面将探讨心理健康问题的识别方法、常见心理健康问题的干预策略以及推动心理健康的社会支持体系。

（一）心理健康问题的识别方法

1. 自我评估与认知

个体在日常生活中应通过自我评估来认知自己的心理状态。关注自己的情绪变化、睡眠质量、应对压力的方式等，及时发现异常，对于心理健康问题的识别具有重要作用。心理健康的自我评估可以通过问卷调查、日志记录等方式进行。

2. 专业心理测评工具

专业心理测评工具由心理专业人员设计，通过科学的测量手段获取个体的心理信息。例如，抑郁症筛查量表、焦虑症状自评量表等常用于心理健康问题的识别。这些工具通常由心理医生或心理咨询师进行使用和解读。

3. 社交网络分析

社交网络中的互动和言论也是识别心理健康问题的重要途径。通过分析个体在社交媒体上的言行举止，可以发现一些情绪波动、情感问题等迹象。这种方法有助于在早期阶段发现心理健康问题，但需要注意保护个体隐私。

4. 学校和职场的心理健康检查

学校和职场是人们生活的重要场所，开展定期的心理健康检查有助于及早发现潜在问题。学校可以通过定期的心理健康教育活动和咨询服务，促使学生认识到心理健康的重要性。在职场，企业可以通过员工满意度调查、心理健康培训等方式关注员工的心理状态。

（二）常见心理健康问题的干预策略

1. 焦虑和抑郁症的干预

焦虑和抑郁症是常见的心理健康问题，有效的干预措施包括心理治疗、药物治疗和生活方式干预。认知行为疗法、心理动力治疗等心理治疗方法有助于个体认识和调整不良的思维和情绪模式。药物治疗常用于中重度症状，但需要在专业医生的指导下使用。生活方式干预包括规律的运动、健康的饮食、良好的睡眠等，有助于提升个体心理健康水平。

2. 应对压力的干预

压力是导致心理健康问题的常见因素，应对压力的干预策略包括积极的情绪调节、有效的时间管理和放松技巧。个体可以通过学习冥想、深呼吸、渐进性肌肉松弛等技巧来缓解身体和心理的紧张感。此外，建立健康的生活习惯和规划合理的工作学习计划也是应对压力的重要手段。

3. 人际关系问题的干预

人际关系问题可能引发心理健康问题，因此在干预中应注重建立良好的人际关系。这包括提高人际沟通能力、解决冲突的技巧、建立支持系统等。心理治疗可以帮助个体了解自己在人际关系中的问题，并提供有效的解决方案。此外，鼓励个体参加社交活动、拓展社交圈子，有助于改善人际关系。

4. 睡眠问题的干预

良好的睡眠对于心理健康至关重要，因此对睡眠问题的干预十分重要。

建立规律的作息时间、创造良好的睡眠环境、避免过度使用电子产品和咖啡因等都是有效的干预措施。对于患有失眠症状的个体，认知行为治疗和药物治疗是常用的方法。

（三）推动心理健康的社会支持体系

1. 加强心理健康教育

推动心理健康的社会支持需要加强心理健康教育，提高公众对心理健康问题的认知水平。学校、企业、社区等场所可以通过开展心理健康教育活动，普及心理健康知识，让人们更加了解心理健康的重要性，认识到心理健康问题的普遍性，以及如何有效应对。

2. 建设心理健康服务网络

建设完善的心理健康服务网络是社会支持体系的关键。这包括建立心理健康咨询中心、社区心理健康服务站点等，提供多层次、全方位的心理健康服务。在这些服务网络中，专业心理医生、心理咨询师等专业人员可以提供定期的心理健康检查、心理咨询和治疗服务，以满足不同人群的需求。

3. 提升心理健康服务水平

为了提升心理健康服务水平，需要加强心理健康专业人员的培训和发展。培养更多具备专业知识和实践经验的心理医生、心理咨询师，提高心理健康服务的质量。此外，通过与其他医疗机构、社会组织的合作，整合资源，构建跨学科、多元化的心理健康团队，为个体提供更全面的心理健康服务。

4. 建立心理危机干预体系

对于处于心理危机的个体，建立心理危机干预体系是关键的社会支持措施。这包括建设心理危机干预热线、紧急救援小组等，为个体提供紧急的心理支持。同时，培训相关人员，提高他们对于心理危机干预的应对能力，确保在危机时能够及时、有效地进行干预和支持。

5. 消除心理健康歧视

社会支持体系还需要关注心理健康歧视的问题。通过宣传教育，消除对心理健康问题的污名化，减少因心理健康问题而受到的歧视。同时，建立公平的心理健康服务制度，确保每个个体都能够平等地获得心理健康服务，减少社会不公正对心理健康的负面影响。

心理健康问题的识别与干预是维护社会心理健康的基础工作。通过自我评估、专业测评、社交网络分析等方式，可以更早地发现心理健康问题。对于不同类型的心理健康问题，采取相应的干预策略，包括心理治疗、药物治疗、生活方式干预等。同时，建设完善的社会支持体系，包括心理健康教育、心理健康服务网络、心理危机干预体系等，共同推动社会的心理健康水平提升。通过这些综合措施，可以更好地应对现代社会中不断增加的心理健康问题，促进个体全面健康发展。

二、社交关系的数字化支持

社交关系是个体在社会生活中与他人建立的各种联系和互动，对于个体的心理健康、情感满足和生活质量具有重要影响。随着数字化时代的发展，数字技术在社交关系中的作用日益凸显。下面将探讨数字化时代中社交关系的特点、数字化支持的方式以及数字化支持对社交关系的影响与挑战。

（一）数字化时代中社交关系的特点

1. 虚拟社交网络的兴起

随着社交媒体的普及，虚拟社交网络成为人们扩展社交圈、分享生活的主要平台。通过社交媒体，个体可以与世界各地的朋友、家人保持联系，分享生活片段，获得即时反馈。这种虚拟社交网络的兴起拓展了社交关系的范围，但也带来了新的沟通方式和交往模式。

2. 在线社交平台的多样性

除了传统的社交媒体，还涌现出各种在线社交平台，如专业社交平台、兴趣社交平台等。这些平台基于不同的社交目的，使个体能够更精准地找到志趣相投的人群，建立更专业化、多样化的社交关系。在线社交平台为人们提供了更多选择，同时也为社交关系的形成提供了更多可能性。

3. 数字化工具对面对面社交的影响

数字化工具的普及改变了人们的社交方式，也影响了面对面社交的特点。例如，在社交聚会中，人们可能更倾向于通过手机与远方的朋友保持联系，而忽略身边的人。数字化工具在一定程度上缩小了人们面对面交流的时间，同时也改变了社交互动的动态。

（二）数字化支持社交关系的方式

1. 虚拟社交平台的优化

为了更好地支持社交关系的建立和维护，虚拟社交平台不断进行优化和创新。社交媒体平台提供更多的互动功能，如点赞、评论、分享，增强用户之间的交流。同时，算法推送、群组功能等设计帮助用户更轻松地找到和保持与兴趣相投的人的联系。

2. 在线社交活动和社交平台

为了促进更多实质性的社交活动，一些在线社交平台推出了各种社交活动功能。例如，线上活动组织、虚拟派对、共同兴趣小组等，使用户可以通过数字平台参与各类社交活动，拉近彼此之间的距离。这些活动不仅拓展了社交关系的方式，还促进了更深入的交流。

3. 社交关系管理工具

数字化时代的社交关系管理工具也得到了发展。一些应用程序可以帮助用户记录社交圈成员的生日、重要事件等，提醒用户关心朋友，维护关系。此外，一些工具还提供了社交关系分析功能，帮助用户了解社交网络的结构和动态，为更有效地社交提供参考。

4. 社交关系的数据化

数字化时代，社交关系的数据化成为可能。通过社交媒体平台、通信应用等，个体在社交过程中产生大量数据。这些数据可以被分析用于社交关系的研究，同时也为数字化社交支持工具提供了更多的个性化推荐和服务。

（三）数字化支持对社交关系的影响与挑战

1. 积极影响

数字化支持对社交关系产生了积极的影响。首先，虚拟社交网络的兴起扩大了社交圈，使人们能够与更多人建立联系。其次，在线社交平台的多样性使得社交关系更具选择性和灵活性，个体能够更好地找到与自己志趣相投的人群。此外，数字化工具也提供了更便捷的社交方式，打破了时间和空间的限制，促进了社交的便捷性。

2. 挑战与问题

然而，数字化支持社交关系也带来了一些挑战。首先，虚拟社交网络可能导致虚拟社交替代面对面社交，使一些人在现实生活中感到孤独和失落。其次，社交媒体平台上的信息过载和过度曝光可能导致隐私泄露和信息焦虑。此外，社交媒体上的虚拟身份和社交影响力也可能导致社交比较和虚荣心理。

在未来，数字化支持社交关系将继续发展。首先，虚拟社交平台可能会更加注重用户体验和隐私保护，提供更安全、愉快的社交服务。其次，社交平台可能会更加强调用户的社交质量而非数量，通过算法优化推荐机制，使用户更容易找到真正意义上的朋友。此外，数字化工具可能会更加智能化，提供更个性化、精准的社交支持，以满足不同用户的需求。

在未来的发展中，社会也需要更加关注数字化支持社交关系所带来的影响，采取措施解决其中的问题。这包括制定更严格的隐私法规，推动社交平台负起更多社会责任，以及提供更全面的数字素养教育，帮助人们更好地应对数字化社交的挑战。

数字化时代的到来改变了社交关系的面貌，为社交关系的建立和维护提供了更多的方式和工具。虚拟社交平台、在线社交活动、社交关系管理工具等数字化支持手段促使社交关系更加便捷、多样、智能化。然而，数字化支持也伴随着一些挑战，如虚拟社交可能替代面对面社交、信息过载和隐私问题等。

在未来，需要平衡数字化社交的便捷性与社交质量，关注数字化工具对心理健康的影响，推动数字社交平台更加注重用户体验和社会责任。通过综合运用数字技术和人文关怀，构建更健康、更具社交温度的数字社交环境，使数字化支持更好地服务社交关系，促进人际关系的健康发展。

三、在线心理咨询与支持平台

随着社会的不断发展和科技的进步，心理健康问题日益引起人们的关注。心理咨询作为一种重要的心理健康支持方式，通过在线平台的发展，使得心理咨询服务更加便捷和普及。下面将探讨在线心理咨询的定义、特点，以及它对个体心理健康的影响，同时分析在线心理咨询平台的运作模式和发展趋势。

（一）在线心理咨询的定义与特点

1. 在线心理咨询的定义

在线心理咨询是指通过互联网平台进行的心理咨询服务。这种形式的心理咨询通过文字、语音、视频等多种方式进行，为个体提供专业的心理支持和帮助。在线心理咨询的目的是解决个体的心理困扰，提高心理健康水平。

2. 在线心理咨询的特点

在线心理咨询具有以下几个特点：

便捷性和灵活性：个体可以随时随地通过互联网平台获取心理咨询服务，无须受到地理位置和时间的限制。

隐私保护：在线心理咨询可以在相对匿名的环境中进行，有助于个体更加放心地分享自己的心理问题，保护隐私。

多样化的咨询方式：在线心理咨询提供文字、语音、视频等多种咨询方式，个体可以选择最适合自己的方式进行咨询。

专业性：在线心理咨询平台通常由专业心理医生、心理咨询师提供服务，确保咨询质量和专业性。

（二）在线心理咨询对个体心理健康的影响

1. 提供及时支持

在线心理咨询的即时性使得个体能够在面临心理困扰、压力时及时获得支持。这有助于防范心理问题的进一步恶化，提高个体的心理抗压能力。

2. 增强隐私感

对于一些因为隐私问题而不愿意面对面咨询的个体来说，在线心理咨询提供了更加私密的咨询环境，有助于个体更开放地表达内心的困扰，增强治疗效果。

3. 降低心理服务门槛

传统的心理咨询可能受到地域、时间、交通等因素的限制，而在线心理咨询的便捷性使得更多人能够轻松获取心理服务，降低了心理服务的门槛。

4. 强化心理教育

在线心理咨询平台通常会提供心理健康知识、心理教育等内容，通过信息传递和知识普及，帮助个体更好地理解和管理自己的心理健康。

（三）在线心理咨询平台的运作模式

1. 注册与咨询

个体在使用在线心理咨询平台时，通常需要进行注册，并填写一份基本的心理状况调查表。注册后，个体可以选择心理医生或心理咨询师，并预约咨询时间。

2. 咨询过程

咨询过程可以通过文字、语音或视频进行。在咨询中，个体可以分享自己的心理问题，与心理医生或心理咨询师进行交流。咨询师会根据个体的问题提供专业的建议、解决方案，并进行心理支持。

3. 支付与评价

在线心理咨询通常采用预约制度，个体需要在咨询前支付咨询费用。咨询结束后，个体可以对咨询服务进行评价，评价内容涉及咨询师的专业性、服务态度等方面。

（四）在线心理咨询平台的发展趋势

1. 技术创新与智能化发展

未来，随着人工智能技术的发展，在线心理咨询平台可能会引入更多智能化工具，如自然语言处理、情感识别技术，以提高咨询的效率和个性化程度。

2. 多元化服务内容

除了传统的心理咨询服务，未来的在线平台可能会提供更丰富的多元化的服务，如心理测试、心理训练、在线心理课程等，以满足不同个体的需求。

3. 合作与资源整合

在线心理咨询平台可能会与其他健康服务提供商、保险公司等进行合作，整合资源，提供更全面的健康服务。这种合作模式有助于构建更完善的健康生态系统。

4. 法规与伦理标准的建立

为了保障在线心理咨询服务的质量和安全，未来可能会加强相关法规的制定和伦理标准的建立。政府和行业组织可能会出台相关规定，明确在线心理咨询平台的运作标准、医生资质要求以及隐私保护措施，以确保服务的合法性和可靠性。

5. 用户体验的优化

随着用户需求的不断变化，未来的在线心理咨询平台可能会更加注重用户体验的优化。包括界面设计的友好性、咨询过程的流畅性、服务的个性化等方面，以提升用户满意度和黏性。

（五）在线心理咨询的挑战与应对策略

1. 隐私与安全问题

随着在线心理咨询的发展，隐私和安全问题成为关注的焦点。平台需要加强数据加密、身份验证等措施，确保用户隐私不受侵犯。同时，建立健全的法规和伦理标准，规范在线心理咨询的运作，提高服务的安全性和可信度。

2. 专业性和资质认证

在线心理咨询平台面临着确保咨询师专业资质的难题。建立完善的资质认证体系，确保心理医生和咨询师具备专业背景和经验，是提高服务质量的重要一环。

3. 技术与人文的平衡

随着技术的发展，智能化工具在心理咨询中的应用增多。然而，平台需要保持技术与人文的平衡，保障人性化的咨询体验。技术只是辅助手段，不能替代人际关系和情感沟通。

4. 心理紧急事件处理

在线心理咨询平台可能会面临处理心理紧急事件的挑战。为了应对这一问题，平台需要建立健全的危机干预机制，确保在紧急情况下能够及时引导个体寻求更全面的帮助。

在线心理咨询平台的兴起为个体提供了更为便捷、隐私、多样化的心理支持方式。通过即时性、专业性、灵活性等特点，在线心理咨询对个体心理健康产生积极的影响。然而，平台在发展中仍需应对诸多挑战，包括隐私安全、专业性和技术平衡等方面的问题。未来，随着法规、技术和服务体系的不断完善，在线心理咨询平台有望成为推动心理健康服务普及的重要力量，为更多人提供精准、个性化的心理支持。

参考文献

[1] 任文杰. 向企业学习管理 高职院校育人探索 [M]. 徐州：中国矿业大学出版社，2012.

[2] 刘艳. 基于现代学徒制育人模式下的高职院校教学管理研究 [M]. 沈阳：辽海出版社，2018.

[3] 张廷，于健，胡一铭. 高职院校第二课堂探索与研究 [M]. 北京：北京理工大学出版社，2021.

[4] 杨群祥. 解码高职院校创新发展与治理 [M]. 天津：天津社会科学院山版社，2022.

[5] 王振洪. 高职院校管理文化及其创新策略研究 [M]. 杭州：浙江大学出版社，2017.

[6] 邢广陆. 高职院校教师绩效评价研究 [M]. 青岛：中国海洋大学出版社，2018.

[7] 李增军. 光明社科文库 政治与哲学书系 高职院校思想政治工作理论与实践探索 [M]. 北京：光明日报出版社，2023.

[8] 曹深艳. 高职商务英语专业合作育人模式研究与实践 [M]. 北京：北京理工大学出版社，2013.

[9] 杨喆，韦宏思，张建军. 高职学生社会实践探索 [M]. 成都：西南交通大学出版社，2021.

[10] 丁文利著. 高职教育专业动态调整机制构建 [M]. 北京：中国纺织出版社，2018.

[11] 中共义乌工商职业技术学院纪委. 新时代高职院校清廉校园建设的实践与思考 [M]. 杭州：浙江工商大学出版社，2022.

[12] 张俊峰，邓璘. 汽车生产质量管理 [M]. 北京：机械工业出版社，2021.

[13] 张大凯，聂彩林，胥长寿. 高职学生入学教育读本 双色 Z [M]. 北京：航空工业出版社，2018.

[14] 陈碎雷. 1+X 证书制度下高职复合型技术技能人才培养探索与实践 [M]. 北京：冶金工业出版社，2022.